中国城市规划学会学术成果

双循环战略下的小城镇发展与规划

彭震伟 主编

同济大学出版社·上海

图书在版编目(CIP)数据

双循环战略下的小城镇发展与规划 / 彭震伟主编. -- 上海：同济大学出版社，2024.9
ISBN 978-7-5765-0575-7

Ⅰ. ①双… Ⅱ. ①彭… Ⅲ. ①小城镇—城市建设—中国—文集 Ⅳ. ①F299.21-53

中国版本图书馆 CIP 数据核字(2022)第 251319 号

双循环战略下的小城镇发展与规划

主编 彭震伟

责任编辑 张　翠　**责任校对** 徐春莲　**封面设计** 陈益平

出版发行 同济大学出版社 www.tongjipress.com.cn
(地址:上海市四平路 1239 号 邮编:200092 电话:021-65985622)
经　　销 全国各地新华书店
制　　作 上海三联读者服务合作公司
印　　刷 常熟市华顺印刷有限公司
开　　本 700 mm×1000 mm 1/16
印　　张 21.75
字　　数 355 000
版　　次 2024 年 9 月第 1 版
印　　次 2024 年 9 月第 1 次印刷
书　　号 ISBN 978-7-5765-0575-7

定　　价 128.00 元

会议背景

2021 年 3 月,全国人民代表大会审议表决通过“十四五”规划和 2035 年远景目标纲要(以下简称《纲要》)。《纲要》提出“加快构建以国内大循环为主体、国内国际双循环相互促进的新发展格局”,双循环战略已经成为国家战略。《纲要》还提出“以县域为基本单元推进城乡融合发展,强化县城综合服务能力和乡镇服务农民功能”,“按照区位条件、资源禀赋和发展基础,因地制宜发展小城镇,促进特色小镇规范健康发展”。这是新时期党和国家对小城镇发展的新定位,既是新挑战,也是新机遇。在双循环的国家发展战略指导下,小城镇如何适应新时期的新环境,需要进一步的深入探讨。

基于上述背景,中国城市规划学会小城镇规划学术委员会以“双循环战略下的小城镇发展与规划”为主题,于 2021 年 6 月 5—6 日在绍兴市柯桥区召开 2021 年中国城市规划学会小城镇规划学术委员会年会,探讨新时期小城镇规划、建设、管理与转型发展理念的创新方向和路径。

会议主题

年会主题：双循环战略下的小城镇发展与规划

具体议题：

（一）双循环战略下的小城镇发展与建设

（二）小城镇转型发展理念创新与实践

（三）乡镇级国土空间规划探索

（四）新时期乡镇服务功能建设与规划

（五）小城镇的因地制宜发展与建设

（六）小城镇的特色化、规范化发展

（七）小城镇与城乡融合发展

（八）小城镇与乡村振兴战略

（九）小城镇规划方法和技术探索

（十）其他议题

举办单位

主办单位：中国城市规划学会小城镇规划学术委员会

承办单位：绍兴市柯桥区人民政府、浙江工业大学

协办单位：绍兴越州都市规划设计院、柯桥区安昌街道、同济大学城市建设干部培训中心、《小城镇建设》杂志

序

为积极应对复杂的国际形势和经济发展的挑战，习近平总书记和党中央根据我国发展的阶段、环境和条件变化，于2020年首次提出“构建以国内大循环为主体、国内国际双循环相互促进的新发展格局”，其核心思想是以推动国内经济循环（“国内大循环”）为主，同时积极促进国内和国际市场、资源、生产的相互联动和双向循环（“国内国际双循环”），这是国家发展的一项重要战略布局。

改革开放以来，我国小城镇在经济社会发展、基础设施建设和城乡融合等各个方面都取得了显著的成就，不仅成为区域经济的重要增长点，更是城乡融合发展的关键节点，在国家发展中扮演了越来越重要的角色。然而，小城镇发展仍然面临诸多困境与挑战，如经济基础依然薄弱、基础设施水平相对于发展需求还很滞后，人才流失、城乡差距、资金短缺、环境问题等也相互交织，成为制约小城镇可持续发展的障碍。

双循环战略作为国家应对国际国内发展情境的主动且必然的战略选择，以及面向高质量发展的战略选择，小城镇在这一战略中扮演着不可或缺的角色。同时，双循环战略也对小城镇的发展产生深远的影响，为小城镇的经济、社会和基础设施建设带来新的机遇，促进小城镇在国家发展格局中地位的进一步提升。

小城镇是我国庞大内需市场的重要组成部分，随着双循环战略推动扩大内需，小城镇的居民消费能力和消费结构将得到改善。双循环战略中的产业升级和供应链调整给小城镇带来更多的发展机遇，更多的产品和服务向小城镇渗透，新的经济增长点将得到培育，小城镇的经济、社会与城镇化发展进程将得到加快和提质，并不断缩小城乡发展差距和促进城乡要素的互联互通与融合发展，为乡村振兴提供重要支持。

规划引领是小城镇高质量发展的关键。在双循环战略下，小城镇的规划必须体现国家战略意图，符合时代发展要求，积极应对建立国土空间规划体系的新要求，明确小城镇在县域乃至更高层级区域中的发展定位，确保规划的科学性、前瞻性和可操作性。首先，小城镇的发展定位具有地域性、区域性特征，要结合自身资源禀赋、区位优势和产业基础等条件，确定清晰的发展定位。其次，借力双循环战略，强化产业链建设，推动相关产业从低附加值向高附加值发展，并形成产业集群效应，同时推动传统产业的数字化转型，如发展农村电商平台等。小城镇在县域经济社会发展中的角色地位是小城镇发展的根本，应该在小城镇规划中得到进一步明确，如强化小城镇与县域及更大区域的交通与物流基础设施建设，提升和完善小城镇的教育、医疗、养老、文化等公共服务体系，推动小城镇的信息化发展，确保能够融入数字经济的国家发展大环境。

小城镇的发展必须注重差异化、特色化。小城镇在不同历史时期扮演不同角色，在双循环战略下，小城镇更应立足自身实际，发挥比较优势，打造特色品牌，实现差异化发展。同时，要注重小城镇活力的释放，给予其相应的事权，让其在资源配置和要素流动中发挥更大的作用，从而保障小城镇规划从编制到实施的落地。

展望未来，小城镇在我国的城乡人居体系中将持续发挥重要的作用。在双循环战略下，小城镇将在产业升级、基础设施完善、公共服务提升、文化传承、生态保护与绿色可持续发展等方面实现全面发展，为构建我国的新型城乡关系贡献力量。同时，随着高品质小城镇人居环境的不断呈现，小城镇将成为吸引高端人才、促进创新创业的沃土。

2021 年中国城市规划学会小城镇规划学术委员会年会基于双循环战略正式上升为国家战略的新时期背景，以“双循环战略下的小城镇发展与规划”为主题开展研讨和交流。会议邀请了多位小城镇规划、建设和管理领域的高水平专家学者，进行精彩的学术演讲，分享了我国各地小城镇、乡村在新发展时期的实践探索。年会共有应征投稿论文 78 篇，经过专家的严格审查，遴选出 21 篇优秀论文，收录到本论文集中，分为双循环战略下的小城镇发展与建设、乡镇级国土空间规划与村庄规划探索、新时期乡镇服务功能建设与规划、小城镇规划方法和技术探索等四个板块。所收论文既有双循环国家战略背景下小城镇及乡村如何调整自身发展策略以适应新时期发展需求的实践探索，也有乡镇级及村庄层面的国土空间规划编制方法、重点对策、转型路径等，还有提升乡镇的服务功能与小城镇规划的新方法、新技术等方面的探讨。我们衷心希望年会聚焦“双循环战略下的小城镇发展与规划”主题的研讨和本论文集的出版，能为我国小城镇在新发展背景下的定位思考、转型升级与创新实践提供一些可借鉴的经验，并希望能够引起学术界与实践界更深入的研究与交流。

彭震伟
中国城市规划学会小城镇规划分会　主任委员
同济大学建筑与城市规划学院　教授　博士生导师
2024 年 9 月

目录
CONTENTS

一、双循环战略下的小城镇发展与建设

二、乡镇级国土空间规划与村庄规划探索

三、新时期乡镇服务功能建设与规划

四、小城镇规划方法和技术探索

一、双循环战略下的小城镇发展与建设

减量提质背景下保留型村庄宅基地减量路径研究
——以北京市为例

张　建　佟　昕
（北京工业大学城市建设学部）

【摘要】　在“减量提质”的城市发展目标下，北京市逐步对全市域范围内的城乡建设用地规模进行严格控制。作为城乡发展的重要后备资源，集体建设用地成为下一步规划关注的重点。然而随着工业大院的拆除，集体产业用地的可减量规模受到限制，减量潜力接近饱和，集约利用潜力巨大的农村宅基地将是北京市存量规划的重要探索。在此情况下，农村宅基地“三权分置”等政策的出台，为宅基地盘活与减量带来机遇。文章以建设用地土地指标与资金平衡作为研究切入点，以宅基地盘活为目标，从实施主体、模型实质、动力机制以及空间解析四个方面构建宅基地减量路径，并建立数学模型，以北京市通州区S村为例进行实证研究，归纳总结适用于北京市保留型村庄可实施的宅基地盘活减量路径。
【关键词】　保留型村庄　农村宅基地　减量路径　宅基地盘活　资金测算模型

1　前言

1.1　研究背景

1.1.1　城乡规划的发展理念向“减量提质”转变

改革开放以来，我国的城市化进程快速发展，伴随而来的是经济的飞速增长以及建设用地的飞速扩张，城市规模不断扩大，人地矛盾问题日益突出[1]。此外,土地低效利用、受利益驱动导致规划缺位,管理无序问题逐步凸显。在这种情况下,国家对建设用地提出了减量提质的发展要求。面对资源环境的压力,城乡规划面临向"存量规划"与"减量规划"的转变[2],深圳、上海等国内特大城市也纷纷展开探索。

1.1.2 农村宅基地"三权分置"为减量路径探索提供新的可能性

2018 年,中央一号文件提出要探索宅基地所有权、资格权、使用权"三权分置",有效破解了仅能在农村集体经济组织内部进行宅基地使用权流转的既有限定,在一定程度上扩大了宅基地使用权的流转范围,赋予农户自主进行宅基地流转的权利和主动性,为农村宅基地盘活与减量路径探索提供新的可能性。2019 年,《北京市村庄规划导则》的出台以及北京市美丽乡村规划建设工作的开展,为探索北京市农村地区宅基地减量发展创造了更大的机遇。

1.2 研究对象

北京市保留型村庄包含了北京市规划和自然资源委员会 2019 年 3 月编制的《北京市村庄规划导则》(修订稿)中划定的两类型村庄:特色提升型村庄和整治完善型村庄,约为 1 728 个,占现有村庄数量的 46.47%(图 1)。

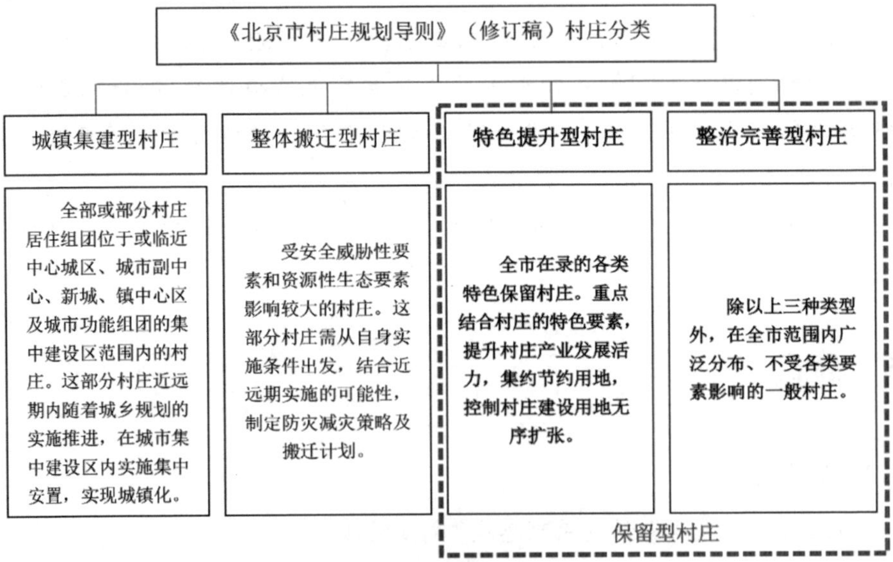

图 1 北京市村庄分类示意图

2　北京市保留型村庄宅基地减量规划面临诸多困难

2.1　自上而下的减量指标难以实施

自2004年北京城市总体规划出台,北京市对各乡镇制定了严格的城乡建设用地减量任务。但对乡镇而言,其减量标准在政策上存在“一刀切”的现象,且减量指标控制严格,缺乏实施层面的弹性空间,资金形成缺口,导致部分资源条件复杂的村庄减量任务实施困难,宅基地盘活遭遇困境。以古北口镇为例,2018年初次制定减量指标时,村庄内可实施减量的建设用地较多,利用205亩的零散建设用地完成腾退。2019年再次按政策要求进行宅基地减量时,则困难重重。按照北京市美丽乡村村庄规划相关规定,人均建设用地不超过150m^2,但古北口镇现状是大型村庄人均建设用地约为190m^2、小型村庄人均建设用地仅160m^2,在此情况下,在保证村民一户一宅的前提下,村庄很难通过减量的方式实现宅基地盘活。

2.2　规划实施成本逐年升高,资金支撑不足

规划实施过程中人口安置成本不断上升,一方面,随着人口流入,需要安置的人口逐年增加;另一方面,居民对拆迁补偿的预期也逐年攀升,同一地区在不同时间段补偿费用差异较大,村民之间相互攀比严重,各区域各乡镇之间补偿费用相差较大[3](图2)。

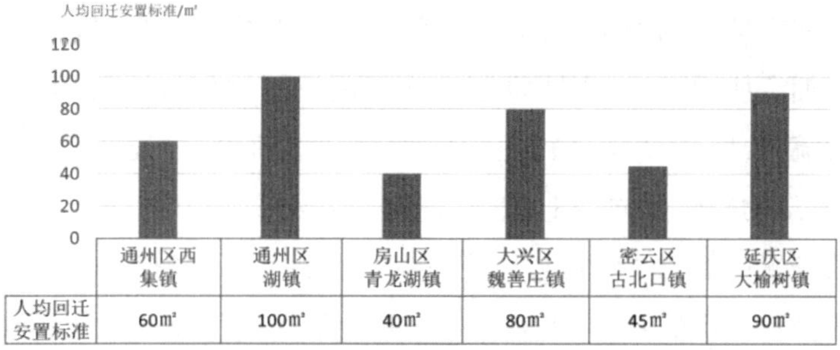

图2　部分乡镇人均回迁安置面积统计

2.3　切实可行的宅基地减量路径有待探索

北京市保留型村庄现状普遍超过北京市三分地的标准,依据政府规定,

宅基地超标准部分应归还村集体。若采取村民原址自主翻建的方式进行改造,村民一方面在情感上难以接受对宅基地面积的直接压缩,另一方面也普遍无法承担房屋翻建的费用。此外,分散的自主建设对村庄治理提出挑战,因超标准而腾退的宅基地将呈现分散的布局形式,不利于土地的集中高效利用,基础设施和公共服务设施改造提升受到限制,故应探索切实可行的宅基地减量路径,保障减量任务的实施[4]。

3 北京市保留型村庄宅基地的减量盘活路径

宅基地减量指的是在集约利用的前提下,通过空间重构实现部分宅基地转变成非建设用地或村庄产业用地,其不仅仅是宅基地用地规模削减的过程,而且是农村集体土地进行合理化配置与优化利用的重要途径,最终将促进农村经济发展、提升村民居住环境与生活质量。土地规模的变化以经济测算为依据,以空间布局为表现,宅基地减量路径测算模型是以宅基地减量过程为基础,构建“指标—资金—空间”框架,通过数学量化的方式,得出宅基地减量指标的最优范围。

3.1 宅基地减量盘活的实施主体

宅基地减量过程中,农村集体土地的使用权与经营权在部分利益相关者间发生流转,同时各个利益相关者均追求自身利益最大化,直至找到利益平衡点。在模型的“指标—资金—空间”框架中,农村集体经济组织与村民对宅基地拥有使用权,村集体将宅基地使用权通过作价入股的方式向乡镇联营公司流转,联营公司进行土地整理与开发建设,并通过房屋出租等方式,将宅基地的经营权向企业流转,同时负责组织腾退拆迁现有房屋,以新宅基地或安置房的方式负责村民安置,改善村民居住条件。在此过程中,根据北京市减量提质的要求,将节余的宅基地指标进行建设用地的减量规划,或跨村统筹利用,或村内结合产业用地,实现建设用地的集约利用与宅基地的盘活,经济组织与社会资本合作进行产业经营所得收益将负担整个减量过程中产生的成本,保证自身与村民、村集体的未来收益(图3)。

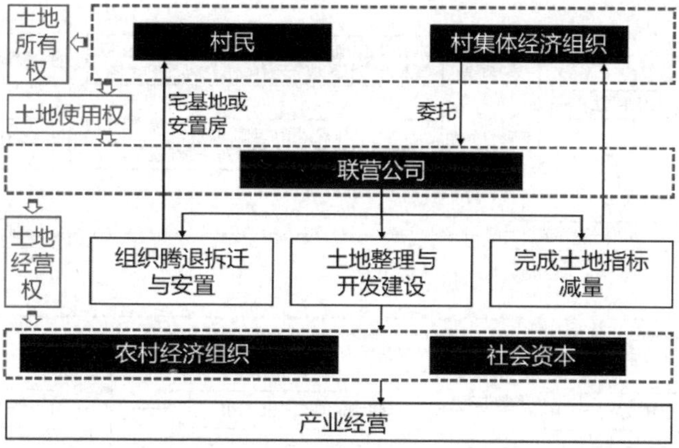

图 3　保留型村庄宅基地减量过程中实施主体的动态路径框架图

3.2　宅基地减量盘活的实质

村庄宅基地减量的实质是在实现各方利益均衡的基础上,土地指标在各个实施主体中流转实现重新分配的过程,核心是指标的增减挂钩,最终目的是在减量的基础上,实现宅基地盘活利用以及新型城镇化模式探索[5]。笔者通过对多个乡镇保留型村庄的调研,总结出宅基地用地指标减量的两种方式:宅基地退出和宅基地置换(图 4)。

3.3　宅基地减量盘活的动力机制

经济是村庄发展的推动力与支撑力。随着农村土地政策的调整,农村宅基地的减量利用路径面临新的挑战。对长期依靠土地收益的农村地区而言,在减量过程中如何保障各方利益以及保障规划实施期间资金关系长期稳定进行成为重中之重。农村宅基地减量中的资金关系是动态变化且长期持续发生的,其主要包括成本与收益两部分。以北京市土地相关费用标准为依据,政府对村庄宅基地减量所产生的经济物质成本进行总体框定,在此基础上,宅基地减量的成本还因村庄的土地指标状况、村民补贴状况、村庄经济发展等现有因素而发生变化,呈现"统筹管理、因村而异"的特点。资金关系中的收益源于减量节余指标进行产业发展所得的产业运营收益,随着减量规划实施的进行,收益在企业主体与农村集体之间进行分配,呈现弹性、灵活、可调整的特点。为保障实施过程中资金关系长期稳定持续运转,

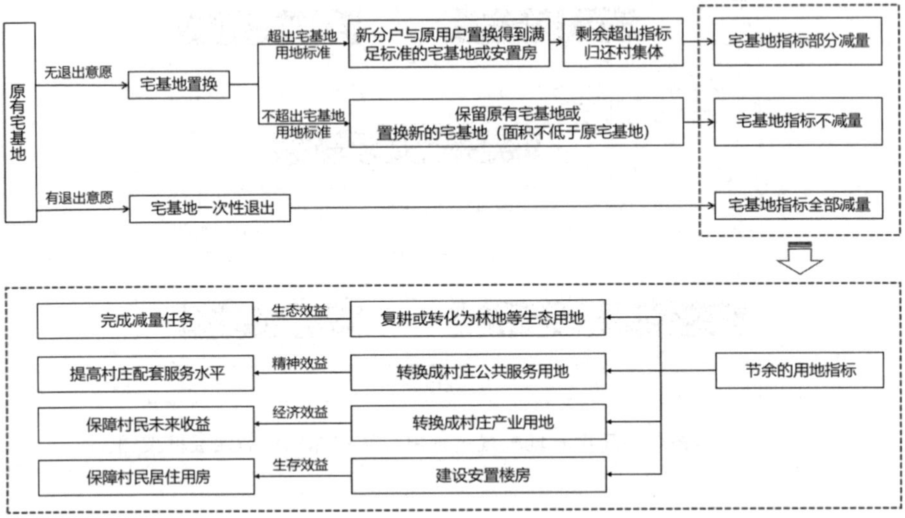

图 4　保留型村庄宅基地减量的指标路径

产业运营收益不仅要覆盖用于企业自身与农村集体基本生存保障的保底性收益,更要在未来为企业自身和农村集体带来持续增长的收入。

通过对村庄改造成本与产业经营收益的梳理,引入主要变量资金平衡年限 N,在符合相关规划及政策要求的前提下,基于主要变量,按照市场规则及现有规划实施的平均状况,进行归纳与合理估算,探究总收入与总支出的关系(图 5)。

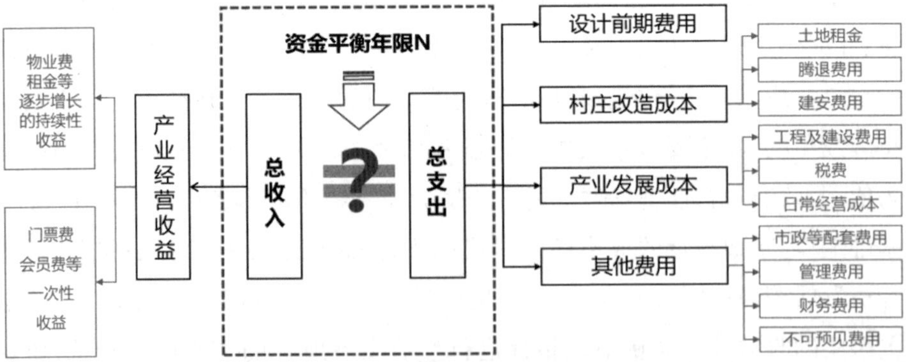

图 5　保留型村庄宅基地减量的动力机制

一般而言，在宅基地减量实施过程中，总收入与总支出均逐渐增加，且总收入的增加速度要超出总支出的增加速度。假设某村庄进行宅基地减量规划总资金关系用 V 表示，且资金关系只存在收入与支出两种表现形式，总支出金额与总收入金额分别用 NVa 和 NVb、其各自为年限 n 的函数表示，在宅基地减量实施过程中，资金关系必须满足的条件为：

宅基地减量规划总资金关系 $V=NVb-NVa$

年限 $n\geqslant 0$

总支出金额 $NVa=f(n)$

总收入金额 $NVb=f(n)$

由图 6 可知，当且仅当 $V=0$ 即 $NVb=NVa$ 时，村庄可实现资金平衡，此时年限为 $n=N$；此后，村庄总资金关系为盈利状态且逐步增加。

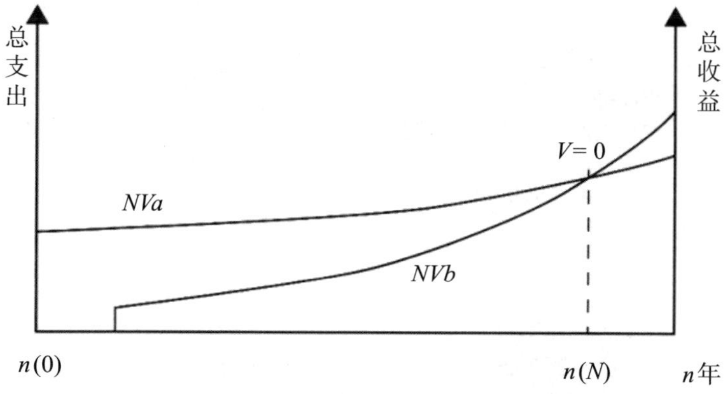

图 6　宅基地减量的资金关系实质示意

3.4　宅基地减量盘活的空间解析

宅基地减量在用地的布局上，统筹考虑整个村庄，甚至跨村域范围内建设用地之间的增减挂钩以及建设用地与非建设用地的增减挂钩，寻求减量基础上的土地平衡。基于集约利用土地理论和地租理论，以发挥土地更大价值为目的，对建设用地进行“捆绑”利用，既包括减量后结余指标置换成的产业用地与原有产业用地的“捆绑”，也包括跨村域的同一减量宅基地集中安置的“捆绑”（图 7，图 8）。

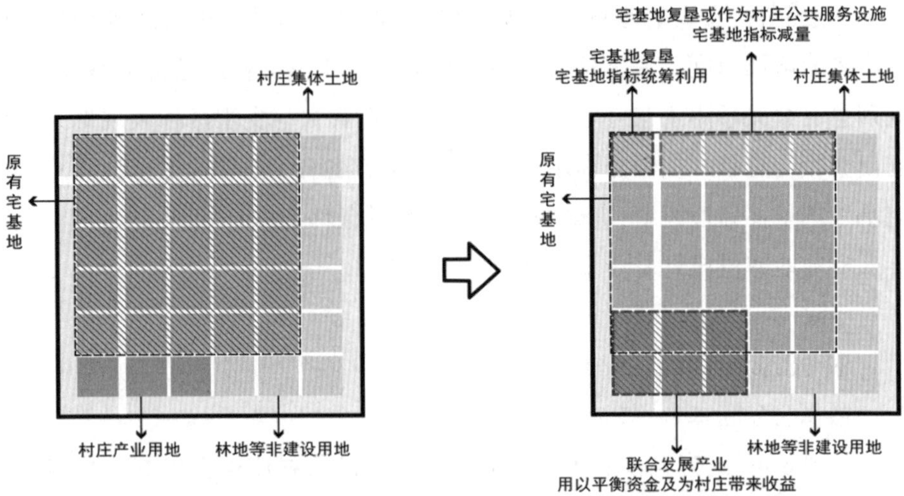

图 7　保留型村庄宅基地减量路径中各类用地规模变化示意图

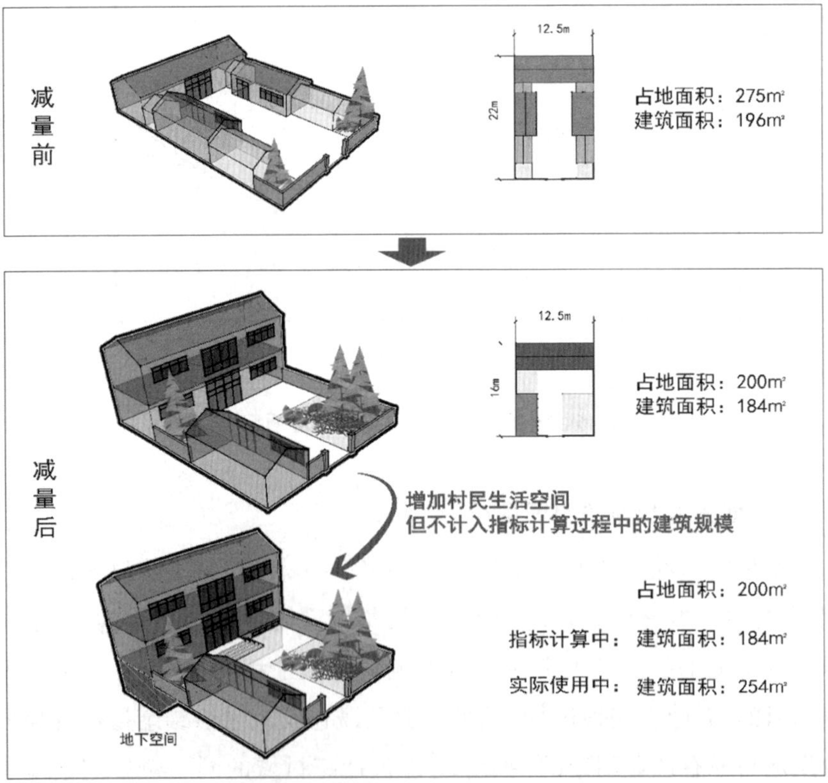

图 8　保留型村庄宅基地减量路径中空间变化示意图

3.5 宅基地减量盘活路径的适用条件

基于盘活与集约利用的宅基地减量模式具有差异性,北京市村庄中的整体搬迁型村庄与城镇集建型村庄未来将搬迁至集建区,故本文讨论对象仅限于保留型村庄。

与山区内的保留型村庄相比,平原地区的保留型村庄所处地势平坦,村庄总体布局以紧凑式的集中布局为主,区域内村庄分布密度较大,城市发展对该区域土地资源需求较大。同时平原地区的保留型村庄距离中心城较近,可预见的未来土地地租增值更有保障,在土地开发成本变化不大的前提下,村民和企业获得的收益增加的可能性更大。基于以上分析,本文研究的宅基地减量盘活路径的适用村庄限定为平原地区距城镇集建区 15~30km 的保留型村庄。

此外,北京市村庄人均宅基地规模为 $284m^2$,故在村庄宅基地进行盘活的过程中,人均宅基地规模大于 $284m^2$ 的村庄适用于以本文研究的减量方式进行宅基地盘活。

4 基于北京市保留型村庄宅基地减量路径的模型构建

本文借鉴了胡银根等[6]采用的"等价替代法",即以发挥相同效用的物品价值来衡量宅基地减量后所得收益以及宅基地减量过程中安置与补贴村民的保障价值。农村家庭最终承担下发的宅基地减量指标,集体经济组织和地方政府通过实物保障和货币保障形式,即在村民退出宅基地后,为其提供新的符合政策指标要求的宅基地或保障公寓,并收到相应补贴。集体经济组织联合市场主体,利用宅基地减量所得的建设用地指标发展产业,负担宅基地减量过程中的成本,并在一定年限后为村民和集体经济组织带来收益。本文参考村庄规划实施方案中的相应资金系数进行测算,模型如下。

农村宅基地土地减量与资金测算模型为:

$$R(n)=Vb(n)-Va(n)-K$$

式中:$R(n)$ 为 n 年内宅基地减量方案实施过程中的总收益,万元;$Vb(n)$ 为村庄宅基地减量后置换出的土地 n 年内发展产业所得总收益，万元；$Va(n)$ 为村庄 n 年内产业经营总成本，万元；K 为项目总投资，为设计前期费用、村庄改造费用与其他费用的总和，万元。

当 $R(n) \geqslant 0$ 时，农村宅基地的减量实现资金平衡，可以实施下去。通过对经济测算公司的访谈和调研得知，资金平衡年限 N 只有在 20 年以内才可能找到适当的企业完成宅基地减量。本文构建的土地减量与资金平衡数学模型具有可逆性，其计算方式包括以下两种情形。

其一，基于资金平衡年限 $N \leqslant 20$，推算出用于资金平衡的产业用地规模，判断以减量的方式进行宅基地盘活的可实施性，进而计算宅基地减量系数 λ、拆占比 α、拆建比 β 以及居住建筑的拆建比 β' 的合理取值范围。

其二，基于初步拟定的宅基地减量方案，得出明确的规划前后建筑面积和用地面积，大致推算在该方案下资金平衡年限，以期判断宅基地减量方案的可实施性。

4.1 村庄产业经营总收益的时间函数

基于本文的测算思路，提出以下假设。

假设 1：北京市保留型村庄宅基地置换所得产业用地均可有效且稳定进行产业发展，在进行收益计算时，排除经营个体间信息不对等、垄断等外部干扰问题，追求利益最大化。

假设 2：村庄若发展经营类相关产业，每年经营收益金额相同；村庄若进行房屋出租、物业服务等持续性收入产业，每年收入按一定比例稳定线性增长。

依据以上假设，本文整理分析部分乡镇村庄产业发展收益情况，结合村庄深入调研情况，本文的模型中一次性收益拟定为 8 000 元/m²；持续性收入拟定为 600 元/年/m²，同时考虑物价上涨、市场波动及周边产业发展带动状况，拟定每年收益上涨 2%，产业建筑面积无效使用率 10%，用公式表示为：

$$Vb(n) = P'' \times (1-10\%) \times [8000 + \sum 600 \times (1+2\%)^{n-1}]$$

式中：$Vb(n)$ 为村庄宅基地减量后置换出的土地 n 年内发展产业所得总收益，万元；P'' 为平衡资金所需产业的建筑面积，m²；n 为宅基地减量后实现资金平衡的年限，年。该公式可计算随着时间的变化，村庄产业经营所得总收入,以此判断能否完成宅基地盘活减量过程中的资金平衡。

4.2 村庄产业发展总成本的时间函数

本文整理分析部分乡镇村庄产业发展成本测算情况,结合村庄深入调研情况可知,产业发展成本包括工程及建设费用、日常经营成本和税费,模型拟定产业工程及建设费用为 4 500 元/m^2、日常经营成本为产业总收入的 5%、税费为产业总收入的 5.5%,用公式表示为:

$$Va(n)=P''\times 4\ 500+(5\%+5.5\%)\times Vb(n)$$

式中:$Va(n)$为村庄 n 年内产业经营总成本,万元;P''为平衡资金所需产业的建筑面积,m^2;$Vb(n)$为村庄宅基地减量后置换出的土地 n 年内发展产业所得总收益,万元。

4.3 村庄改造成本的计算函数

模型在计算村庄改造成本中,排除村民因攀比等消极心态以及乡镇政策变化等偶然因素带来的回迁安置标准及成本提高现象。基于进行减量规划的村庄的深入调研结果,整合梳理部分乡镇村庄的宅基地减量方式与回迁安置标准,综合考虑以上数据及《北京市人民政府关于落实户有所居加强农村宅基地及房屋建设管理的指导意见》的政策要求,本文的模型中拟定原宅基地面积少于 200m^2 的村民,每户可置换新的占地面积为 167~200m^2 的宅基地;原宅基地面积大于 200m^2 的村民,每户获得分配 200m^2 的宅基地与适当补偿。拥有宅基地的村庄按户均 167~200m^2 的建筑面积进行回迁安置。对于有安置楼房需求的村民,按人均 55~100m^2 进行回迁安置,并根据具体情况进行适当补偿。

村庄改造成本主要包括腾退成本与建安成本两部分,经计算拟定腾退费用标准为 4 500 元/m^2、建安费用标准为 3 000 元/m^2,用公式表示为:

$$\mathrm{T}=P\times 4\ 500+t$$

$$\mathrm{J}=P'\times 3\ 000+j$$

式中:T 为腾退费用,元;P 为原宅基地总建筑面积,m^2;t 为腾退补偿,元;J 为建安费用,元;P'为村民住宅总建筑面积,m^2;j 为建安补偿,元。其中腾退补偿与建安补偿视具体村庄政策情况而变化,一般为腾退费用与建安费用的 0.5 倍。

4.4 设计前期费用及其他费用的计算函数

设计前期费用，作为减量方案实施过程中的基础费用部分，通常包括编制项目意见书、规划实施方案、用地普测及拨地钉桩费等相关费用，经统计与计算，拟定模型中设计前期费用标准为 65 元/m^2。其他费用一般包括市政等配套费用、管理费用、财务费用以及不可预见费用，用公式表示为：

$$S=65\times Q$$

$$A=Z+L+C+Y$$

式中：S 为设计前期费用，元；Q 为原宅基地面积，元；A 为其他费用，元；Z 为市政等配套费用，元；L 为管理费用，元；C 为财务费用，元；Y 为不可预见费用，元。其中市政等配套费用标准为 150 元/m^2；管理费用为设计前期费用与腾退费用、建安费用总和的 4%；财务费用为设计前期费用与腾退费用、建安费用总和的 6%；不可预见费用为除自身以外总成本的 5%。

4.5 核心指标的计算函数

本文核心关注指标为宅基地减量系数 λ、拆占比 α、拆建比 β 以及居住建筑的拆建比 β'，用公式表示为：

$$\lambda=\frac{Q}{Q'}$$

$$\alpha=\frac{Q}{Q'+Q''}$$

$$\beta=\frac{P}{P'+P''}$$

$$\beta'=\frac{P}{P'}$$

式中：Q 为原宅基地面积，m^2；Q' 为置换村民住宅面积，m^2；Q'' 为置换村庄产业用地面积，m^2；P 为原宅基地总建筑面积，m^2；P' 为村民住宅总建筑面积，m^2；P'' 为平衡资金的产业建筑面积，m^2。

5 宅基地减量路径的实证分析——以通州区S村为例

5.1 村庄背景情况

S村位于北京市通州区马驹桥镇南部，东邻九德路、南邻京沪高速，交通便利。根据《北京市村庄规划导则（试行）》（2017）中村庄分类标准，S村属于平原地区的保留型村庄。根据调研收集的基础数据，S村现状人均宅基地面积为340.4m^2。S村生态资源优越，具有浓郁的田园特色与传统风貌特色，在减量盘活宅基地的过程中，产业发展潜力较大，可以充分发挥资源优势，打造疏朗有致、田园交错的休闲度假村。

5.2 宅基地减量路径

S村采用“按户减量，分批改造”模式进行减量，即按政策规定的标准对每户宅基地的院落面积进行减量，确定用地规模，从全村统筹的角度进行分批腾退与安置。这种模式的节地率相对较高，符合集体建设用地减量化目标和土地集约节约利用导向，同时安排村民分批搬迁与安置，降低过渡费用，减轻资金压力，增加可实施性（图9）。

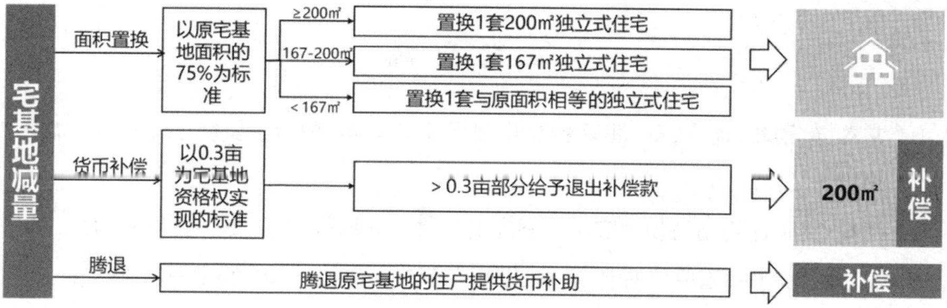

图9 S村宅基地减量路径

5.3 模型计算结果

经过计算，当资金平衡年限N=20年时，所需用于平衡资金的产业建筑规模P''为10.59万m^2，而S村产业建设的规划容积率为0.9，故所需用于平衡资金的产业用地规模Q''为11.77hm^2。基于宅基地角度分析减量情况，减

量系数 λ 为 1:0.63，拆占比 α 为 1:1.19，拆建比 β 为 1:1.93，居住建筑的拆建比 β' 为 1:0.8。在宅基地减量过程中，削减的宅基地规模为 6.97hm^2，村庄中可利用的集体产业用地为 10.71hm^2，能全部覆盖平衡资金所需的产业用地规模，具有较强的可实施性。

6 结语

本文基于减量提质政策背景，从数学模型的角度量化分析通过减量方式实现宅基地盘活的北京市保留型村庄的减量路径，搭建实施过程中土地指标与项目资金之间的动态挂钩机制。在规划制定与管控、政策拟定过程中，应从乡镇层面与村庄层面充分利用土地资源底账与实施收支台账估算未来土地可实施的减量系数，为村庄宅基地减量预留可实施空间。

通过案例实证研究和减量路径的实施方案探索，可总结出村民住宅用地的拆占比普遍可达到 1:0.5～1:0.7，拆建比可达到 1:0.6～1:1。若算上用以平衡自己的产业用地，总体的拆建比则较大，一般约为 1:1～1:1.2，但在此情况下，可利用部分原有的产业用地指标进行资金平衡，从村庄整体看，普遍可完成 15%～20% 的减量。

参考文献

[1] 常青，徐勤政，杨春，等. 北京新总规建设用地减量调控的思考与探索[J]. 城市规划，2017，41(11)：33-40.

[2] 邹兵. 实施性规划与规划实施的制度要素[J]. 规划师，2015，31(1)：20-24.

[3] 朱三兵. 基于实施单元的北京小城镇规划策略研究[D]. 北京：北京工业大学，2019.

[4] 陈鹏. 农村宅基地退出驱动力及机制研究[D]. 哈尔滨：东北农业大学，2019.

[5] 王纯，戴林琳，刘俊学. 全域土地综合整治的"减量化"路径研究——以天津市武清区为例[J]. 小城镇建设，2020，38(11)：34-39.

[6] 胡银根，张曼，魏西云，等. 农村宅基地退出的补偿测算：以商丘市农村地区为例[J]. 中国土地科学，2013，27(3)：29-35.

乡村振兴背景下陕西省小城镇高质量发展路径研究
——以省级重点示范镇和文化旅游名镇为例

梁　峰[1,2]　黄素华[3]　崔　栋[3]　王　攀[1]

(1 陕西省城乡规划设计研究院　2 自然资源部第一地理信息制图院　3 陕西省建设教育与城市建设档案管理中心)

【摘要】 文章以陕西省重点示范镇和文化旅游名镇为例,系统回顾了陕西省“两镇”的发展历程、空间分布和现状成效,客观分析了“两镇”目前面临的问题。在此基础上,着眼实施乡村振兴战略和高质量发展的要求,提出乡村振兴背景下陕西省小城镇高质量发展路径。

【关键词】 乡村振兴　小城镇　高质量发展　陕西省

1　乡村振兴对小城镇发展的重大意义

党的十九大报告中首次提出实施“乡村振兴战略”,将城乡融合发展提升到新的高度。小城镇发展与乡村振兴是我国新时期城乡融合发展的政策主轴和重大任务。作为“城市之尾、乡村之首”的小城镇是典型的城乡过渡型聚落,是城乡衔接与互动的天然纽带[1]。作为城市之尾,“半城镇”的小城镇是广大乡村区域就近城镇化和就地城镇化的主要载体;作为乡村之首,“乡中城”的小城镇是乡村区域的发展中心,对所辖乡村具有辐射和带动作用[2]。因此,小城镇能够自然衔接新型城镇化和乡村振兴,并能承接新型小城镇化和乡村振兴的联动发展的叠加效应[2],也必然被赋予更重要的作用和发展新机遇。

乡村振兴和小城镇发展是一个地域系统经济社会人文的综合实践。我国在长期的实践中,先后涌现出城市辐射型(京津冀、长三角模式)、民营经济主导型(温州模式)、外资驱动型(珠三角模式)、“特色小镇”的浙江经验等多种经典小城镇发展模式[1-2]。20 世纪 80 年代,费孝通总结了小城镇发展的“苏南模式”(乡镇企业推动型)和“珠三角模式”(外资驱动型)[1][5-6]。改革开放后,我国中西部地区大力发展乡镇企业,提升乡镇工业农业产值,带动小城镇发展[1]。21 世纪以来,大规模地实施乡镇、集镇合并,优化城镇体系布局,取得了一定的成效[1]。新时期以来,我国东部沿海地区在美丽乡村与小城镇体系建设中,也探索出了高水平的城乡一体化实践创新,是我国新型城镇化建设、城乡一体化发展和乡村振兴的重要之举。

陕西省委、省政府高度重视乡村振兴战略深入实施,认真落实《中共中央 国务院关于实施乡村振兴战略的意见》,于 2018 年 3 月发布《中共陕西省委陕西省人民政府关于实施乡村振兴战略的实施意见》,其中提到“以关中平原城市群建设为契机,着眼推进新型城镇化和农业现代化,制定特色小镇建设规划,布局建设一批新兴产业集聚、传统产业升级、体制机制灵活、人文气息浓厚、生态环境优美的特色小镇。深化 4 个镇级小城市综合改革试验区试点,着力把 35 个省级重点示范镇打造成为县域副中心,把 31 个文化旅游名镇打造成为宜居宜业宜游的观光富民小镇[3]”。可见,小城镇发展是陕西省实施乡村振兴战略的重要抓手之一。

2 陕西省小城镇发展历程及当前面临的问题

2.1 发展历程

从新中国成立以来陕西省小城镇的发展建设历程来看,陕西省小城镇的发展建设在国家整体发展环境、设镇标准调整和陕西自身的经济社会发展的变迁下几经兴衰,其发展历程是我国小城镇发展洪流中的一缕分支,既具有普遍性,又富有地域特殊性。

2000 年以来,陕西省小城镇迎来重大发展机遇。“十一五”开始,陕西省小城镇发展开始进入活跃期,省委、省政府先后实施了“千村百镇”“关中百镇”，陕南陕北各50个镇和107个重点镇建设，致力于探索符合陕西实际的小城镇发展之路[4]。“十二五”时期开始重点突破，2011年择优遴选了一批基础条件较好、发展潜力较大的建制镇确定为省级重点示范镇；2013年基于陕西深厚的历史文化底蕴，择优选择了一批历史文化底蕴深厚的建制镇确定为省级文化旅游名镇（街区）。至此，形成重点示范镇和文化旅游名镇（以下简称“两镇”）双驱并行、差异发展、多层推进的陕西小城镇发展格局。“十三五”时期扩权强镇政策得到进一步提升，在原“两镇”中遴选出4个发展较好的建制镇设立为镇级小城市试点改革试验区，探索镇级小城市发展路径。同时，加大对“两镇”的政策支持，强弱项、补短板，一强一美，相得益彰，差异发展，带动引领全省小城镇竞相发展。通过梳理陕西省21世纪以来小城镇发展历程可以看出，省级重点示范镇和文化旅游名镇承担着小城镇重点突破和示范引领的重任，是陕西省小城镇发展的典型代表，是探索小城镇推进城镇化发展的重要举措，也是践行乡村振兴战略的排头兵（表1，图1）。

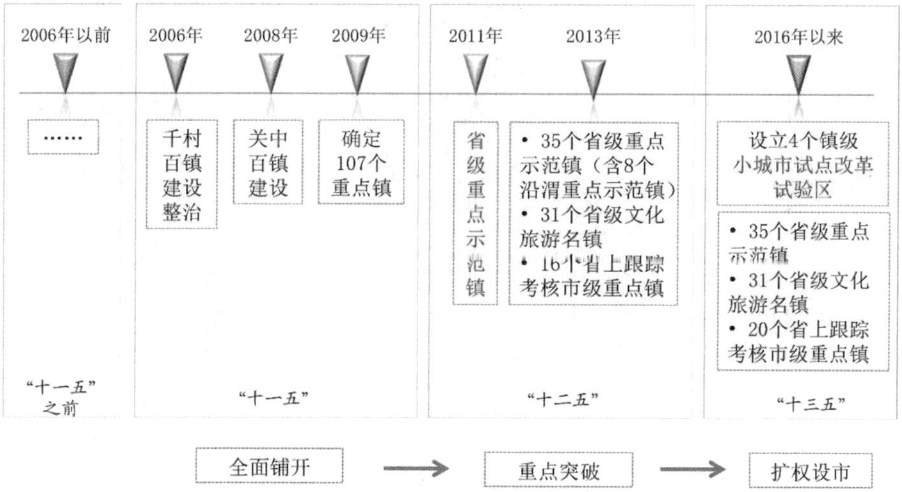

图1　陕西省小城镇发展历程

表 1　2019 年陕西省省级重点示范镇和文化旅游名镇名录

<table>
<tr><th>地区</th><th>地级市(区)</th><th>重点示范镇(35 个)</th><th>文化旅游名镇(街区)(31 个)</th></tr>
<tr><td rowspan="6">关中</td><td>西安市</td><td>长安区滦镇街道
临潼区零口街道
阎良区关山街道
蓝田县汤峪镇
周至县哑柏镇
西咸新区崇文镇</td><td>鄠邑区祖庵镇
蓝田县玉山镇</td></tr>
<tr><td>宝鸡市</td><td>陈仓区周原镇
凤翔区柳林镇
扶风县法门镇
眉县汤峪镇
眉县常兴镇
凤县凤州镇</td><td>凤翔区城关街区
岐山县凤鸣街区
凤县双石铺街区</td></tr>
<tr><td>咸阳市</td><td>兴平市西吴街道
彬州市新民镇
长武县亭口镇
礼泉县烟霞镇</td><td>武功县武功镇
旬邑县马栏镇</td></tr>
<tr><td>杨凌示范区</td><td>杨凌区五泉镇
杨凌区揉谷镇</td><td>—</td></tr>
<tr><td>铜川市</td><td>王益区黄堡镇</td><td>耀州区照金镇
印台区陈炉镇</td></tr>
<tr><td>渭南市</td><td>华州区瓜坡镇
蒲城孙镇
富平县淡村镇
潼关县秦东镇</td><td>华州区高塘镇
大荔县朝邑镇</td></tr>
<tr><td rowspan="2">陕北</td><td>延安市</td><td>宝塔区河庄坪镇
延川县永坪镇
子长市杨家园则镇
志丹县旦八镇
黄陵县店头镇
洛川县交口河镇</td><td>宝塔区南泥湾镇
延川县文安驿镇
子长市安定镇
吴起县铁边城镇</td></tr>
<tr><td>榆林市</td><td>神木市大保当镇</td><td>横山区波罗镇
绥德县名州街区
佳县佳芦镇</td></tr>
<tr><td rowspan="3">陕南</td><td>汉中市</td><td>汉台区武乡镇
南郑区大河坎镇
城固县柳林镇</td><td>宁强县青木川镇
勉县武侯镇
西乡县骆家坝镇
洋县华阳镇
留坝县留侯镇</td></tr>
<tr><td>安康市</td><td>石泉县池河镇</td><td>石泉县城关街区
旬阳市蜀河镇
平利县长安镇
白河县城关街区</td></tr>
<tr><td>商洛市</td><td>丹凤县竹林关镇</td><td>山阳县漫川关镇
丹凤县棣花镇
镇安县云盖寺镇
柞水县凤凰镇</td></tr>
</table>

2.2 现状与格局

2019 年,陕西省全省除城市和县城建成区以外共有 913 个建制镇、23 个乡和 16 480 个行政村,村镇户籍总人口 2 399.30 万人、常住人口 2 240.68 万人,其中建制镇建成区户籍人口 535.98 万人、常住人口 553.72 万人;乡建成区户籍人口 5.55 万人、常住人口 4.63 万人。至 2019 年年底,全省建制镇建成区面积 1 172.29km^2,户籍人口密度 4 572.11 人/km^2;乡建成区 13.47km^2,户籍人口密度 4 124.37 人/km^2;村庄现状建设用地面积 3 390.06km^2。

从空间分布格局(图 2)上看,全省建制镇主要集中在关中平原和汉中盆地等地区,陕北黄土高原和陕南秦巴山地小城镇分布较为分散。同时,省级

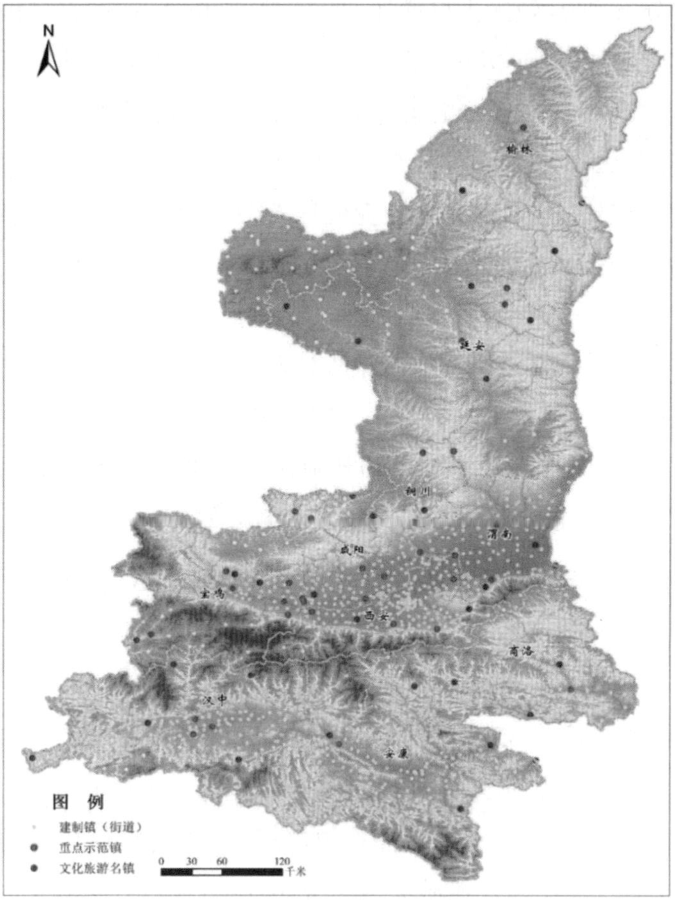

图 2 陕西省 2019 年建制镇空间分布图

重点示范镇多集中分布于关中平原地区，省级文化旅游名镇多集中分布于陕北黄土高原和陕南秦巴山地以及平原山地过渡地带。无论是从数量还是从空间分布格局上看，陕西省小城镇发展已进入稳定发展期，整体格局基本成型。因此，在乡村振兴战略背景下，陕西省小城镇抢抓机遇，追赶超越，实现高质量发展是下一阶段至关重要的发展目标。

2.3 “两镇”发展成效

截至 2019 年年底，全省 35 个重点示范镇累计完成投资 949.72 亿元，GDP 总量达 1 633.7 亿元，建成区面积达 189.86km^2，累计扩大 76.06km^2，总人口 136.76 万人，常住人口城镇化率达到 56%，比建设初期的 2011 年增长 12 个百分点，带动镇区人口增加 67.29 万人，解决 8.36 万贫困人口就业问题。9 年来，重点示范镇共建设道路 397.62 km，垃圾、污水处理场 72 个，文体中心(广场)59 个，医院敬老院 54 个，小学、幼儿园、初中实现全覆盖；镇区垃圾处理率 92.3%，污水处理率 82.3%，绿化率 35.34%。突出产业发展，建成了一批新型工业园区、现代农业园区、文化旅游园区及现代物流园区，先后引进大中小型企业 3 101 家，其中规模以上工业企业 262 家，吸纳就业人数 45.05 万人。全省 31 个文化旅游名镇累计完成投资 248.67 亿元，全年游客接待人数达 3 226.61 万人次，旅游收入 171.1 亿元，分别比建设初期的 2013 年增加 1 628.6 万人次和 108.7 亿元；文化旅游名镇共建成传统街区 30 条，建成 4A 级景区 17 个，直接带动贫困人口就业 2 万余人，吸引在外务工人员 3.1 万人回乡创业。现已逐步形成古镇旅游型、红色经典型、特色文化型、名人轶事型、生态休闲型以及新兴产业型等特色鲜明的类型。

2.4 面临问题

2.4.1 产业发展模式单一，经济发展水平不高

从“两镇”来看，大部分镇产业发展模式单一，以传统工业和旅游业为主。35 个重点示范镇 2019 年共创造 GDP 总值为 1 897.93 亿元，仅占全省生产总值的 7.36%，3 001 家中小企业中规模以上企业数仅有 262 家，大多数企业规模较小。31 个文化旅游名镇 2019 年旅游业收入达到 161.89 亿元，仅占年全省旅游业收入的 2.24%，年度接待游客 5 404.74 万人次，仅占全省

年度接待游客的 7.64%。“两镇”经济发展水平不高,对小城镇发展的带动作用有限(图 3,图 4)。

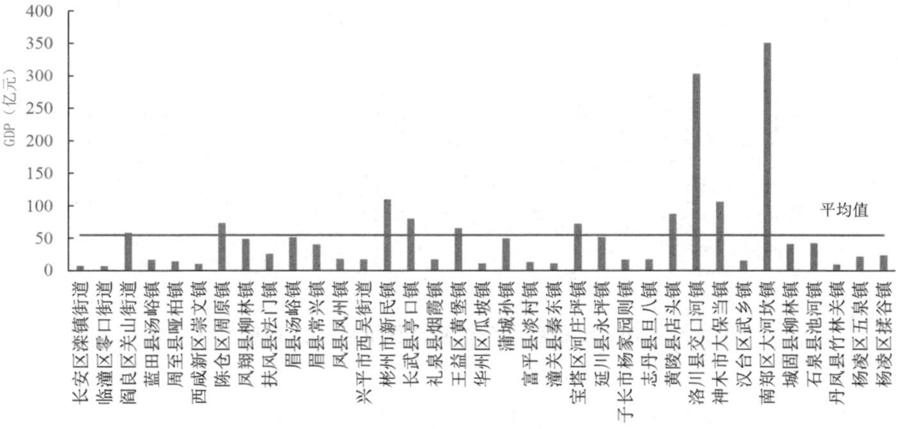

图 3　2019 年重点示范镇生产总值图

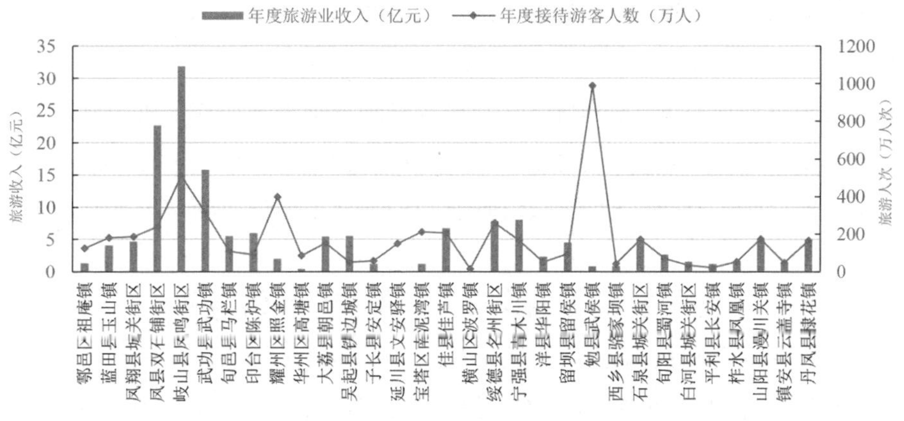

图 4　2019 年文化旅游名镇旅游人数和旅游收入图

2.4.2　人地矛盾突出,小城镇辐射带动效应不明显

相关研究表明,镇区人口规模 2 万人和 5 万人是中心镇发挥集聚和辐射带动作用的门槛[5]。以重点示范镇为例,2019 年全省 35 个重点示范镇中建成区人口达到 2 万以上的镇有 29 个,达到 5 万以上的仅有 3 个,人口集聚效应起不到吸引周边农村地区进镇入驻的作用,小城镇辐射带动效应不明显。

另外,大部分小城镇用地指标紧张,人口承载能力有限(图5)。

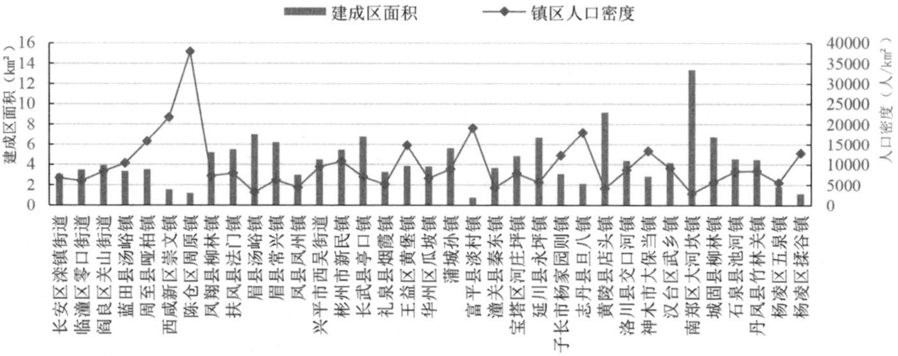

图5　2019年重点示范镇建成区面积和人口密度图

2.4.3　公共服务和基础设施水平较低,限制小城镇的承载力

以中心镇和一般镇为标准的配备模式导致陕西小城镇存在设施标准过低、营利性设施使用率低、设施配套与人群使用需求不匹配等问题[5]。服务水平与县城、城市的巨大差距也制约了小城镇进一步的集聚发展。按照《重点示范镇和文化旅游名镇考核评价指标体系》要求,35个重点示范镇公共服务设施建设数量不健全的镇有9个,污水处理设施未建成或建成未运行的镇有4个;31个文化旅游名镇中公共服务设施建设数量不健全的镇有12个,污水处理设施未建成或建成未运行的镇有6个,未建设生活垃圾处理设施的镇有4个。

2.4.4　小城镇规划滞后,制约小城镇建设管理水平提升

从编制理念和技术方法层面来看,小城镇延续了传统的城乡规划的思路,"重镇区轻镇域"的导向严重,对村庄规划深度仅延伸到镇村体系层面,难以指导村庄建设[5]。纵观"两镇"总体规划,大部分规划忽略了小城镇城乡过渡地区的特征,在用地布局、风貌营造、开敞空间等方面存在不适应农村地区生活需求、落地性较差的问题。从规划重点来看,对非建设用地的关注程度远远不足,难以应对乡镇生态环境保护和农田保护的要求,造成大量耕地的流失和生态环境的破坏。从实施层面来看,小城镇规划中市场和村民参与程度较低,在乡镇政府普遍财政吃紧的情况下,规划实施难度较大。目前,大部分"两镇"规划实施仍停留在静态的蓝图计划层面,难以从真正意

义上进行实施规划,未能充分发挥出规划应有的作用。另外,受制于以规划区为主体的事权体系,小城镇规划对规划区外的农村建设行为难以约束,造成资源浪费。

2.4.5 小城镇风貌特色不突出,文化传承不显著

小城镇风貌特色是小城镇自然景观和人文景观及其所承载的历史文化和社会生活内涵的总和,具有自然和人文的两重性[6]。“两镇”风貌建设虽已初具成效,但依然存在风貌特色趋同、历史文化挖掘不深、风貌特色建设重视不足、新区建设追大求洋等突出问题;对于城乡风貌尚缺乏整体有效的控制与引导,呈现散点运作的特征。“两镇”在传承历史文脉、彰显地域特色、增强建筑风貌上还有较大提升空间。

3 乡村振兴背景下陕西小城镇高质量发展路径探讨

3.1 因地制宜发展经济,推动镇村产业振兴

小城镇经济发展与乡村产业振兴是一个差异化的动态发展过程,小城镇经济的发展不仅与城乡发展政策有直接关系,也与所在区域的自然地理环境、交通区位、经济发展基础以及社会人文有很大的关系。在全球化生产、城乡物流、电商、“互联网+”和后现代消费业态等新常态的发展趋势下,需要综合把握小城镇发展类型、产业结构和发展阶段差异,充分挖掘本地优势资源,培育支柱产业,发展壮大农村集体经济,依托小城镇经济集聚带动乡村产业发展,促进传统农业乡村转型升级,推动小城镇乡村产业振兴。

3.2 推动就近就地城镇化,提高小城镇集聚辐射能力

针对陕西以乡镇内部流动为主的人口迁移特征,以及巨大的剩余劳动力转移空间,借鉴城市群的理念,推进乡镇联合发展和分类发展。城镇建成区常住人口 1 万人以下的镇,可依据地理相邻、产业相关、文化相亲的原则,适当考虑打破行政区划限制,撤乡并镇,优先在县域范围内打造乡镇联合体;针对城镇建成区常住人口 1 万人以上的镇,提高省市财政的支持力度,结合乡村旅游、现代农业、农村人居环境改造等工程,强化小城镇的服务载体

功能;针对城镇建成区常住人口5万人以上的镇,可以适当放宽经济管理权限,部分县级政府职能可适当下放,提高其自主发展能力,远期可考虑设立镇级市。

3.3 科学调整配置设施建设,提升小城镇承载能力

优质的基础设施和良好的公共服务是吸引农民到小城镇居住的前提,是小城镇带动乡村振兴的基础条件。乡村振兴必将一定程度上重塑城乡人口格局,以往依托行政层级标准化配备公共服务的方式应有所转变。首先,小城镇应提高基本公共服务配置的标准和多样性,尤其在文化、体育、社会福利等方面,缩小与城市的差距,以适应农村发展的需要;其次,公共服务的配置应建立在综合考量人口规模、类型、实际需求、服务范围等多方面因素基础之上,通过构建农村“生活圈”满足不同年龄段人口、不同类型、不同层次的公共服务需求,进一步提高小城镇承载能力。

3.4 创新规划编制方法,提升小城镇建设管理水平

小城镇规划应按照国土空间规划的要求,处理好总体规划和详细规划之间的关系,根据实际情况减少规划层级,探索以建设规划为主体的规划体系,宏观战略性内容有所弱化。小城镇规模小,发展的偶然性较大,因此详细规划中要强调各类用地的兼容性,以应对市场灵活的需求,并将城市设计贯穿在详细规划的全过程,强化对小城镇建设行为的指引。考虑到乡镇的复杂性,小城镇规划还要加强对土地权属、现状肌理、特色风貌、历史文化、村民参与等方面的研究,提高规划的可实施性和科学性。

3.5 优化镇村风貌塑造,推动生态空间美丽宜居

以舒适生活发展与集约为原则,优化人居环境,满足就地就村城镇化的舒适生活需求,让小城镇多一分美好,多一分舒适,增强小镇生活吸引力。以引导风貌特色建设为契机,重视传统村落和历史文化名镇(村)的风貌保护与合理开发,拓展绿色生态空间,加强文化传承,让小城镇融合自然,让居民望得见山、看得见水、记得住乡愁。

3.6 打造乡村振兴样板,推动示范引领效应

按照中央关于实施乡村振兴战略和黄河流域生态环境保护高质量发展

的要求，巩固“两镇”建设成效，立足陕西省小城镇发展现状，在重点示范镇和文化旅游名镇建设成效的基础上，兼顾考虑省上跟踪指导考核市级重点镇，遴选出一批乡村振兴示范镇，坚持示范引领，实现空间优化布局美、生态宜居环境美、产业兴旺生活美、文明和谐风尚美，打造乡村振兴的小城镇建设示范样板。

参考文献

[1] 樊正强，谭华云. 乡村振兴战略下的小城镇建设[J]. 广西城镇建设，2018(6)：28-37.

[2] 彭震伟. 小城镇发展与实施乡村振兴战略[J]. 城乡规划，2018(1)：11-16.

[3] 中华人民共和国农业农村部. 中共陕西省委陕西省人民政府关于实施乡村振兴战略的实施意见[EB/OL]. http://www.moa.gov.cn/ztzl/xczx/yj/201811/t20181127_6163745.htm，2018-11-27.

[4] 王艺霖. “双镇”建设：以“陕西模式”创陕西特色[N]. 陕西日报，2017-11-30.

[5] 史旭敏，管京. 乡村振兴背景下的小城镇发展研究——以山西省为例[J]. 小城镇建设，2018，36(11)：66-72+96.

[6] 陕西省住房和城乡建设厅. 陕西省城乡风貌特色研究[M]. 北京：中国建筑工业出版社，2016.

[7] 刘凤祥. 乡村振兴战略下的小城镇新发展研究[J]. 中国名城，2019(4)：19-26.

[8] 曾献君，卓德雄，李云，等. 小城镇就地城镇化的现状与困境研究——基于福建省四个小城镇的城镇化综合评价[J]. 福建工程学院学报，2018，16(1)：96-102.

[9] 袁晓霄，徐逸伦. 基于小城镇发展动力的小城市培育模式思考[J]. 城市建筑，2014(32)：21.

[10] 赵晖，等. 说清小城镇——全国 121 个小城镇详细调查[M]. 北京：中国建筑工业出版社，2017.

国土空间背景下青岛市小城镇的转型发展路径

高永波　陆柳莹　毕　波
（青岛市城市规划设计研究院）

【摘要】 国土空间规划变革是2019年以来我国启动的重要改革措施之一，新的国土空间规划体系叠加国内国际双循环发展背景，对我国小城镇的发展产生深远影响。青岛市小城镇改革开放以来经历了复苏起步、经济起飞、全面发展和收缩转型四个阶段后，又一次到了面临历史选择的岔路口。本文探索在国土空间背景下通过保护生态环境、转型小城市、特色化发展、推动工业更新、服务辐射乡村和提高可达性等方式实现青岛市小城镇的转型升级，并总结了青岛市在乡镇国土空间规划编制方面的部分经验。

【关键词】 国土空间规划　小城镇　转型发展

1　研究背景

1.1　中国城镇化进入新阶段

2012年11月党的十八大以来，国家把生态文明建设纳入“五位一体”总体布局。2014年3月，国务院印发了《国家新型城镇化规划（2014—2020年）》，提出要推进以人为核心的新型城镇化，着重解决好现有“三个1亿人”问题，促进约1亿农业转移人口落户城镇、改造约1亿人居住的城镇棚户区和城中村，以及引导约1亿人在中西部地区就近城镇化[1]。同年10月，山东省印发《山东省新型城镇化规划（2014—2020年）》，确定了“人口市民化、优化城镇化布局、提升城市综合承载能力、推进城乡一体化”四大任务[2]。

2018 年 11 月 18 日,《中共中央 国务院关于建立更加有效的区域协调发展新机制的意见》发布,提出"建立以中心城市引领城市群发展、城市群带动区域发展的新模式,推动区域板块之间融合互动发展"[3]。

根据中国社会科学院的《2020 年社会蓝皮书》,2019 年我国人口城镇化率首次超过 60%。按国际标准,一个国家的人口城镇化率达到 60%,就意味着已经基本实现城镇化,初步完成从乡村社会到城市社会的转型,进入城市社会时代[4]。我国城镇化正从快速增长阶段逐步进入高质量发展的新阶段。

1.2 国土空间规划变革

2019 年 5 月 23 日发布的《中共中央 国务院关于建立国土空间规划体系并监督实施的若干意见》提出建立"五级三类"的国土空间规划体系,标志着国土空间规划时代正式到来。作为"五级"中的最低一级,镇(乡)国土空间规划可与市县国土空间规划合并编制,也可以几个乡镇为单元编制乡镇级国土空间规划。相比较城乡规划阶段镇总体的自由性,镇级规划在国土空间规划体系中被规范化。

1.3 乡村振兴的历史使命

2021 年中央一号文件提出全面推进乡村振兴、加快农业农村现代化的目标。小城镇作为机械化、互联网、物流体系等城市文明最底层的集聚地,是农村启动现代化的关键,需要首先完成现代化。青岛市探索以小城镇为核心推动乡村振兴的路径,实现了以乡镇为单位的村庄布局规划全面覆盖,以社区为单位完成村庄规划全覆盖。

1.4 国内国际双循环的发展机遇

2020 年 5 月 14 日,中共中央政治局常委会会议首次提出"深化供给侧结构性改革,充分发挥我国超大规模市场优势和内需潜力,构建国内国际双循环相互促进的新发展格局"[5]。"十四五"规划提出加快构建以国内大循环为主体、国内国际双循环相互促进的新发展格局[6]。国内国际双循环的新发展格局为小城镇的发展带来巨大机遇。

2 改革开放以来青岛市小城镇的发展历程

2.1 第一阶段:复苏起步阶段(1979—1992年)

1979年,改革开放拉开序幕,农村经济被激活,农村剩余劳动力逐渐增多。1984年,青岛入选我国首批14个沿海开放城市。大量外资尤其是日韩资本进入青岛,青岛市小城镇成为全国较早开启工业化的一批小城镇之一。由于经济制度尚未成型,村镇企业是发展的主导,青岛市小城镇进入工业化初期。

2.2 第二阶段:经济起飞阶段(1992—2000年)

1992年邓小平南方谈话拉开深化改革的大幕,国内经济体制改革基本完成,改革开放重心由农村转向城市。这一阶段的特点是外资主导小城镇发展,青岛市小城镇逐步建立以劳动密集型、资源密集型产业为主的工业体系,镇级工业园广泛出现,一批工业型小城镇逐步发展壮大。

2.3 第三阶段:全面发展阶段(2001—2012年)

2001年11月,中国加入世贸组织,我国对外贸易发展进入快车道。在外贸的拉动下,青岛市小城镇的经济和城镇建设全面迅速发展。这一阶段青岛市小城镇的产业格局基本成型,工业化水平快速提升,人口猛增,城镇建设初显成效。为了提高小城镇规模,青岛市进行了多轮乡镇合并。

2.4 第四阶段:收缩转型发展阶段(2013—2020年)

2013年十八大提出生态文明发展理念,加速淘汰落后产能。政府开启新型城镇化进程,大城市的户籍限制逐步放松,人口向大中城市加速流动,小城镇人口增速放缓或甚至出现萎缩。2015年以来,国内兴起特色小镇开发热潮,引导小城镇进行产业转型。

这一阶段,青岛市小城镇逐步进行产业转型,劳动密集型产业转变为资金密集型产业,部分小城镇承担了青岛主城区外溢的城市生产职能,被升级为功能区,但大部分已经进入收缩阶段。以莱西市姜山镇为例,2019年大数据统计的常住人口仅占户籍人口的2/3,泰光制鞋等重点企业招工人数远不及高峰时期,全镇每年有几千人到国外打工。

3　青岛市小城镇的类型、特征和问题

3.1　类型划分

本文的研究对象是青岛市及其所属县级市中心城区以外的建制镇和街道。

根据主导产业可以将青岛市小城镇划分为六大类型：农业型小城镇、商贸型小城镇、工业型小城镇、旅游型小城镇、枢纽型小城镇和综合型小城镇（图1）。

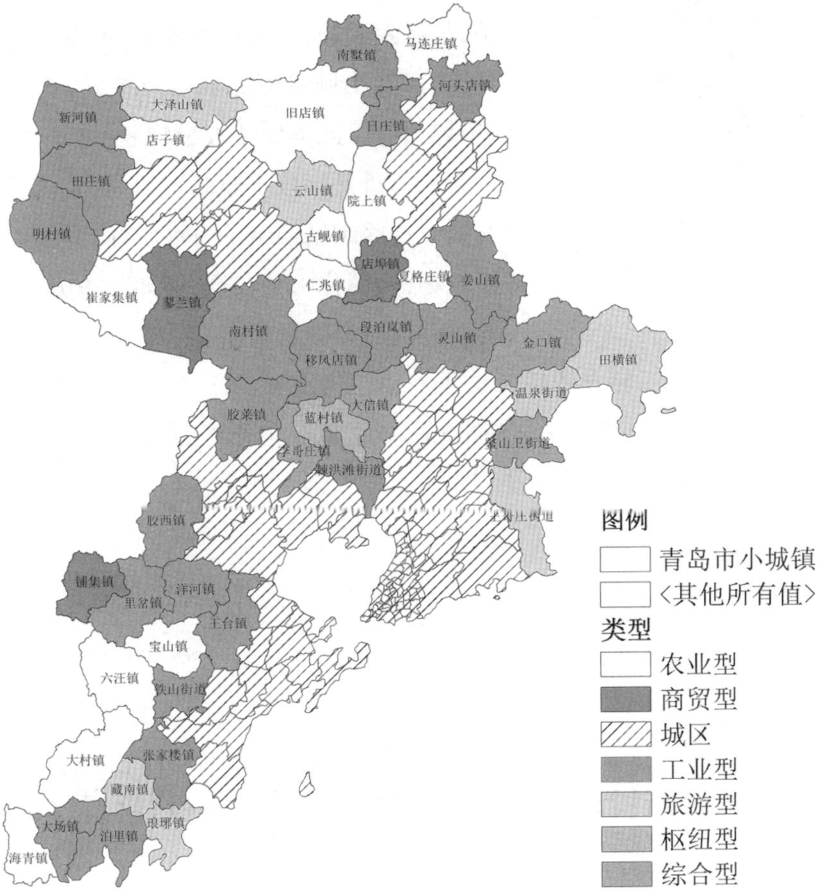

图1　青岛市小城镇分类示意图

3.2 基本特征

3.2.1 规模等级体系呈“纺锤形”结构

青岛市小城镇按照规模和城镇化水平可以分为四个等级，从数量上来看呈“纺锤形”结构（图2）。

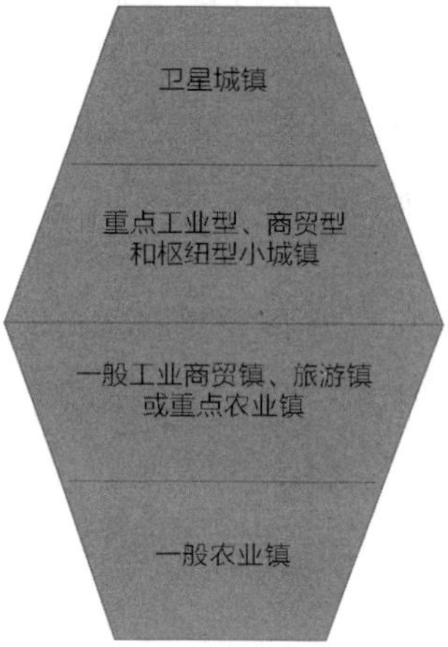

图2 青岛市小城镇“纺锤形”规模等级体系示意图

第一等级是卫星城镇。这类小城镇承载了重要的城市功能，作为相对独立的卫星城，人口规模较大，城镇化水平较高，例如李哥庄镇、姜山镇、南村镇、蓝村镇、鳌山卫街道、泊里镇等。此类城镇数量较少，承担的城市功能以工业、科研为主。

第二等级是重点工业型、商贸型和枢纽型小城镇，经济发展较快，人口规模大，但城市化水平不高，仍保持小城镇形态和发展模式，例如新河镇、店埠镇等。此类城镇数量较多。

第三等级是一般工业商贸镇、旅游镇或重点农业镇。这些小城镇经济发展较好，但城镇人口规模较小，城镇化水平较低，例如大泽山镇、院上镇等。此类城镇数量较多。

第四等级是一般农业镇。这类乡镇也有少量二三产业，但未能形成规模，人口和经济总量都较低，城镇化率非常低。由于经过多轮行政合并，此类小城镇的数量已经大大减少（图3）。

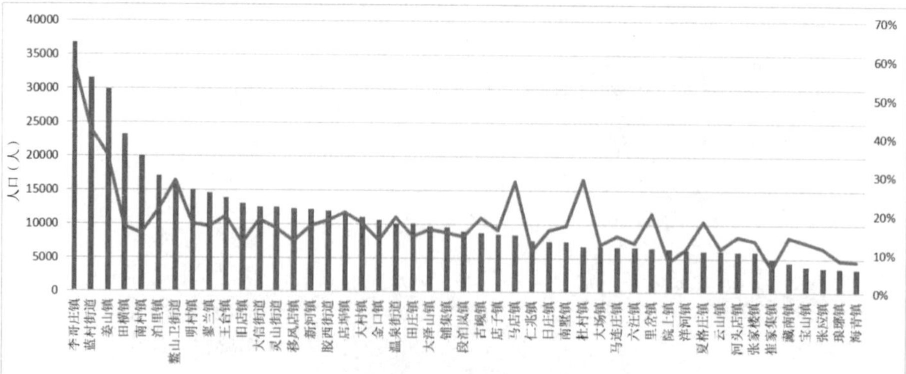

图3 青岛市小城镇人口和城镇化率对比图

3.2.2　工业占主导,工业镇数量多

青岛市小城镇是改革开放后我国最早启动工业化的一批小城镇,工业在大多数小城镇发展中起主导作用。从类型来看,工业型小城镇也是数量最多的,占总数的 43%(图 4)。工业在青岛市小城镇发展中具有重要地位,几乎每个小城镇都有产业园;在农业型小城镇中,二产占 GDP 的比值也较高。

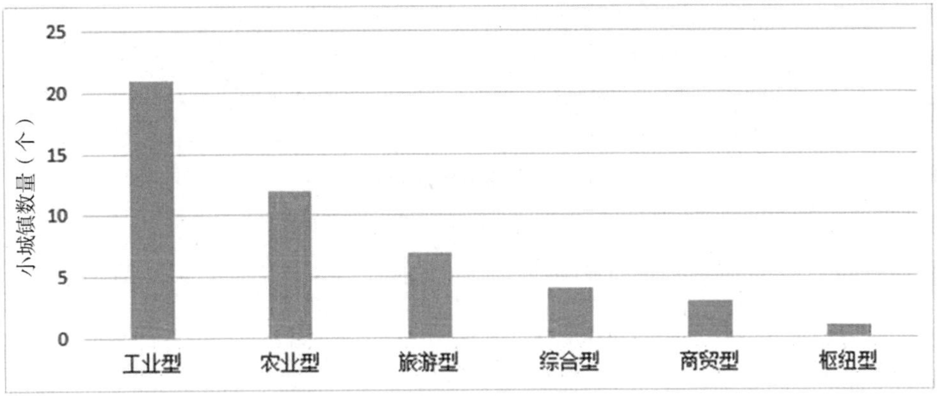

图 4　青岛市小城镇类型数量对比图

3.2.3　自然要素丰富,生态环境良好

青岛市域范围既有胶莱平原,也有崂山、大泽山和大小珠山等山脉,海岸线曲折悠长(图 5),生态环境良好。山地小城镇(如周哥庄、大泽山、藏马山等)和滨海小城镇(如王哥庄、鳌山卫、田横等)自然风光秀丽。青岛市小城镇的工业结构大多以轻工业为主,对环境污染较轻,也对生态环境起到保护作用。

3.2.4　小城镇发展依赖中心城市的辐射

大部分青岛市小城镇自下而上的生长动力不足,依赖中心城市的财政转移支付,尤其是在基础设施等需要大量资金投入的方面,主要依赖中心城市的支持。20 世纪 90 年代到 21 世纪初,为了缓解大城市病,国家多次出台政策支持小城镇发展。因此,青岛市每个外围县级单元(即墨、胶州、平度、莱西、胶南等)都要至少扶持一个建制镇承接上级的政策红利(图 6),争取政策支持、财政拨款和土地指标,这个小城镇一般位于中心城区与青岛主城

图 5　青岛市地形示意图

资料来源：自然资源部中国地势图（1∶16 000 000）

审图号：GS（2016）1609 号

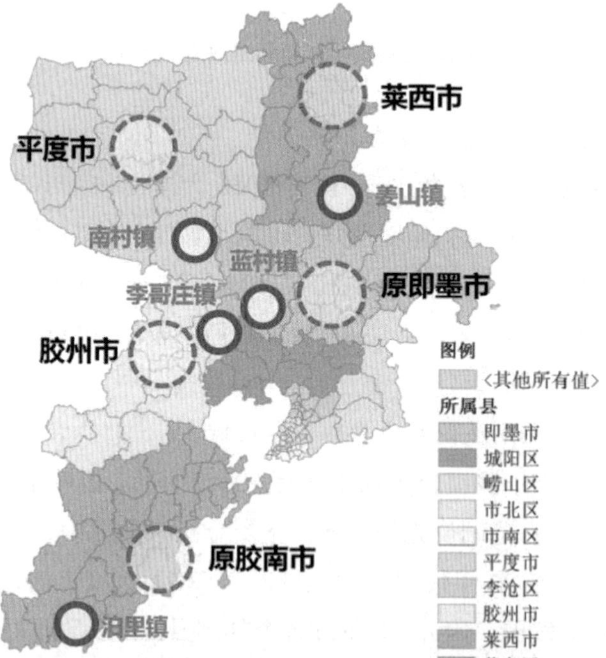

图 6　青岛市外围县级行政单元和试点镇级市分布图

区之间的交通干道上,有利于承接主城区的产业转移。2013 年,这批小城镇还被作为镇级小城市试点,成为市级重点发展区域。

例如姜山镇紧邻 204 国道,姜山工业园在 20 世纪 90 年代得到青岛市交通局的专项拨款,完成了园区骨干路网和市政设施的建设,为后来的快速发展奠定了基础。2006 年青银高速全线贯通,在姜山镇设高速出入口,使姜山到青岛市区的通勤时间缩短到 1 小时以内,2013 年以后逐步引进了北汽新能源基地和多所职业学校,城镇发展动力进一步增强。

3.2.5 小城镇功能由单一趋向综合

青岛市许多小城镇不仅农业基础好,工业发展强劲,商贸服务业也很繁荣,城镇功能在不断完善,从单一功能主导向综合型小城镇转变。

例如农业强镇店埠镇依托特色蔬菜种植,发展农产品加工、交易市场和田园综合体,近年又引入航空职业教育学院和商务机制造企业,建设航空产业园,通过一二三产的融合促使城镇功能不断完善。

3.2.6 流动人口以县域为主,社会结构单一

由于密集型产业外迁或技术升级导致对劳动力的需求下降,再加上居住和配套的不完善,导致青岛市小城镇居民倾向于在附近县级市买房定居,因此青岛市小城镇人口流动大多局限在县域内。通过对莱西南部的姜山镇、夏格庄镇和店埠镇的 OD 分析发现,日常人口流动主要集中在相邻乡镇和县级中心城区之间(图 7)。由于外来人口少,青岛市小城镇的社会结构也较为单一,且行政管理严格,社会秩序相对比较稳定。

3.3 青岛市小城镇发展中存在的问题

3.3.1 整体城镇化水平低,多处于初级阶段

目前,青岛市小城镇的城镇化进程大多处于初级阶段,实际城镇化率都没超过 40%。虽然一部分小城镇通过行政合并实现了人口规模的增长,但城镇人口的比例并未显著提高,镇区发展动力未能得到有效提升,大量农业转移人口依然流向青岛中心城区。整体来看,城镇化水平低的问题将长期存在。

3.3.2 产业传统低端,生态和安全压力大

青岛市小城镇的主导产业大多为食品加工、纺织服装等劳动密集型加

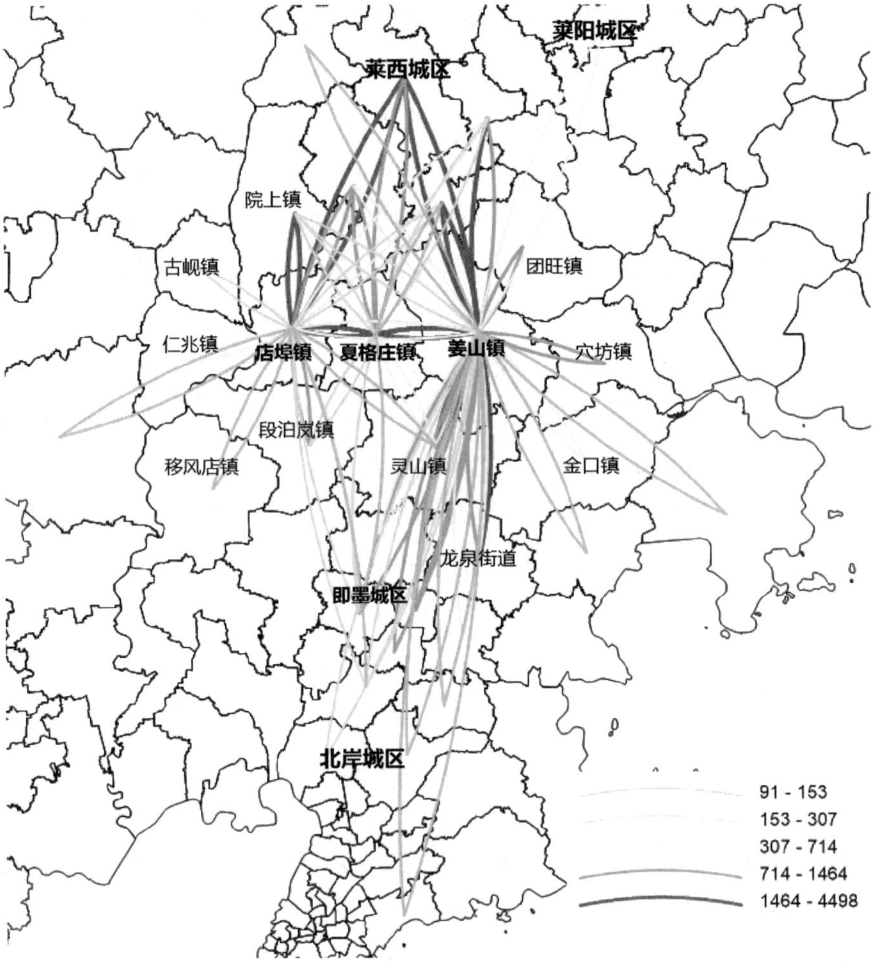

图 7　姜山镇、夏格庄镇和店埠镇人口流动示意

工业或机械制造、家电电器、医疗器械等制造业，缺少新兴产业，产业链不完善，一方面由于现状产业低端导致效益下滑，另一方面面临产业升级后被淘汰的危机。少部分小城镇（如新河镇、泊里镇等）承担了中心城区转移的石化、冶金、临港等重污染型产业，在生态文明发展阶段也面临来自生态和安全的压力。

3.3.3　土地利用低效，农业空间占比高

青岛市小城镇普遍存在用地低效的问题，导致镇域国土单位产出较低。重点镇的地均 GDP 基本都在 1 亿元/km^2 以下，远低于长三角和珠三角的重

点小城镇。农业空间以传统粮食作物为主,经济产出较低。青岛市小城镇镇域范围内的农业空间比例通常较高,例如莱西市姜山镇、夏格庄镇和店埠镇的现状农业空间占镇域总面积的比例高达 76%,其中占比最低的工业重镇姜山镇也达到 71%,其耕地占镇域面积比例达到 62%(图 8)。

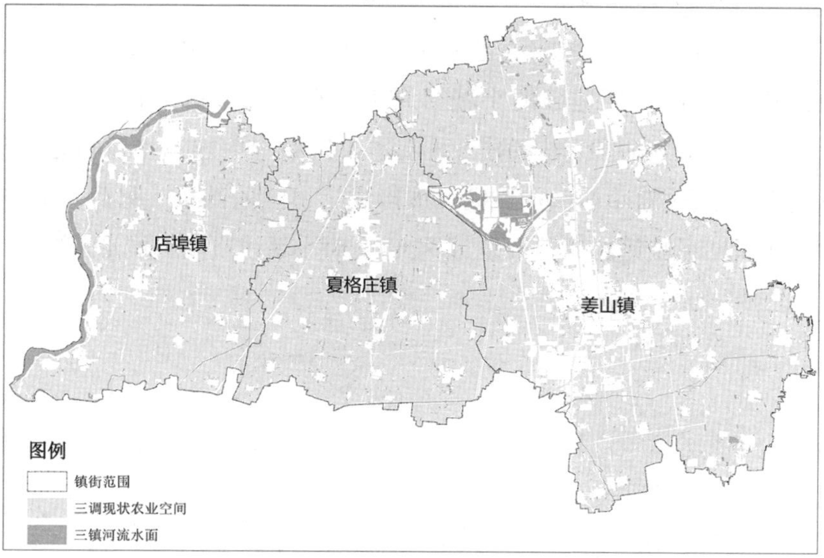

图 8　莱西市店埠镇、夏格庄镇和姜山镇现状农业空间分布图

3.3.4　人均城乡建设用地偏多,住宅空置率高

青岛市小城镇的人均城乡建设用地普遍在 200m² 以上,用地粗放不集约。2020 年,莱西市姜山镇的人均城乡建设用地为 358m²,远高于合理范畴。部分旅游型小城镇存在房地产过度开发问题,小城镇在早期开发建设中依赖土地财政,建成大量住宅空置,例如即墨区的温泉街道、黄岛区的藏南街道等住宅空置情况都非常严重。

4　国土空间改革对青岛市小城镇发展的影响

4.1　镇规划与市县规划被纳入同一个标准体系

原有的城乡规划体系下,各级规划标准不统一,市县总体规划缺乏对镇规划自上而下的传导。镇级规划的人口、用地规模经常突破市县总体规划的规模。国土空间规划确立"五级三类"的规划体系，形成从国家到乡村的统一价值传导体系，生态保护红线、建设用地规模、永久基本农田等主要指标，实现了自上而下的统一。

4.2　小城镇面临更严格的约束性要素限制

由于青岛市小城镇的城镇建设区占镇域面积的比例大多比较低，且农业较为发达，因此平原地区的小城镇周边通常被永久基本农田所包围（图9）。国土空间规划阶段，国家对永久基本农田和集中连片稳定耕地的保护措施更为严格，这对小城镇的城镇发展形成了更强的约束。另外，部分生态保护红线紧贴小城镇的城镇开发边界，也会对小城镇空间扩展形成制约。

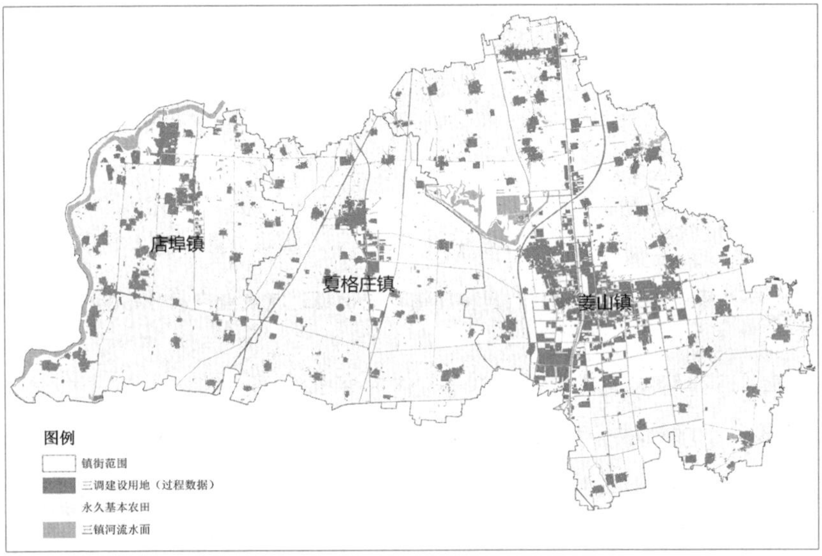

图9　莱西市店埠镇、夏格庄镇和姜山镇永久基本农田与现状建设用地分布图

4.3　小城镇获取城镇建设用地规模将更加困难

根据国土空间规划改革的精神，土地资源要素要向更高效的区域集中，小城镇的土地利用效率普遍低于大城市。进入存量为主的阶段，大城市建设用地指标本就不足，小城镇获取增量建设用地将更加困难。在城镇建设用地指标逐级下发过程中，小城镇在跟大城市争夺建设用地规模时处于绝

对劣势;不过按照“要素跟着项目走”的原则,少数拥有重大项目的小城镇能够获得一定的城镇建设用地规模。

大部分小城镇还将进入规模收缩发展阶段,通过腾退低效用地将小城镇的建设用地规模集中到中心城市。例如苏州市采取产业空间结构、土地资源配置“双优化”的模式,将乡镇低效工业用地拆除复垦,建设用地指标调入中心城区的重点产业园区,既增加了耕地,又解决了城镇建设用地规模不足的问题。

4.4 小城镇将走向高质量发展道路

中共中央提出“三优一高”的高质量发展目标,小城镇不能再走过去“重经济,轻宜居”的老路。面临新的历史选择,未来大部分小城镇将走向收缩,只有少数小城镇能通过高质量城镇化继续正增长。小城镇可以保留服务乡村的功能,但融入城市则需要转变发展模式。

国土空间阶段,耕地保护和复垦、生态修复、完善公共服务设施和乡村振兴都将加重小城镇财政负担。小城镇只有通过产业转型,采用集约高效的土地利用模式,走高质量发展道路,才能提高经济产出和税收,这也是完成上级任务要求的基础。

5 青岛市小城镇的发展路径建议

5.1 保护生态环境,打造中心城市的生态屏障和休闲消费目的地

在小城镇国土空间规划中应突出其生态属性,围绕生态空间组织城镇空间结构。青岛市小城镇应成为中心城市的生态屏障和休闲消费目的地,把青岛都市圈上千万人口的大市场变成自身升级转型的动力。对接城市需求侧的消费趋势,将生态消费作为发展的突破点。乡村旅游可以让永久基本农田也变成旅游目的地。旅游型小城镇也应该寻求去房地产化。

5.2 化镇为城,将承担城市战略功能的小城镇变成小城市

大城市空间有限,卫星小城镇可以为大城市承担空间和功能配套;大城市通过设置功能区的形式对小城镇进行投资引导,也会加速其城市化进程。

一部分小城镇通过承载城市功能、提高自身城市化水平，通过行政调整或建立功能区，成为城市的重要组团，例如蓝谷所在的鳌山卫街道、轨道交通示范区所在的棘洪滩街道；一部分近郊小城镇由于城市的对外蔓延，融入了城市，例如惜福镇、琅琊镇。但未来由于城市城镇开发边界的管控，这类转化方式将越来越少。

5.3 重点扶持特色产业，走特色化发展道路

2017 年山东省公布了两批特色小镇名单，在 109 个特色小镇中，青岛市占了 11 个（青岛都市圈占 22 个），大致分为高新技术型、旅游地产型、特色农业型和枢纽物流型等类型。经过三年发展，已经有一批小城镇脱颖而出，通过高新技术产业或特色商贸服务业成为重要的区域发展节点，例如棘洪滩动车小镇、蓝村电商小镇、南村家电小镇、店埠镇航空小镇等。下一步，青岛市应更加重视对小城镇特色制造业和商贸服务业的培育，避免地产化倾向，扶持特色产业，推动小城镇走特色化发展道路。

5.4 加快工业更新，推动工业型小城镇转型升级

由于工业型小城镇数量最多，实现工业型小城镇转型升级对青岛市小城镇的发展至关重要。城镇更新对政府的财政和治理能力的要求比较高，但通过对现有低效工业用地的更新，引进高效工业企业，能够实现小城镇的经济快速可持续发展。

青岛的工业型小城镇已经开始对内挖潜，依据亩产效益淘汰低效企业，重新开放闲置工业用地，同时补足公共服务和交通市政的短板，提高工业发展水平。对于姜山、南村、李哥庄等乡镇工业园规模较大的小城镇，应整合园区土地资源，引进新兴行业龙头企业，实现土地集约利用和产业升级迭代。

5.5 服务辐射农村，助力乡村振兴

未来我国乡村振兴的发展需求将为小城镇带来新的机遇。随着小城镇的转型升级，新功能、新业态将进入乡村地区[7]。青岛市小城镇可通过农业技术服务功能和农产品交易职能，辐射周边农村腹地，以镇区为核心推动一二三产融合。小城镇还应通过完善公共服务水平提高乡村的宜居性。

未来青岛市小城镇应整合农村资源,对接国内国际双循环的大市场,作为乡村地区连接世界的窗口,例如平度市仁兆镇利用大白菜资源优势,对接韩国泡菜需求,逐步做大泡菜加工产业,占领了韩国泡菜80%的市场,甚至参与制定泡菜质量标准。

5.6 完善基础设施建设,提高小城镇交通可达性

2020年,山东省印发《山东省贯彻〈交通强国建设纲要〉的实施意见》,明确提出“从2021年到本世纪中叶,分三个阶段推进交通强省建设,到2030年,基本建成交通强省”[8]。

青岛市小城镇应借助省内区域交通基础设施提升的机遇,承接城市转移的产业,融入国内国际双循环的产业链,例如胶东国际机场的建设促使与之邻近的南村镇和蓝村镇从传统制造业向临空物流产业升级。同时,青岛市小城镇应进一步改善镇域内部的交通条件,为产业发展奠定便捷的交通基础。

6 青岛市小城镇国土空间规划的若干经验

6.1 加强上下级对接,完善技术标准,增加专项规划

乡镇国土空间总体规划需要严格落实上位规划的指标控制要求,土地和人口规模问题已经无法像镇总规一样在镇级层面解决,因此要更加注重上下级的对接。由于乡镇国土空间规划的技术指南较少,但一个较大建制镇的国土空间规划编制难度并不低,因此应在市级层面完善乡镇国土空间规划技术标准,指导小城镇国土空间规划编制。随着城镇化的推进,小城镇的生活质量也需要不断提高,对公共服务配套和基础设施配套等内容也提出更高要求,需要编制一系列专项规划来解决实际需求。

6.2 发挥小城镇基层优势,对底图底数进行详尽梳理

乡镇是核实底图底数的最基层行政单位,细致且接地气是小城镇国土空间规划的优势。小城镇空间范围较小,在核准三调数据的基础上,可以详尽梳理农用地转建设用地和批而未用图斑,进行基数转换也需要镇级自然

资源部门配合进行现场调研,并反馈给上级国土空间规划编制单位。

6.3 依靠农业和生态属性,优先完成约束性指标

由于不必协调下级行政关系,主要落实上级下达的任务,小城镇完成约束性指标比市县级国土空间规划更容易。镇域层面生态保护红线一般是由市县一级划定,小城镇的划定工作压力较小。另外,小城镇一般农业空间比例较高,有利于优先完成永久基本农田、耕地、林地等约束性指标目标任务。

6.4 小城镇是规模压缩的首要对象,需保障基本需求

在编制县级以上国土空间规划过程中,往往会将有限的建设用地规模集中到效率更高的中心城区,而压缩小城镇的城镇集中建设区规模。但由于小城镇具有不可替代的承上启下作用,尤其是服务农村地区,因此需要保障基本空间需求,不可过度压缩。

6.5 强化规划的法定地位和引导作用,避免被项目主导

过去许多小城镇为了引进优质项目,牺牲规划的科学性,导致规划跟着项目走,城镇布局零散杂乱。一些房地产企业到小城镇跑马圈地,也打乱了原有的规划格局。现状往往是地籍权属犬牙交错,用地分散不集中,增加了规划难度和建设成本。只有强化国土空间规划的法定地位和引导作用,尊重城镇发展规律,才能避免在发展中被项目牵着鼻子走。

6.6 小城镇是国土空间规划实施的责任主体,应细化规划内容

市县规划的各类控制指标最后都要分解到乡镇,上级管理部门也会将城乡统筹、矿山修复、土地复垦和土地成片开发等项目落实到乡镇层面,因此小城镇是国土资源开发保护的最前沿。在编制乡镇国土空间总体规划时,需要结合实际进一步细化自然资源保护和利用、耕地保护、生态修复等内容,落实到具体项目,使规划接地气、能落地。

7 结语

在一定范围内,城市规模越大效率越高,城市群和都市圈是国内城市发展的新趋势[10]。我国现在所处的发展阶段有利于大城市的发展,但大城市

对周边小城镇会产生虹吸作用,造成小城镇的收缩衰退。国土空间规划变革堵死了小城镇原有粗放扩张的发展道路,唯有转型一条出路。小城镇兼具城乡属性,作为基层行政单元,其转型升级对国家发展的长远稳定至关重要[11]。

国内国际双循环为小城镇发展带来新的机遇。青岛市小城镇一方面应对接中心城市需求侧,为城市提供农产品供给、产业配套和旅游服务;另一方面作为乡村地区的核心,应引导镇域内的一二三产融合发展,推动农村现代化和乡村振兴。同时我们也应看到,做大做强中心城市有利于带动小城镇的转型发展。小城镇承接中心城市的产业转移,能在胶东经济圈的互联互通中发挥重要作用;未来青岛不仅要做大做强中心城区,提高整体经济水平,也要积极推动小城镇的转型升级,才能更好地适应新时期高质量发展的新要求。

参考文献

[1] 李克强:推进以人为核心的新型城镇化[EB/OL]. http://www. xinhuanet. com/politics/2014-03/05/c_119614535. htm.

[2] 中共山东省委山东省人民政府关于印发《山东省新型城镇化规划(2014—2020年)》的通知[EB/OL]. http://www. sdnews. com. cn/gov/zfgg/201410/t20141027_1764461. html.

[3] 中共中央 国务院关于建立更加有效的区域协调发展新机制的意见[EB/OL]. http://www. gov. cn/zhengce/2018-11/29/content_5344537. htm.

[4] 社科院:2019 年我国城镇化水平首次超过 60%[EB/OL]. https://news. china. com/domesticgd/10000159/2019/224/37566705_all. html.

[5] 财经翻译官"双循环"这个密钥你 get 到了吗?[EB/OL]. http://www. chinanews. com. cn/cj/2020/08-26/9275065. shtml.

[6] 规划纲要草案:形成强大国内市场 构建新发展格局[EB/OL]. http://www. xinhuanet. com/politics/2021-3/05/c_1127172953. htm? baike.

[7] 曹璐,谭静,魏来,等. 我国村镇未来发展的若干趋势判断[J]. 中国工程科学,2019,21(2):6-13.

[8] 省委、省政府印发《山东省贯彻〈交通强国建设纲要〉实施意见》[EB/OL]. https://

www. mot. gov. cn/zxft2020/jiaotongqs_sd/xiangguanziliao/202010/t20201019_3477511. html.

[9] 胶东交通一体化方案出炉！两群两网两化，打造胶东“1小时经济圈”[EB/OL]. https://www. sohu. com/a/437254097_100024676.

[10] 陆铭. 大国大城：当代中国的统一、发展与平衡[J]. 复旦学报（社会科学版），2017，59(2)：190.

[11] 徐侃，彭秋艳，祝欣豪. 浅析新时代下小城镇升级发展路径[J]. 建筑与文化，2021(1)：39-40.

城乡网络化背景下近郊乡镇产业融合规划探索
——以安顺市七眼桥镇为例

韩梦凯
(华中科技大学)

【摘要】 我国城镇化进程已经走向高质量发展阶段,同时城乡关系在城镇网络化发展过程中发生根本性的改变,城乡各类产业发展走向深度融合。文章以贵州省安顺市七眼桥镇为例,分析现状与政策背景,认为七眼桥镇具有网络化背景与城乡产业融合的条件,引入网络化与产业融合相关内容,在分析现状条件的基础上探索七眼桥镇未来产业深度融合的发展路径,认为产业的深度融合要突破乡镇、村庄的层级关系,注重乡镇的内外双循环关系,同时考虑延伸产业链,注重产业上下游之间的衔接。在空间布局上除了注重产业之间的一体化协同,还要注意分散与集聚经济的有机结合。

【关键词】 网络化发展　产业融合　乡村振兴　高质量发展

1　引言

2020年年底我国城镇化进程突破60%大关,城镇化进程放缓,从大拆大建走向精细化高质量发展。在城市化快速推进的今天,随着信息技术的发展与文化、科学技术的普及,城乡关系不再以过去单一的上下层关系为主,城乡之间的边界也越来越模糊,并转向网络化融合发展,城乡关系正在发生根本性的改变。处在这个技术变革的时代,城市与乡镇的关系需要主动适应城乡网络化与城乡融合带来的各种关系变化。在此背景下,我国城乡关系在产业方向从初步融合走向深度融合,同时开始构建城乡内外关系的双循环。

坐落于贵州省安顺市的七眼桥镇作为脱贫攻坚与城乡融合的主战场,在政策背景上有以下三个政策发展支撑。

1.1 贵安经济一体化的中心

2012 年国务院印发《国务院关于进一步促进贵州经济社会又好又快发展的若干意见》(以下简称《意见》)指出,将贵州省安顺市定位为以贵阳—安顺为核心,以遵义、毕节、凯里等城市为支撑的黔中经济区。七眼桥镇作为安顺市东部近郊区,又是贵阳与安顺实现经济一体化的连接点,具有极强的发展潜力与经济带动作用。《意见》指出:“推进贵阳—安顺经济一体化发展,加快建设贵安新区,重点发展装备制造、资源深加工、战略性新兴产业和现代服务业。”高新技术与战略性新兴产业作为产业融合的试验田具有较大的发展潜力。贵州省人民政府对安顺市提出加快培育壮大特色优势产业,发展装备制造业、资源深加工及能源产业、特色轻工业等要求。

1.2 贵阳新区生态文明建设的关注重点

根据近两年的《贵阳共识》词频分析,生态文明建设仍然是重中之重,与此同时也要谋发展、求进步。2016 年提出更多的是“中国”“理念”“国际”;2018 年提出更多的是“共同”“国际”“气候”“全球”“可持续发展”等。十八大、十九大持续关注生态文明建设,将生态文明建设作为重要的国家战略。贵阳新区作为生态文明建设的关注重点,有关生态文明建设的城乡环保产业、旅游产业,无污染、低能耗、高效率的高新科技企业在七眼桥镇具有较大的发展潜力。

1.3 全域旅游支撑与农业强镇示范建设

七眼桥镇有“云峰屯堡”特色旅游支撑,是安顺市的全域旅游重要节点。自 2015 年 7 月第十届贵州旅游产业发展大会在安顺云峰八寨景区召开以来,大数据产业被确定为贵州省全省的战略性新兴产业。首个国家级旅游数据中心落户贵州也推动了“国家与地方”旅游数据融合。安顺市作为首批国家全域旅游示范区,通过旅游业的主导优势产业,推动区域资源有机整合;作为国家级旅游产业改革创新先行区,安顺市七眼桥镇的特色旅游服务促使其在全域旅游方面发挥重要作用。

2018年农业农村部批准七眼桥镇开展农业产业强镇示范建设，通过对主导产业的定位、培育产业融合主体，从而丰富业态类型，七眼桥镇在产业融合方面具备了重要的政策推动力。对于七眼桥镇，健全利益分配机制，加快建设集标准原料基地、集约加工转化、销售服务运输等为一体的产业集群，形成高效集约、上下游一体的产业结构，是形成以农业为支撑的农业强镇的主要目标。

2 网络化与城乡融合关系

2.1 网络化与城乡产业融合内涵

网络化是将各个节点和线路互相连接起来，探索不同空间中实体的内在联系及变化趋势。通过网络化形成点线面联动效应。区域经济学认为网络化是一个持续发展变化的动态过程。在城乡空间发展过程中，网络化发展模式是促进城乡一体化发展的重要模式。它既是高效的运营过程，也可以有效地整合信息。[1]

城乡融合是彻底打破城乡二元结构、实现城乡一体化与乡村振兴的发展思路。通过将城市与乡村的相关资源与各种生产要素相融合，实现合理分工、相互协调的可持续发展状态。数字技术与信息科技等高新科技推动了产业要素之间的相互交叉，因此有学者提出基于传统产业的产业融合经济发展模式。[2]网络化与城乡融合发展推动了新型城镇化发展的步伐，同时也是城乡一体化、乡村振兴的主要抓手。

2.2 网络化背景下的城乡空间与层级关系转变

在网络化背景下，城乡关系与城乡空间层级发生根本性的改变。从行政管理制度上，城乡关系仍然是城、镇、村的层级关系，但随着信息科技的快速发展，流空间中的各类要素与实体空间的层级关系在产业方面发生了根本性的突破。借助信息流、物流、资金流等流空间要素的重新整合，利用乡村地区土地低廉等相对优势，优势工业企业完全有机会向乡村方向进发，而不再以城市边缘集聚为单一选择,从而获取更加低廉的土地成本、更加便捷的交通优势。乡村振兴的政策背景也为企业入驻乡村提供了许多政策红利。对传统农业来说,农产品的外输与外销不再以层层聚集为主要销售渠道,而转向农村淘宝、点对点帮扶、菜篮子工程等多样化选择。

2.3 网络化与城乡融合相互促进

网络化的城乡关系推动了城市与乡村空间关系的融合,也促进了城乡在产业布局的融合。随着城乡网络化的推进,城市与乡村的界线逐渐模糊,近郊乡镇表现更加明显。近郊乡镇在网络化背景下呈现城乡两种城市形态共存的现象,其表现出来的空间形态为集聚与分散共存。在新型城镇化的背景下,城市新区向城市边缘区拓展,随之出现的体量巨大、规模超前的城市开发区与近郊乡镇小体量、民居为主的乡镇形态产生鲜明对比。城乡网络化推进了城市近郊区域城乡空间融合的步伐,作为城市边界扩张的主要手段,城市吞并近郊乡镇的同时也带来了近郊乡镇地区村民的快速市民化,间接推动了新型城镇化的步伐。[3]

2.4 网络化推动城乡产业融合

城乡网络化推动了不同区域、不同产业之间的融合发展。城乡网络化在空间上使得不同产业之间的交流更加紧密,产业之间的融合互补机会增加,推动了城乡产业从初步融合走向深度融合。网络化的过程也是构建城乡产业一体化的进程,通过对产业的深度融合与产业一体化构建,能够布局产业链条,形成产业内循环与产业外循环相互促进的空间格局,使其在不同区域、不同层级都能发挥相对优势,创造更高的收益。城乡网络化发展增进了集聚经济与分散经济之间的联系,形成产业网络化与产业融合的一体化格局。[4]

3 七眼桥镇具有产业融合的基本条件

3.1 七眼桥镇现状

七眼桥镇有独特的山水格局,典型的喀斯特地貌,同时面临着水土流失、土地石漠化的环境问题;作为贵安新区联系安顺市与贵阳市两极核的通风廊道,贵安新区的交通动脉经七眼桥镇而过,有良好的网络化与产业融合基础优势。国家通过一系列政策支持贵州全域旅游发展,通过生态文明建设推动“旅游+生态”“旅游+文化”融合发展,同时贵安新区大数据中心的落位势必掀起新兴产业发展的浪潮。七眼桥镇具有依托现有政策红利推动产业融合的条件。面对如此多样化的复杂城市变革,走向城乡网络化发展、产业融合是实现产业振兴的必由之路。七眼桥镇将努力促进新兴产业与传统农业、传统加工业及传统服务业深度融合,并推动产业革新,打造产业融合新高地。

3.2　现状产业问题及空间分布

通过对七眼桥镇的农村农业数据收集整理,对当地传统一、二、三产业规模、效益及其分布特征进行评估与分析。分析结果及现状产业问题总结如下。

3.2.1　传统农业发展潜力深厚,阶段滞后

七眼桥镇全域种植业主要粮油农作物为水稻、玉米、油菜。对现状粮油作物种植比重进行数据汇总、对比后发现,主导作物为水稻与油菜。对比三大主要粮食作物亩产与一般水平范围发现,水稻产量位于高产水平范围,大部分能够达到亩产 500 公斤;玉米作物产量低,低于一般水平,种植面积少;油菜相对高于平均水平,较适宜种植(图 1)。

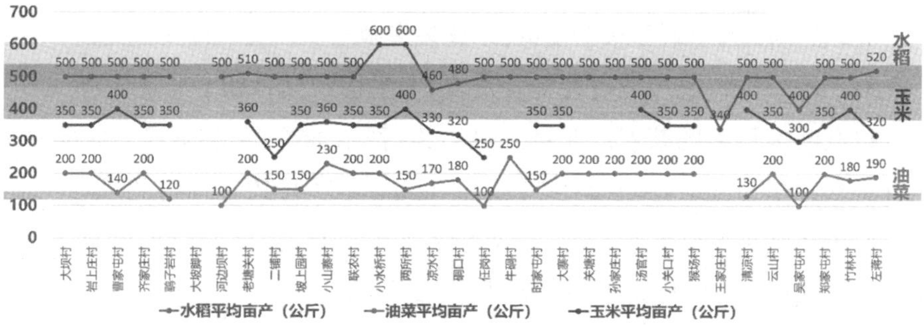

图 1　三大主要粮油农作物亩产水平

资料来源:一个村(http://www.yigecun.com/)

对于畜牧养殖业，现状农村养殖产业主要以猪、羊、鸡等牲畜养殖为主，并有少量饲养驮马、鸭等；养殖大户居多，散养较少。现状养殖仍然以传统养殖模式为主，养殖方式落后，产量低、成本高，制约了该产业的发展。对现状养殖情况进行评定后认为，具有规模养殖潜力的村庄共有 8 个，可以考虑进行规模化养殖，通过现代机械加工提升效率的同时进行规范化养殖，节约能源并保证产品质量。

3.2.2 规模性集聚企业分布特征明显，产业融合深度缺乏

现状产业分布呈现"工"字形网络化集聚形态。借助 POI 数据对现状规模性集聚企业类别及分布特征进行归纳总结，分析认为七眼桥镇现状规模性企业分布呈现"工"字形分布特征，同时表现出明显的线性集聚特征。如图 2 所示，工业企业主要分布于西侧；东侧线性分布产业内容主要与屯堡文化相关；横向轴线沿路分布，内容主要与日常生活服务、物流运输以及汽车维修等相关。

在产业门类上，传统加工业侵袭脆弱的喀斯特地貌生态环境，产业绿色化升级改造势在必行，现状产业有初步融合的成果，但效果不明显。对现有的产业门类与产业融合方式进行汇总分析认为，现状规模性集聚产业主要以机械、电子元器件、建材等传统加工业为主，依托喀斯特地貌山矿资源进行再开发与挖掘。现状产业对环境破坏较大，产业融合效果不明显、产业效益不突出、产业结构不合理，实现产业深度融合与产业更新势在必行。

3.2.3 特色产业重点不突出，产业链条短

对七眼桥镇特色产业进行提炼发现，七眼桥镇具有如下产业优势。

以茶叶为代表的茶农产业链。具体为：种植加工，包装运输。安宏村有茶叶种植园 1.36hm^2，大塘河村有茶园 8hm^2，年产量约 12 吨；关塘村、孙家庄村则常年从事茶叶相关行业，为茶叶的加工、包装以及运输提供渠道。特别需要提出的是，七眼桥镇有特产瀑布毛峰茶。

以老塘关村为代表的农具之乡特色文化村落。老塘关村 90% 的村民从事农具加工，有汽锤 40 多台，加工的产品有镰刀、锄头、镐刀、菜刀、柴刀、湾刀、火钳、夹板、尖刀、砍刀等，销往贵阳、修文、广顺、长顺、紫云、望膜、镇宁、

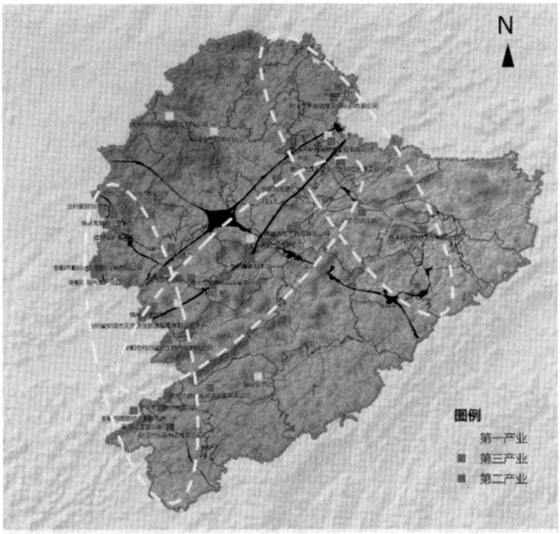

产业归类	产业划分	产业种类	名称
第一产业	农业相关	农产品加工	民营合作社
		农业养殖	荣富鸣种养殖农民专业合作社、西秀区旭日种养殖农民专业合作社
		农业园艺种植	贵州万景园农业发展有限公司、安顺肉多多绿化园艺有限公司
		食品包装加工	贵州鑫盛鸿兴谦业发展有限公司
		食品加工	绿野芳田果蔬工坊
		中草药加工	明明中草药加工坊
第二产业	电子元件类	电器加工	富源变压器有限公司
		电子科技	鼎盛达电子科技有限公司
	工艺类	服装加工	贵州颖祥制衣有限公司、兴平民族服装厂
		工艺服务	贵州云屯丽红工艺有限公司
	化工材料类	材料加工	贵州安顺油脂股份有限公司
		化工服务	意大利润滑油安顺总代理
		化工企业	安顺东悦化工有限公司
	环保类	环保回收	安顺祥晟金属回收有限公司、贵州达君再生资源回收有限公司
		环保能源	贵州鸿能环保能源科技有限公司
		环境检测	安顺顺成环境检测有限公司
	机械类	锻造加工	袁袁铁件加工、旧屯铁件加工
		机械加工	安顺鸿泰机械厂
		农业机械加工	贵州农友粮机械设备有限公司、贵州富宇聚农业机械有限公司
	建材类	标砖厂	余永宪标砖厂
		建材加工	杨村柳松厂（安顺分厂）、贵州格羊认科技建材有限公司、祥瑞工程、水泥加工厂、贵州工义建材有限公司、贵州凯龙盛建材有限公司、安顺市凤焰钙业有限公司
		木业加工	木艺美景观木业
		水泥加工	安顺市尚强商砼有限公司
		装饰加工	安顺宏图装饰材料有限公司、蜗牛有梦衣柜门厂、安顺市西秀区博能门窗加工厂
	能源类	工矿企业	中燃北方煤炭贸易有限责任公司
		能源企业	贵州立千能源有限公司
		饮水工程	安顺市盛仁缘饮用水有限公司
第三产业	农业相关	生物科技	安顺市科力建达生物科技有限公司、安顺市启恒环保生物科技有限公司、安顺市鼎力当众生物科技有限责任公司
	销售服务类	驾照培训	安顺市永安驾驶员俱乐部有限公司
		旅游服务	贵州省安顺市天悦紫佳旅游发展有限公司
		汽车服务	安顺鑫悦汽车租赁有限公司
		汽车销售	安顺市顺铃汽车销售服务有限公司、安顺跃骏汽车产业园、安顺市顺铃汽车销售服务有限公司
		物流工厂	物流产业园
		装饰服务	安顺市目兴装饰工程有限责任公司

图 2　产业类型及其空间分布

普定等周边县市。农具铁器锻造产业是屯堡人自明朝军用转为民用起，经600多年的历史代代相传至今。1952年成立国营农具社，老厂址在老塘关，后迁至七眼桥镇，具有深挖并发挥农具产业特色的潜力。

以云峰八寨为代表的屯堡旅游文化。七眼桥镇有着云贵地区独特地貌孕育下的防御性军屯与营商性商屯村落文化，由此聚集的屯堡人与当地苗族人之间有着深厚的文化交流，形成了独具特色的屯堡文化，体现在原生古老的古村落建筑文化、地方戏曲文化以及蜡染工艺等方面。作为少数民族以及历史文化的瑰宝，保留并合理利用转化为产业效益，突出产业优势，以"屯堡旅游+"为核心动力，并将其转化为产业优势是未来发展的主导方向。

3.3 提出策略与目标

对现状产业门类及特色产业提炼发现，七眼桥镇农业生产水平低下，受地形限制，机械化水平低，畜牧养殖分散低效；传统工矿企业严重危害生态安全，高污染企业分布较多，高新科技企业层级低下；服务业水平低，集聚明显，存在青黄不接、鱼龙混杂等问题。基于现状，在解决基本问题的前提下，七眼桥镇应当积极融入网络化格局，努力推动产业融合，最终实现以生态资源为本底、环境保护为重中之重，借力大数据产业兼顾旅游文化发展；以乡村振兴为主要背景，充分利用乡村旅游资源，以深化脱贫攻坚成果为主要目标，实现共同富裕。

在实现路径上，提出以"农业+""大数据+""旅游+""物联网+"相互融合为基础，推动农业深化升级；以引入装备制造业、资源深加工、战略性新兴产业为载体，促进传统工矿产业升级改造；以全域旅游为抓手，生态文明建设为契机，抓住屯堡文化特色，对服务业尤其是旅游服务业进行深度融合创新[5]，从而实现产业结构的再调整和产业类型之间的深度融合。在规划实施层面，主要路径为实现网络化和实现产业融合探索(图3)。

图 3　规划策略与实施路径

4　实现产业融合的路径探索

4.1　一核引领,四翼联动的总体空间布局

现有产业呈现初步融合成果,规划在应对未来新兴产业引入的背景下,在空间结构上提出“一核四翼,环支交错,快慢结合,脉络重构”的产业融合空间格局。

一核心是指产业数据中心内核,主要通过农工服产业大数据中心,引领周边产业协调发展;四翼是指根据现状产业空间布局,将七眼桥镇划分为四个片区,包括设施农业、休闲农业、高新技术产业和屯堡文化旅游四个部分,整体形成“一核引领,四翼联动”的空间结构,从而实现一个大脑约束、多个组团协同的一体化发展(图 4)。

4.2　逐步深入的产业融合与产业结构调整

在现有“工”字形的产业结构下,四翼交界连接区域会有更多的交流机会,创造农工服三者的融合与协调发展,从而推动产业深入融合。具体调整步骤为内外循环、上下联动、集散有序。

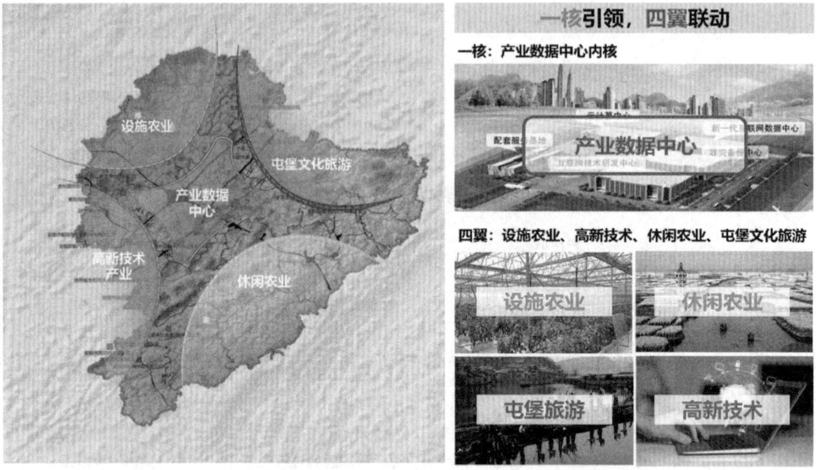

图 4　总体空间布局

4.2.1　内外循环

内外循环是指七眼桥镇在产业结构上为了实现内外循环调整，将产业一体化考虑，根据现有条件，将重点特色产业作为外循环的主导产业优势，发挥其在周边乡镇、区域、市域、省域以及全国范围内的比较优势，从而在外循环中构建经济收入渠道，作为优势产业重点打造；内循环主要为协调乡镇发展，完善乡镇或临七眼桥镇市民生活配套服务等服务类产业。规划设计将屯堡旅游文化产业、瀑布毛峰茶产业、农具之乡产业、新兴科技产业等作为外循环主导产业；将休闲农业、汽车运输服务等作为内循环服务产业，主要服务邻近市民生活与游乐需求。通过构建内外循环，创新性地引领乡镇产业链条与资金流、信息流达到循环畅通的效果（图 5）。

4.2.2　上下联动

上下联动是指产业的上下游之间要有联动作用。在产业结构上，除了将传统农业转化为设施农业、休闲观光农业，将农作物从附加值低的农作物转化为高附加值农作物，提高农业收入以外，还需要在农产品加工业上下功夫，延长农产品深加工链条进而提高农产品的附加值，以及将屯堡文化旅游业向实体产业转化，通过将文化软实力转化为工艺品等实体产品从而创造文化高附加值产品并向外输出。[6]

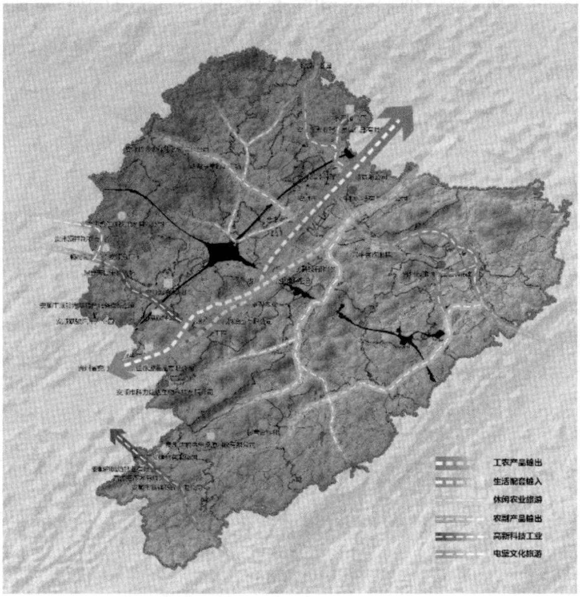

图 5　产业网络化格局

4.2.3　集散有序

除以上要求以外,产业融合的深化调整还需要做到集散有序,工业加工表现出集聚的特征,农业养殖畜牧表现出分散的特征,通过网络化的结构体系有效地串联分散的集体经济与集中的私营工业企业,从而做到集散有序、层级分明。七眼桥镇产业融合依照路网与网络化特征实现了末端分散、中端与终端集聚的树状构型,能够有效实现集散有序的产业一体化成果。

5　总结与探索

5.1　实现城乡产业融合的空间关系

实现产业融合发展的首要前提是合理处理城乡之间的产业分散与集聚的矛盾关系。有效整合与梳理各类产业之间的合作契机,寻找产业之间的融合痛点,把握城乡产业融合的空间需求。在规划落实中,通过对现状产业的空间分布情况分析,合理调配产业空间布局,为有产业融合契机的各类产业创造交流的机会，从而实现在空间上的产业"亲密接触"，找到合适的融合方法与融合对象。由于近郊乡镇具有分散经济与集聚经济共存的特征，空间分布是有效促进分散与集聚经济融合发展的必要手段。

5.2 实现网络化的路径探索

产业融合的空间布局需要以网络化作为结构支撑，七眼桥镇具有网络化的结构雏形，村落与村落之间在街道形态与建筑布局上具有很强的网络化联系。规划依托现状情况，主动适应网络化需求，将乡镇空间进行梳理，提出实现环状+支状结合的网络化空间构型，从而实现内外循环相结合的产业融合一体化发展。除了实体空间上的网络化，规划还关注流空间的网络化，在七眼桥镇中心布局的数据中心作为流空间的数据大脑，掌管整个乡镇产业各类信息流、资金流、物流等信息的交互与联动。流空间突破了实体空间的距离与层级约束，通过看不见的网络将乡村之间的距离缩小，有效地解决了交通欠发达地区的发展意愿，为其脱贫攻坚与稳固脱贫成果寻求出路。通过一核心多层级之间的网络化联动，克服农业、畜牧业等分散类产业管理空间分散的缺点，减少管理成本，突破距离成本限制，从而优化产业一体化格局。

5.3 实现城乡内外循环的网络体系

城乡内外循环的网络体系将城市与乡村一体化考虑，打造城乡产业经济螺旋上升的良性循环。通过构建城乡内外循环，在城乡之间找到乡镇的比较优势，使其发扬自身特色，产生经济效益。同时，通过构建城乡内外循环打造城乡经济的外部资本内部化，外循环引入大量资本，内循环吸纳外部收益转化为村民、村集体以及乡镇政府等的直接收益，以内外循环相结合的形式推动城乡人居环境不断优化、人民生活水平日益提升，起到良性循环的作用。

5.4 实现高质量发展的空间布局

在城乡之间借助网络化、产业融合的方法，构建城乡产业一体化发展，有效实现城乡产业与经济的内外循环。通过引进外部资本的介入、品种优化、品质提升、品牌打造与标准化生产等一系列方法，推动农业发展，提高农业质量和竞争力。在空间布局上注重合作共赢的理念,产业之间的交叉合作催生出新的创造力与竞争力,从而实现产业的高质量发展。

参考文献

[1] 马金鹏,马尚平.网络化对城乡一体化的影响[J].安徽农业科学,2015,43(22):294-295.

[2] 黄建富.产业融合:中国发展新经济的战略选择[J].南方经济,2001(7):67-69.

[3] 张明斗,王雅莉.城市网络化发展的空间格局演变与结构体系研究[J].城市发展研究,2018,25(2):55-60.

[4] 耿虹.构建新型镇村关系,稳定小城镇结构性职能[J].小城镇建设,2018,36(9):18-19.

[5] 饶传坤,沈晓晨.全域旅游战略下小城镇旅游产业规划策略研究——以永嘉县大若岩镇为例[J].小城镇建设,2020,38(1):83-89+115.

[6] 冯巧玲,张江勇,李萃.基于"农文旅"产业融合的城市近郊山区乡村振兴模式探索——以福建省寿山乡为例[J].小城镇建设,2019,37(10):67-75.

高速公路影响下偏远乡村振兴发展路径探究*

——以振太镇秀山村为例

缪文婕[1]　耿　虹[1]　王小莉[2]　李佳佳[1]
(1 华中科技大学建筑与城市规划学院
2 武汉华中科大城市规划设计研究院)

【摘要】 在全面推进乡村振兴、实现巩固拓展脱贫攻坚成果同乡村振兴有效衔接的战略背景下,交通作为偏远乡村基础设施建设的重要组成部分,通常是乡村振兴的前提条件。而在交通运输网络中,高速公路具有极其重要的地位。在高速公路辐射对接的影响下,滇西南地区偏远乡村如何借助"天堑变通途"的机遇推进乡村振兴,是当前规划理论和实践中迫切需要探索和解决的问题。本文基于云南省振太镇偏远乡村秀山村的规划实践,深入分析高速公路连通及出入口设置为脱贫地区乡村带来的发展机遇和适应性挑战,提出高速公路影响下偏远乡村实现振兴发展的有效路径:①区域协同,激发乡村社会活力;②交通互联,形成产业互惠互利;③绿色发展,保护防止生态失衡。本文聚焦与高速公路连接度高的偏远乡村,基于高速公路辐射对接给秀山村带来的影响,探讨偏远乡村三个振兴发展路径的可能性,也可为其他同样受到高速公路辐射对接影响的偏远乡村的振兴发展提供新思路。

【关键词】 乡村振兴　高速公路　发展路径　秀山村

* 本文获中央高校基本科研业务费专项资金资助(2021yjsCXCY076)。

1 引言

2021年2月1日，中央一号文件《中共中央 国务院关于全面推进乡村振兴加快农业农村现代化的意见》发布，提出全面推进乡村振兴，实现巩固拓展脱贫攻坚成果同乡村振兴有效衔接，接续推进脱贫地区乡村振兴。2月25日，习近平总书记在全国脱贫攻坚表彰大会上庄严宣告，我国脱贫攻坚战取得全面胜利，12.8万个贫困村全部出列，完成了消除绝对贫困的艰巨任务。目前我国正处于脱贫攻坚战胜利后，全面推进乡村振兴的新发展阶段。着力实现巩固拓展脱贫攻坚成果同乡村振兴有效衔接，探索脱贫地区乡村未来振兴发展路径，这对于全面推进乡村振兴具有极其重要的意义。通常情况下，贫困地区乡村实现脱贫后依然存在交通不便、缺少与外部环境联系、经济发展缓慢、内生发展动力不足、基础设施落后等问题。“要想富，先修路”的说法流传至今，在经过长时间的检验后，早已实践于国内大部分地区。交通建设无疑会对脱贫地区乡村振兴发展带来巨大影响。

目前，国内学术界大部分研究聚焦于公路建设对乡村发展的影响和乡村振兴发展路径。如杨锋认为农村公路是我国农村的基本交通工具，其建设是关系到社会主义新农村建设的关键因素，是保证农村经济发展水平的重要基础[1]。赵伟提出公路交通物流运输的建设和发展可促进产业结构转型及城乡一体化进程，但是经常会对当地的生态环境造成破坏，需要使周边的生态环境获得有效保护，以促进地方区域经济的可持续发展[2]。闫磊和朱雨婷共同研究认为，可持续稳固脱贫的实现路径是“资源禀赋—生产能力—可行能力”，需要从合理开发利用资源禀赋、提升贫困人口可持续发展能力和提升贫困人口可行能力等方面着手，以达到贫困人口长期稳定地从贫困状态转为非贫困状态[3]。然而对于高速公路影响下偏远乡村的振兴发展路径研究存在一定的缺失。

曾经交通闭塞的偏远乡村随着高速公路时代的到来将会发生巨大的变化。本文在既有研究基础上，聚焦滇西南偏远地区乡村，结合振太镇秀山村规划实践，深入探讨高速公路时代下偏远乡村在国家全面推进乡村振兴背景下的发展路径，探索偏远乡村如何迎接高速公路时代的到来，同时适应高速公路通车带来的巨大变化，在区域中找准自身发展定位，让更多的人看到乡村的纯真之美、文化之美、特色之美，同时也可以为具有相似外部条件的偏远乡村的振兴和高质量发展提供一种新的思路。

2 高速公路通车后偏远乡村发展变化

2.1 封闭性打破，缩短时空距离

受地形、地貌等地理环境影响，偏远乡村与城市间的交流联系被阻隔，偏远乡村的发展受到制约。特别是云贵高原山区内的乡村，在数千年的历史变迁中，由于交通阻塞，受强大的自给自足小农经济运行模式的影响，一定程度上缺少自我求变、自我破局的内生动力，在外因内因的共同作用下形成一种近似封闭且较为稳定的乡村运行生态。

在中国共产党的坚强领导下，各级党组织坚持“全心全意为人民服务”的宗旨，以“要想富，先修路”的发展思路，大力推动农村地区，特别是偏远乡村基础设施的现代化，着重改善偏远乡村交通运输条件。现代交通的介入打破了原有的、封闭的乡村运行生态，形成了高度的城乡“时空压缩”，推动偏远乡村与外部自然人文生态环境的交流与联系，加速偏远乡村内外物质、能量、信息的交换循环，促进偏远乡村经济社会发展，打造现代乡村运行新生态，以此推进乡村振兴。

2.2 产业结构优化，激活内生动力

在高速公路及出入口建成的影响下，偏远乡村将迎来独特的历史机遇。首先，便捷的交通保障了村民的便利出行，有利于村民将乡村优质的农副产品销往外地，拓展农业增收渠道，提升村民农业生产的积极性，带动偏远乡村农业发展；其次，交通大通道的建立打破了城乡信息壁垒，更专业的人员、信息、技术流向偏远乡村，专业团队通过专业系统的实地调查研究，能够充分考虑当地独特的土壤气候、地形地貌等因素，制定具有科学性、针对性、可实施性的乡村发展规划，做到科学规划、持续发展；最后，城乡交通的顺畅连

接,成为乡村独特优美自然风光的展示窗口,有利于吸引人流,带动乡村旅游产业的发展,促进乡村产业融合发展。总的来说,交通通道的建设,极大地“压缩”了城乡时间和空间,有利于将“外生推力”转化为偏远乡村“内生动力”,促进偏远乡村可持续发展。

2.3 人流量增长,助推乡村旅游

依据交通行为理论,一方面不同人群根据各自经济收入水平进行交通方式的选择,进一步产生对特定交通方式的“偏好”;另一方面同类人群根据出行目的、供给属性和需求属性等不同情景会选择不同交通方式,所以交通行为是产生人与物位移的社会性活动[4]。

在当前乡村旅游热潮下,越来越多的人在假期时选择以自驾等方式远离平日城市的喧嚣,回归乡土田园的宁静,享受融入自然的惬意,乡村旅游产业具有广阔的发展前景。随着现代交通基础设施高速公路的建设,方便易达的交通将成为偏远乡村吸引城市去往乡村进行旅游消费人群的优先选择,可以进一步吸附汇集人流量,带动高速公路沿线乡村旅游产业的发展。

2.4 劳动力转移,加速人口流失

高速公路的建设大大缩短了城乡间的时空距离,加强了乡村与外部环境的联系,为沿线脱贫地区的偏远乡村带来新的发展机会,但同时也产生了一定的发展问题,如虹吸效应就是比较突出的问题。便利的交通为偏远乡村青壮年带来一条新的致富路——外出前往发达地区务工,凭借从事体力劳动等获得可观的收入,老人和孩子在家留守。这也意味着高速公路建设不可避免地会导致乡村人口流失,有能力建设家乡的青壮年在繁华的城市和缓慢发展的乡村中选择,由于不合理的收入差距、生活水平差距等客观因素他们往往会选择前者,导致乡村出现空心化现象。乡村人口老龄化进一步加剧,空巢老人、留守儿童的医疗、教育资源的配置,物质和精神生活水平的保障成为乡村治理中新的结构性难题。

2.5 生态本底失衡,干扰质朴特色

高速公路建设将为偏远乡村吸附汇集大量人流,助力乡村旅游业及相关产业的发展。但偏远乡村在开发旅游资源时,也容易对乡村的生态本底

造成一定的干扰与破坏,同时引起水、电等能源的大量消耗。如果旅游开发过程中在环境保护和治理方面疏于管控,容易导致乡村生态环境失衡。而大量游人及交通工具的进入,也会造成偏远乡村的空气、水体、土壤、噪声等污染。

偏远乡村由于此前长时间的闭塞,许多包含传统文化在内的非物质文化遗产得以较为完整地流传至今。高速公路通车带来的便利交通条件一方面有助于让偏远乡村特色传统文化传播出去,推进乡村文化振兴;另一方面由于外来文化冲击等因素,部分乡村传统文化面临生存挑战,质朴民风面临被掺杂杂质的风险。

3 高速公路影响下偏远乡村振兴发展路径探究

高速公路通车给偏远乡村带来一定发展机遇的同时也产生了一定的问题与挑战。本文针对封闭性打破导致的缩短时空距离和劳动力转移、加速人口流失方面的发展变化,提出区域协同,激发乡村社会活力的发展路径;针对产业结构优化、激活内生动力和人流量增长、助推乡村旅游方面的发展变化,提出交通互联,形成产业互惠互利的发展路径;针对生态本底失衡、干扰质朴特色等问题,提出绿色发展,保护防止生态失衡的发展路径。

3.1 区域协同,激发乡村社会活力

脱贫地区偏远乡村以高速公路为纽带,深度挖掘本村发展潜力,与周边村落抱团发展,形成区域协同一体化发展,激活沿线乡村社会活力。通过整合高速公路沿线各村已有产业项目,以共建片区产业基地、分解构建产业链条、健全机制体制等形式,合理配置各村的资金、人才、土地、文化旅游等资源,激发各要素活力,串联各村心往一处想、劲往一处使,实现资源互通、要素共享,同频共振促进区域乡村可持续和高质量发展。

3.2 交通互联,形成产业互惠互利

乡村振兴中产业兴旺是要点,产业发展是巩固脱贫攻坚成果、衔接乡村振兴的关键所在。高速交通路网互联有助于促进城乡融合一体化发展以及

产业资源的合理分配。偏远乡村要充分发挥在脱贫攻坚战中开拓形成的独有资源和特色产业优势,以交通互联加强与周边乡村的产业互动。经实地考察、科学分析、合理规划后做好产业分工,因地制宜,以各自优势领域推进产业互补,做大做强特色产业项目。同时,交通影响着旅游业的发展质量,是旅游业发展的主要驱动力,为推动旅游业可持续发展提供有力的支撑[5]。偏远乡村全面推进第一、二、三产业协同发展,以交通设施、数字媒体平台为依托,向周边城区推介乡村旅游特色项目,以交旅融合推动优化区域产业结构,以旅游带动特色农产品包装销售、特色文化纪念品产业,延伸产业链,提高旅游相关产业附加值,推动各型辅助产业升级。

3.3 绿色发展,保护防止生态失衡

乡村振兴,可持续发展是关键,必须牢牢树立“生态优先,绿色发展”的理念,让绿水青山充分发展经济社会效益,切实做到经济效益、社会效益、生态效益同步提升,实现百姓富、生态美有机统一[6]。偏远乡村最大的优势和最宝贵的财富就是它良好的生态环境与原始质朴的特色,只有筑牢实现“金山银山”的生态和人文基础,才能牢牢掌握偏远乡村振兴的命脉。因此在借助高速公路通车机遇大力发展产业的同时,要注重维持乡村本身天然质朴的特色与历史人文之美,保护包括乡村传统文化在内的非物质文化遗产,推进乡村文化振兴。坚持绿色发展,以绿色发展推动乡村可持续发展。尽量减少对于乡村生态本底的破坏,防止乡村生态失衡。开展乡村人居环境整治,提升乡村居民生活幸福指数,也为发展旅游业提供良好的环境基础。

4 高速公路影响下偏远乡村振兴发展路径实证——以秀山村为例

4.1 秀山村概况

秀山村位于云南省普洱市镇沅县振太镇西部(图1),普洱市和临沧市的交界处,澜沧江左岸。总体地形呈现东高西低、山体较多的特点,平均海

拔在 950m 以下。年平均气温达到 20℃以上，降水量充足，适合种植玉米等农作物。2017 年 12 月 5 日，镇沅县扶贫开发领导小组会议研究决定，拟将振太镇秀山村等 65 个建档立卡贫困村退出贫困村序列，秀山村正式脱贫。

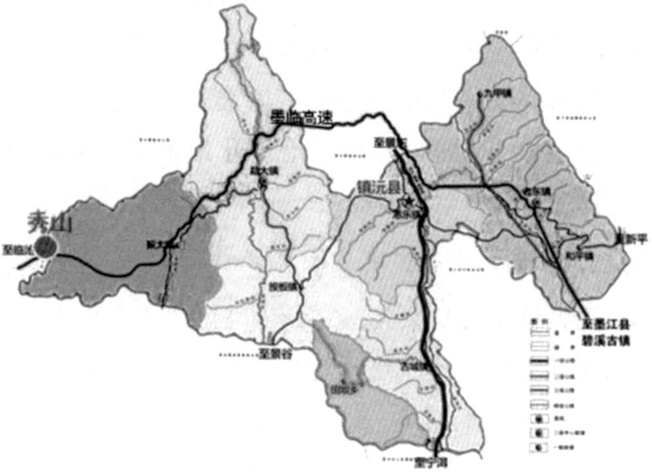

图 1　秀山村在镇沅县的区位示意图

秀山村拥有多样的优质自然资源，生态环境优异，因秀美的山水风光而著称。水资源较丰富，清澈的澜沧江水、四十八道河以及嘎里河水质清冽、四季不断。乡村内种植大片天然橡胶林，以及芒果、柑橘和咖啡等经济林果。万亩胶林使这里成为天然氧吧，负氧离子浓度达到 2 000 个/cm^3，按照世界卫生组织的划分标准，属于非常清新的空气质量，是对健康有利并且具有治疗和康复功效的。得天独厚的天然温泉谷地、溶岩奇石和河漫草滩构成了秀山村独一无二的特色景观。秀山村是哈尼族、彝族、拉祜族等多个少数民族聚居地，建筑原始朴素，兼具少数民族的传统特色。热闹的集市，一木成林的百年榕树，当地特色美食，传统民族服饰，以及世代流传的割胶工艺，赋予了秀山村独特的风土人情魅力。除此之外，当地还拥有悠久的历史文化资源，四十八道河挖掘出了传承千年的新石器遗址和古文物，而嘎里古渡也是千年前两岸盐茶货运交易的重要通道。

2021 年 1 月 13 日，墨江至临沧高速公路（简称墨临高速）建成试通车,是目前云南省已建成高速公路中规模最大、投资最多、里程最长的建设项目,途经镇沅县等 5 个县区,并在秀山村北部设置秀山收费站,使秀山村变成镇沅县对外的西窗口。在墨临高速正式通车前,秀山村虽然已脱贫三年多,但仍一直处于边缘化区位,交通可达性差,因此与外部环境联系很少,缺乏物质、信息、能量以及人的流动;产业结构单一,无法形成秀山村的内生发展动力,实现乡村高质量发展。但是在墨临高速通车后,交通的发展打破了乡村的封闭性,使春节期间来此处的人流量大幅度增长,带动了当地经济发展,但同时也对当地的生态环境和质朴原真特色造成了一定的破坏。

4.2 高速公路影响下秀山村面临的机遇与挑战

4.2.1 融入大滇西旅游南环线,共谋旅游高质量发展

2019 年,云南省正式启动了大滇西旅游环线建设,并将其提到全省核心战略高度,最初涉及大理、丽江等地约 1 600km,之后在原有基础上新增了 1 600km 途经普洱、临沧等地的西南环线,共同形成了“8 字形”大滇西旅游环线。大滇西旅游环线的建设推动了滇西旅游发展,人流、物流、信息流、资金流等多种要素流动,对推动滇西边境山区的经济发展、实现深度贫困地区脱贫和高质量发展具有极其重要的意义和价值。秀山村位于大滇西旅游环线南部拓展环中东西贯穿的墨临高速公路上,可借助墨临高速的通车融入“8 字形”旅游大环线中,并且位于大滇西旅游环线主题功能区中的生态度假旅游发展区。在大滇西旅游环线建设的福利带动下,原本地处偏远的秀山村可以与环线上其他地区协同发展,实现文旅资源串联,促进各要素流动,共同谋求旅游高质量发展,是可借此实现未来高质量发展的极大机遇。

4.2.2 吸附汇集人流,为旅游业发展奠定基础

墨临高速公路的正式通车以及秀山收费站的设置,使秀山村从边缘化区位融入一横四纵的区域交通体系中,极大地缩短了秀山村与周围各大热门旅游目的地的时空距离(图 2)。随着大众旅游时代的到来以及全域旅游的快速推进,公众旅游出行特别是自驾旅游出行需求呈现持续高涨之势,交通与旅游融合发展恰逢其时[7]。在自驾游逐渐兴起的旅游新趋势下,交通

的建设无疑为自驾游提供了极大的便利,自驾至秀山的时间也大幅度缩短,从秀山至镇沅县勐大机场和临沧机场的时间均缩短至一小时车程。高速公路的通车及出入口的设置为秀山村旅游经济的发展打开了长期封闭的时空闸道,吸附汇集了大量的客流,打通了绿水青山至金山银山的转换通道,为秀山的旅游振兴提供了坚实的基础。

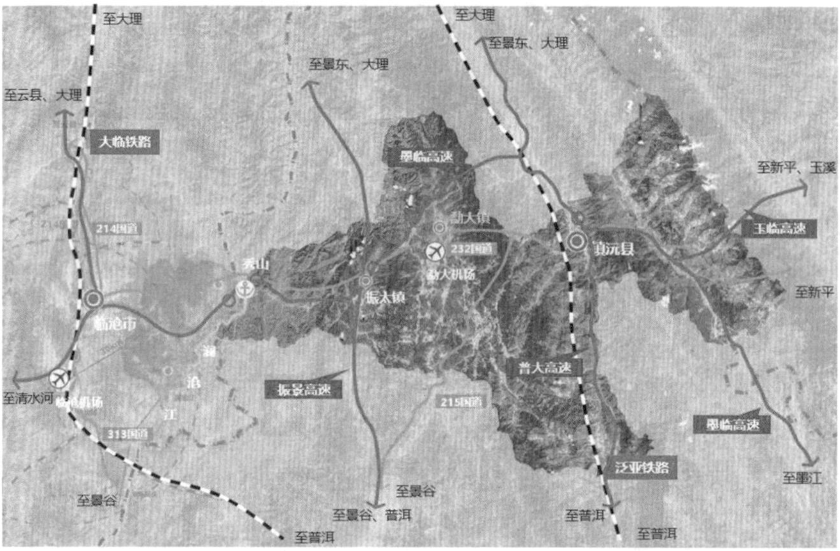

图2　区域交通体系

4.2.3　如何保持自身特色,激活内生发展动力

墨临高速的通车在给秀山村实现高质量发展带来机遇的同时,相应也带来一定的挑战。高速公路的通车加快了秀山村劳动力转移,导致乡村人口流失,产生乡村人口老龄化、留守儿童等社会问题。同时在秀山村旅游业及其他产业开发过程中,大量游人、机器设备及交通工具的进入,难免会对乡村的空气、水体、土壤等自然环境造成污染,导致秀山村的生态本底遭受干扰和破坏。秀山收费站的设置带来的便利交通条件也导致秀山村本土传统文化受到外来文化冲击。在现代快餐式网络文化影响下,一些优秀的传统民俗文化面临消失风险,多元民俗混杂不利于乡村文化建设,质朴民风也易在这个过程中被外来文化所影响。因此,在高速公路影响下,如何既维持自身原始质朴的文化特色,保护生态环境不受破坏,又能够激活内生发展动力,避免人口

大量流失是秀山村在实现振兴发展过程中的巨大挑战。

4.3 高速公路影响下秀山村振兴发展路径

4.3.1 以高速公路促进区域协同一体化发展，重现乡村活力

1. 通过墨临高速形成一江一路串三地的镇村一体化发展格局

墨临高速公路的开通，使振太镇到秀山特色小镇和昔归国际茶文化特色小镇由原来经由振秀路行驶的 3 小时车程大大缩减至 20 分钟，高速距离仅 35km，时空距离大幅度缩小，交通联系更加便捷。在这样的交通机遇下，区域镇村应当考虑一体化发展。一江一路串联振太镇—秀山—昔归三地的文化与旅游资源，振太镇的茶马人文之美，秀山独特的水之美和昔归茶文化之美，三者各具特色，差异发展(图 3)，同时带动辐射区域三分之二人口共同通过旅游产业发展实现致富。

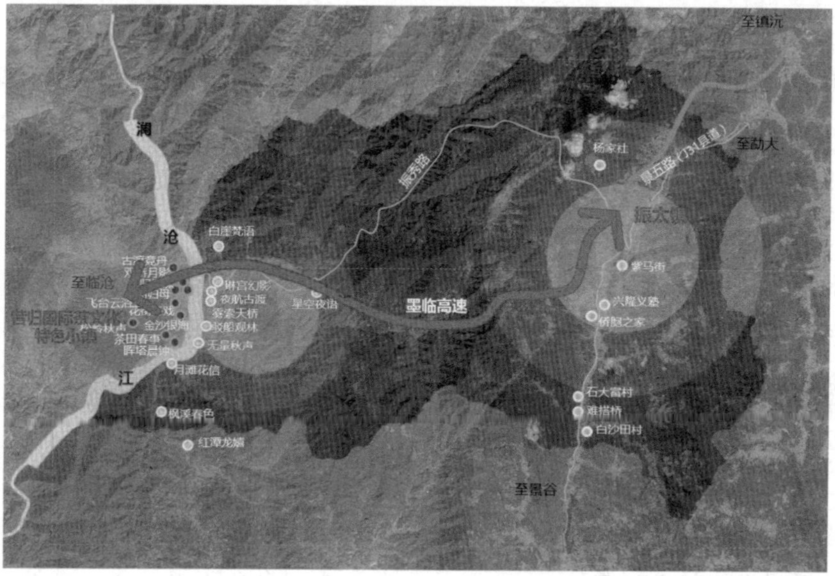

图 3 一江一路串三地的镇村一体化发展格局

2. 通过澜沧江大桥实现秀山—昔归一江两岸协同差异化发展

自古至今一江两岸秀山和昔归一直通过水路联系互动，嘎里渡口就是茶盐、生活物质交换的通道。随着墨临高速澜沧江大桥建成并正式通车，一江两岸的互动来往更加密切，因此可以通过高速公路带来的机遇采取一江

两岸协同差异化的发展策略。协同化是指通过“秀山+昔归”双子携手的拼贴格局和耦合动力，为秀山功效提升提供基础，同时为秀山的差异化特色创造提供参考坐标，促进昔归特色小镇和秀山特色小镇交通互联、景观互补、产业互动、游客互享，实现一江两岸共享、共谋、共建的协同一体化发展。差异化是指两岸自然资源与核心文化存在差异，昔归茶品牌发展势头强劲，而秀山生态本底更加优越，特色美食各有千秋。借力昔归茶品牌优势，吸引游客来此地，充分挖掘秀山独特魅力，设计贯穿两岸游览路线，让游览者可以全方位、多维度、沉浸式体验和享受一江两岸独特风情。

4.3.2　借助高速路网打通产业互动融合，发展特色旅游产业

秀山村现状产业主要是以林业、养殖业、种植业为主的第一产业，现有的橡胶林特色产业发展乏力。由于橡胶制品工艺的不断改进，天然橡胶原料被合成产品逐渐替代，同时受市场经济大环境影响，近几年秀山村的橡胶产业一直在走下坡路，由曾经的辉煌变成今日的没落。然而近几年昔归茶品牌形成，市场行情良好、发展势头强劲。墨临高速及澜沧江大桥的建成通车，使澜沧江对岸的昔归国际茶文化特色小镇快速启动建设，因此秀山村特色小镇在交通互联机遇下，应认清自己的短板和优势，找准自己的定位，实现一江两岸产业联动发展，同时凸显自己的特色产业，以交旅融合优化自身产业结构，以旅游业带动各型辅助产业升级，共谋高质量发展。规划秀山村特色小镇的旅游产业定位为以健康为导向，深度休闲、短时度假的全龄康养旅游目的地。立足茶马文化和多民族特色，充分发展旅游产业。

4.3.3　维护生态本底，挖掘核心特色，展示自然人文之美

在墨临高速通车影响下，为了维持自身原始质朴的特色，保护当地生态环境不受破坏，秀山村特色小镇规划立足挖掘本土核心特色资源，以乡村作为高质量发展的空间载体，打造展示秀山自然山水和历史人文之美的乡恋旅游目的地和山水文旅综合体，将优质的自然资源、浓郁的民族风情和悠久的历史人文以“交旅融合”模式融入秀山村特色小镇高质量发展建设中，实现秀山村的旅游振兴。在与周边乡村的同质化竞争中凸显自身特色，缔造自然观光、人文荟萃、民族风情、休闲康养的旅游首选目的地。

基于本土核心特色自然资源，规划共形成秀山五大主题风情区，分别为

山水生情、街市乐情、江滩浪情、星月传情、乡野舒情，共同打造秀山秀风情的澜沧江十里山水画廊。其中山水生情是以山水自然环境为本底，为旅游项目提供天然背景，给游览者营造绿色天然的主题氛围；街市乐情是借秀山街的民族主题化、景观多元化、公共设施配套建设改造，提升秀山村美食街的消费品质与体验感受，也为当地旅游发展提供配套的综合服务区域；江滩浪情是利用澜沧江河漫沙滩建设沙滩游乐场地，为游览者提供丰富趣味的滨江戏水空间；星月传情是借助天然温泉眼与僻静山谷地形优势，建设可夜晚泡温泉看星空的浪漫休闲度假休憩设施，营造星月传情的夜文化主题氛围；乡野舒情是借助江水退去时裸露的河漫滩和山谷乡野环境建设台地花海景观，为游览者提供沉浸舒心的文化体验场所。

5　结语

偏远地区乡村脱贫后受地理位置等多种因素影响，发展仍存在许多限制，基础设施落后，经济和产业发展也十分缓慢。“要想富，先修路”的发展模式沿用至今，足以证明高速公路建设会给偏远乡村发展带来机遇，但同时也不能否认高速公路对偏远乡村会产生一定的负面影响。高速公路通车对打破乡村封闭性，促进区域协同化和城乡一体化发展具有积极意义；有利于吸附汇集客流，振兴乡村旅游发展，助推乡村融入区域旅游格局；实现产业结构转型和升级，整固乡村脱贫后成果，形成内生可持续发展动力。但高速公路的通车加快了乡村劳动力转移，加速乡村人口流失，同时对乡村生态本底和文化特色也产生了一定的负面作用，破坏了乡村的历史文化自然资源。

实践表明，高速公路对促进秀山村区域协同一体化发展，融入滇西旅游环线，提升产业转型升级，促进交旅融合有着重要意义。一方面，通过墨临高速形成一江一路串三地的发展格局，提升区域发展综合实力，利用澜沧江大桥加强两岸的经济文化交流，串联澜沧江故事线，打造一江两岸精品旅游路线，有助于形成秀山村交旅融合的发展模式，带动旅游康养产业，观光休闲农业的发展；另一方面，墨临高速建设使秀山村积极衔接周边产业，对衍生茶文化产品和新型橡胶产品有着积极意义。

参考文献

[1] 杨锋.浅谈农村公路对农村经济发展作用[J].商,2012(17):127+106.

[2] 赵伟.公路交通物流运输对促进地方区域经济发展的研究[J].中国商论,2019(2):15-16.

[3] 闫磊,朱雨婷.可持续稳固脱贫的实现路径研究——基于森的可行能力理论[J].甘肃行政学院学报,2018(4):119-125.

[4] 石恩碧.贵州公路交通发展对乡村社会生活影响研究[D].贵阳:贵州大学,2019.

[5] 耿蕤.旅游公路规划建设方法研究[J].交通建设与管理,2015(12):122-125.

[6] 李芳方.以绿色发展推动乡村振兴[N].韶关日报,2021-09-13(F02).

[7] 高嘉蔚,刘杰,吴睿,等.我国交通与旅游融合发展政策研究与机制建议[J].公路交通科技(应用技术版),2019,15(5):313-316.

低冲击理念下的传统农业型村镇聚落重构

——以重庆市永川区高洞子村为例

谭凤霞

（重庆大学建筑城规学院）

【摘要】 快速城镇化、工业化背景下，乡村地区经济、社会、生态和文化等受到影响和冲击，人地关系、产业结构、社会结构以及生态环境发生巨大改变，耕地抛荒、宅基地闲置以及生态环境恶化和地域特色丧失等问题日益突出。乡村振兴等政策推进带来了广大农村的社会、经济和文化转型，如何在适应城镇化规律的同时保留乡村地域特色，进行乡村聚落的低冲击重构，升级乡村地区生产生活方式和生态功能是现阶段乡村转型发展所面临的重要议题。文章以重庆市永川区高洞子村为例，从聚落重构、产业升级、人居环境改造和文化认同构建四个层面探索“低冲击”理念视角下的传统农业型村镇聚落重构路径，以期促进传统农业型村镇的经济、社会及文化的全面发展与振兴。

【关键词】 低冲击　传统农业型村镇　聚落重构　永川区高洞子村

1　引言

随着快速发展要求下新型城镇化、工业化、信息化等战略的推进，我国乡村地区人地关系发生巨大变化。城乡人口的快速流动，导致乡村地区的空间利用通常面临农业生产空间弃置、生态空间衰退、生活空间混乱无序的困境[1-2]，带来乡村人口流失、村庄空废、产业衰退、城乡空间结构失衡、传统文化和地域特色丧失等问题[3]。城乡一体化、乡村振兴等政策举措的制定与落实，带来了广阔农村的巨大社会、经济、文化转型。传统乡村聚落发展格局被打破，乡村聚落空间结构、形态发生显著变化，在此背景下，乡村聚落重构迎来了新的使命与发展契机，成为当前乡村振兴战略实施中的主要议题之一[4]。

2 传统农业型村镇聚落重构的背景及现状问题

当前发展背景下，广大农村地区因农业人口的转移加上农村基层政府没有规划意识、农民传统的宅基地私有观念浓厚、农民缺乏土地法治意识、城市化进程的加快以及自然条件等原因，导致大量空心村的出现。这样的村庄存在着用地结构不合理、宅基地和耕地抛荒带来土地资源的浪费、影响农村生态环境安全、阻碍农村经济发展等问题。为了节约集约利用土地、优化农村用地结构，各地开始了村镇聚落重构、产业升级等城乡统筹、乡村振兴措施的探索和实践。

近年来，迁村并点、迁村并城或迁村并镇成为许多地区实现城乡统筹的主要策略[5]。2020 年 6 月，在缺少基本科学论证的情况下，山东多地开始进行合村并居，拆除农民原有住房，合并原有村庄并建立新型农村社区，这一行动引发了全社会的关注。根据各地村庄规划的相应规范，按照户均建设用地面积或人均建设用地占地面积，将原来的宅基地和村庄进行转移合并，形成几个集中的居民点，或是直接搬迁到镇区、城区。山东多地在推进合村并居过程中出现了补偿标准只能被迫接受、大面积拆除农民房子、违背农民意愿强制农民上楼等问题。当地政府希望通过大面积的拆迁实现建设用地指标增减挂钩收益，而忽略了全省都在拆迁的情况下，增减挂钩指标无法进行交易、也就无法带来收益的现实问题。以山东省德州市陵城区为例，2020 年 6 月 13 日公布的陵城区合村并居的村庄布点规划方案显示，全区城镇开发边界外的 866 个村庄中，搬迁撤并类村庄 663 个，约占 77%。规划近期需完成 138 个，即需要在 2 年内完成约占全区 16% 的村庄搬迁撤并（表 1）。

表 1　山东省德州市陵城区村庄搬迁撤并时序表

搬迁时序			合计(个)
搬迁撤并类	已搬迁		45
	近期	2020 年	39
		2021 年	49
		2022 年	50
	中期	2023—2035 年	159
	远期	2020—2035 年	321
	合计		663

资料来源：德州市陵城区人民政府网站关于《德州市陵城区村庄布点规划(2020—2035年)》成果公示征求意见的公告

表面上看,这样一刀切的迁村并点行动推动了城镇化进程,实现了城乡一体化发展的同时,也节约了耕地,实现了农民的集中居住从而减少了农村的基础设施投资,完成了传统农村聚落的重新规划和组合,对于冗余的农村管理机构的精简和居民点零散分布造成的生态环境污染改善也有一定的帮助。然而,激进的合村并居行动背后是地方政府缺乏对城镇化进程和乡村发展规律的基本理解,片面追求土地增减挂钩带来的巨大利益,行政力量过度干预带来了农民强烈不满。通过强制农民上楼,将土地集中起来追逐利益更高的养殖、经济作物,或是毁田造景,改变耕地用途取代粮食生产,威胁国家粮食安全。违背农民意愿强行将农民赶上楼,使得缺少就业和服务的新型农村社区丧失了生命力,对传统乡村社会生态带来毁灭性打击。同时,农民大面积拆迁产生大量不必要的建筑垃圾,新型农村社区因远离城市缺少务工机会,也远离土地无法从事农业生产,缺乏本质吸引力很快也就无人居住,从而成为新的建筑垃圾,造成对环境的双重浪费。一系列负面效应产生,如农村地区传统生产、生活方式难以为继,“熟人社会”被打破,乡村地区地域特色文化和农民乡愁记忆的丢失等[6]。

3 低冲击理念的起源及延伸

3.1 低冲击理念起源及其内涵的延伸

“低冲击”开发(Low-Impact Development,简称 LID)是发达国家新兴的城市规划概念,20 世纪 90 年代末发展起来的暴雨管理和面源污染处理技术,主要指通过微观的工程技术手段,综合采用入渗、过滤、蒸发和蓄流等有效水文设计方式,减少径流排水量,使城市开发区域的水文功能尽量接近开发之前的状况。

随着社会的发展,低冲击开发理念已从城市雨洪管理领域,延伸到更加宏观的城乡规划各个领域,形成了更为深层次的内涵:从尊重自然、基于自然的开发模式,扩展为尊重和保护城市原貌,减少开发建设活动对自然生态、社会生态、产业发展、历史文脉等方面影响的人与自然和谐共处的开发模式,从而实现城市的可持续发展[7-8]。

面对当前的规划体制改革,无论是新建或更新规划、城市或乡村规划,都应贯彻低冲击发展理念,向尊重自然规律、重构自适应系统回归,从重空间物质规划向物质与生态共轭规划转变,尽可能减少各类开发建设活动对自然、社会、人文、生态的影响和扰动,实现永续发展[9]。

3.2 相关研究综述

将低冲击理念引入城乡规划的研究,目前大多聚焦在海绵城市与雨洪管理、城市更新。在现有的针对乡村的自然性、社会性和生态性的低影响研究中,主要集中在更易受外来影响冲击的近郊农村。如朱琪、易维良等在低冲击理念影响下,从生态、低冲击、产业和文化四个层面探索近郊农村的转型发展,提出了生态环境集中保护、基础设施集中统筹、土地集中流转、村民集中居住、公共设施集中推进、产业集中发展及资本集中下乡等“七个集中”的发展模式[10]。周威等在低冲击理念影响下,基于生态、产业、社会和文化四个方面进行城市近郊乡村规划探索,合理引导乡村发展,并减少开发建设对乡村原生态与平衡造成的影响与破坏[11]。任凯认为过去单纯依赖城市资本驱动的乡村振兴对乡村社会生态的冲击较为严重,而社会生态低冲击视角可以从物质空间、社会秩序、意识形态三个层面助力乡村实现复兴,并通过典型案例实证其社会生态低冲击视角下的发展路径选择,实现乡村社会生态系统的构建[12]。王明田等将低冲击开发理念引入全域土地综合整治中,结合各地区实践经验,探索提出低冲击开发理念在乡村生产、生活、生态空间整治中的应用策略[8]。

4 低冲击理念下的传统农业型村镇聚落重构路径

以永川区高洞子村为例,通过 GIS 等分析软件,探索低冲击理念影响下的传统农业型村镇聚落重构的低冲击、产业升级的低冲击、人居环境改造的低冲击和文化认同构建的低冲击的实现路径,以期促进传统农业型村落的经济、社会及文化的全面发展与振兴(图 1)。

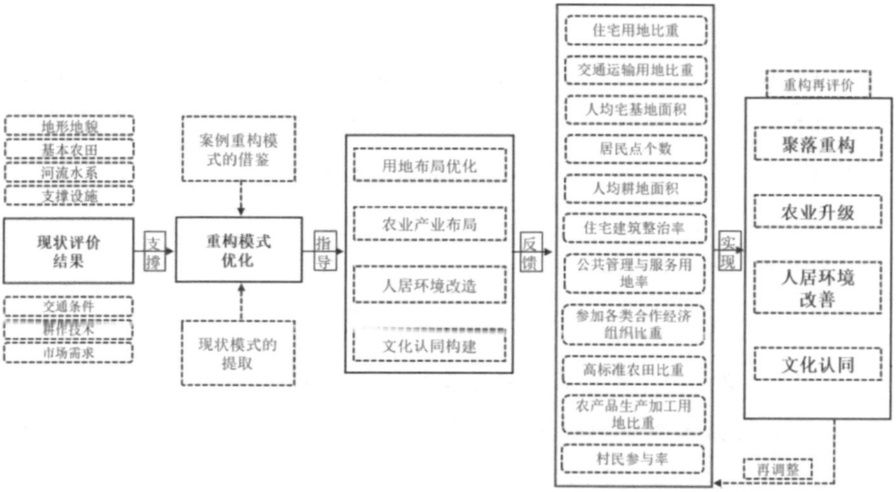

图 1　高洞子村镇聚落重构优化路径

4.1 聚落重构的低冲击

未来一个时期内,在快速城镇化及乡村振兴背景下,结合农业发展水平提高后对承载劳动力水平的限制,面对越来越多的农民进城的发展趋势带来大量空置的宅基地等现实问题，要求必须对村庄用地格局及时进行调整，进行聚落空间重构。

4.1.1 聚落重构的影响要素评价

传统村镇聚落重构的低冲击，体现在农民可以根据自身及家庭的资源禀赋、风险偏好和家庭结构来决定家庭进城或留村策略，既能适应当前农村城镇化水平下的农民生产生活，也能满足远期因农业产业水平的提高、城镇化的持续发展对传统村镇聚落形态提出的新要求。仅从地图和用地现状图上决定对居民点的保留与取舍来实现聚落的重构显然是不科学的，应该因地制宜，根据地形、现状空心情况、农民搬迁意愿，结合建筑质量等确定搬迁、保留、改造等策略。

选取影响高洞子村聚落重构的水系、道路、公共服务设施等动力影响要素和高压线、坡度等阻力影响要素，通过 GIS 进行加权叠加分析（表 2）。

表 2　重构影响要素及权重赋值

重构动力	评价分值	权重	重构阻力	评价分值	权重
公共服务	1−10	0.1	林地密度	1−5	0.05
产业布局	1−10	0.1	耕地密度	1−5	0.05
景观资源	1−10	0.05	园地密度	1−5	0.05
水系缓冲	1−10	0.05	高压线缓冲	1−5	0.1
道路密度	1−10	0.15	坡度	1−5	0.1
建设密度	1−10	0.15	坡向	1−5	0.05

4.1.2 要素评价结果指导聚落重构的用地布局

在影响要素加权叠加的基础上，结合现状宅基地空心情况、居民搬迁意愿及居民点变迁发展趋势和方向，得出高洞子村聚落重构影响要素评价结果（图 2），用以指导高洞子村聚落重构，得出高洞子村聚落重构后的土地利用布局（图 3），尽可能减少对村庄原有聚落布局生态的冲击，使其与高洞子村的生产生活相适应。

通过居住用地比重、人均宅基地面积、居民点个数、人均耕地面积和交通运输等指标来考量高洞子村聚落重构的低冲击和用地集约化。

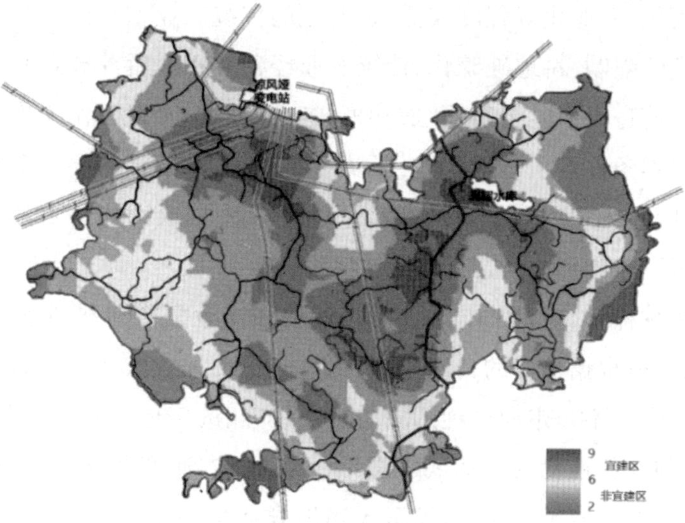

图 2　聚落重构影响要素评价结果

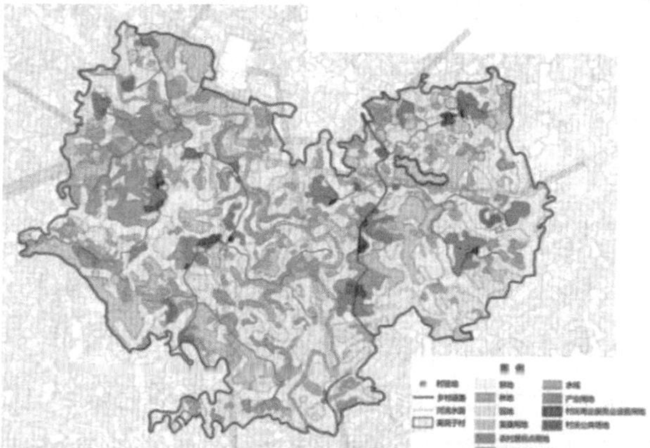

图 3　聚落重构后的村庄用地布局

4.2　产业升级的低冲击

高洞子村位于我国西南丘陵地区，其地形地貌、气候条件、水热土条件等与其业态种类选择息息相关。高洞子现状农业产业基础良好，以有机水稻、特色花椒和三红柚间种榨菜等种植以及莲藕和渔业复合种植养殖为主，但生产规模化、专业化等程度较低，是典型的传统农业型村庄。受规模化和专业化程度的限制，耕地破碎化、传统农业经营方式落后等导致其生产效益不甚理想。若盲目借鉴所谓的“成功模式”，建设农业园区，由于农业业态分布对不同自然条件的生态适应性，以及对经济、技术条件的要求等呈现出明显的地域性，引入脱离现状资源禀赋的产业业态，将会对当地自然生态和产业生态造成巨大冲击。

花椒间种榨菜、三红柚间种榨菜、莲藕和渔业复合种植养殖等特色农业，是高洞子村根据自身的自然条件特点，创造的独特农业生产方式。农村地区产业的升级不是走向单纯的旅游开发、变相的房地产开发，不能偏离农业主线，必须守住粮食安全的底线思维[13]，通过农业产业化经营方式，以科技为支撑，将新型经营管理模式引入当地农业生态中，有利于改造传统农业，满足区域对农产品多样化和高质量的需求，构建长效的、具有竞争力的现代农业产业生态链。通过特色农业的发展，产品的单一性将被多样性所代替，农业产业结构和产品结构趋于优化，在继续增加农产品总量、提高农产品质量的同时，突出挖掘农业在美化环境、农事体验等方面的溢出功能，是农业产出的创新和农业功能的拓展，极大地推动农业供给侧的有效改革[13]。

4.2.1 农业业态升级与三产融合

在农业产业业态上，以有机水稻、特色花椒和三红柚间种榨菜为主要业态，持续在农产品生产各个环节增加科技含量。同时，高洞子村地处丘陵地区，自身景观资源本底较好，稻花和柚花随着地形的起伏，景观资源丰富，规模种植养殖藕和鱼也有着较高的景观价值。依托产业发展规划，可适当引入农业休闲体验及观光业态，如通过稻草人物艺术展、文艺表演、乡村特色美食美味展等特色活动项目，以果树认养及与文化元素相结合的主题果园采摘、散养体验，以柚花为主题的花卉 DIY，以平民花海摄影基地等为主的“春归田园，柚见花开”柚花节等农业主题活动的策划，升级休闲体验业态发展乡村旅游，实现三产融合发展。

4.2.2 农业经营规模的改善

在农业经营规模上，通过成立土地合作社，完善高洞子村土地流转制度。成立高洞子村土地合作社，将村内享有农村土地承包经营权的农户和从事农业生产经营的集体组织，通过以“农村土地承包经营权”入股合作社，把土地承包经营权变成股权，农民当上股东。流转后的土地由新型经营主体进行集中统一规划、统一经营，实现农业的规模化。高洞子村土地股份合作社的成立，能加强土地承包经营权流转管理和服务，建立健全土地承包经营权流转市场，促进农村土地流转、规模经营、新型职业农民等的发展，形成土地规模经营创收、集体资产运营创收、产业发展运营创收等多种途径创收，加快推进传统农业向现代农业转变的进程。

4.2.3　农业发展管理模式的创新

在管理模式上，通过引入新型农业经营主体，做强优势产业集群。根据高洞子村产业空间载体的布局规划，引入农业企业开发公司+农业合作社+家庭农场等分工协作的模式，壮大永川区诚麻专业合作社、田韬农业开发有限公司、德海三红柚种植有限公司等，发展三红柚、花椒、水稻等特色高品质农产品生产、产地初加工和创意加工等产业“全价值链”，实现农业产业向“人、地、业”多要素耦合的综合模式转变[14]。同时，借鉴三红柚间种榨菜的模式，探索不同农作物之间生理特性互补的套种模式，提高土地资源的利用率(图4)。

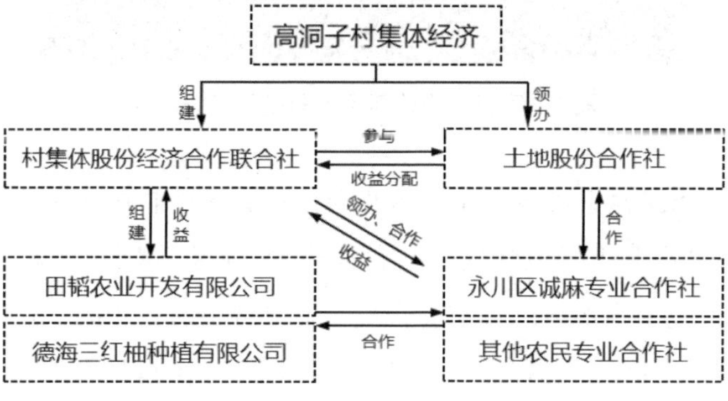

图4　高洞子农业发展管理模式

4.3　人居环境改造的低冲击

在新型农村社区建设中，各地根据各新型农村社区的规模等条件，按照

"中心地理论"等级模式,对基础设施和服务进行"自上而下"的纵向均等化分配。德国和欧洲其他乡村建设的经验教训表明,仅仅凭借自上而下、大规模、高强度的基础设施和公共服务投入并不一定是高效的,不计成本的乡村建设投入所留下的低效资产也往往转化为新的、沉重的地方债务负担[15]。

正在进行的农村人居环境整治,多为试图解决村庄的生活污水和旱厕等环境卫生问题,忽略了聚落环境功能与农村生产、生活关联。这样的升级改造方式造成乡村地区同质化严重的千村一面现象,村庄风貌丧失了自身特色和乡土风情(图 5)。乡村的人居环境改造不是单纯美学意义上的装饰性工作、环卫设施改善和设施建设的投入,而是一项全面的、以适应未来生产生活为导向的战略性工作[16]。

图 5　千村一面的新型农村社区建设示意

4.3.1　以适应未来生产生活为导向的设施建设和环境改善

分析总结高洞子村现状建筑与村庄道路、水系、地形、院落等环境载体的关系,深入挖掘当地传统建筑组合关系和建筑材质、风貌。不同类别的农村家庭对室外空间、农具存放与农作物储存空间、家禽饲养空间、日常生活所需的自留地以及休闲空间等方面有着不同的需求。规划通过改善居住条件、创造有吸引力的乡村活动空间,提高基础设施水平,并结合光辉水库、牛市河及河塘沟渠的水土保持等工程,保护和修复自然景观与田园景观,改善村庄人居环境。

4.3.2 以适应未来生产生活为导向的传统民居改造与设计

在对现状村庄聚落进行系统分类提出措施的基础上,开展农房及院落的风貌整治和村庄绿化美化,完善民居使用功能的同时也尽可能实现当地居民传统生活习俗的延续;对新建的各类建筑风貌进行严格控制,提出对乡土材料的使用、建筑风貌特色等的设计引导;结合不同农房院落类型的使用功能对农具存放、晾晒、庭院、菜地等空间进行因户制宜的平面布局指导。对于现状风貌异化的保留建筑,使用传统材料修复、加固,对内部物质环境条件进行装饰,延续川东民居风貌(图6)。

图6 人居环境改造效果示意

4.4 文化认同构建的低冲击

4.4.1 挖掘地域历史文化

挖掘地域历史文化,维护乡村地区文化景观,构建地域文化认同。永川区作为巴蜀文化走廊上的重要节点,以"茶文化""竹文化"为代表的茶山竹海是永川区的响亮名片。板桥在历史上是著名的宗教活动场地,文化底蕴深厚,境内数十座庙宇中,最著名的本尊寺被确定为永川市级宗教活动场所。高洞子墓群和劝学所旧址分别是重庆市所确定的第一批和第三批文物保护单位(图7)。

南宋晚期仿木结构单室崖墓的高洞子墓群,是我国南方晚期崖墓代表之一,也保留了我国现存最早的对联实物,具有重要的研究价值。围绕该市级文保单位和独特的乡村文化景观,结合村域的文化活动设施设置,开展对联与节庆、宗教、民俗等主题文化活动,传承地方民俗与文化。

图 7　高洞子墓群

4.4.2　构建地域文化认同

借鉴德国乡村振兴战略，通过广泛的公众参与，对乡村的本来面貌和文化特征、生活方式给予充分描述[17]，强化乡村居民参与乡村聚落重构和乡村规划的积极性；尊重当地村民习俗，弱化聚落重构前的居住模式与集中居住模式间的生活习俗差异及矛盾，尽可能保留当地居民传统生活习俗，构建地域文化认同。

5　结语

乡村振兴的现代化本质，首先要面对村庄的未来。广大乡村地区的振兴与发展离不开乡村振兴对传统村镇聚落的重构要求，离不开传统农业产业的发展升级和人居环境品质提升等。

参考文献

[1] 屠爽爽，周星颖，龙花楼，等. 乡村聚落空间演变和优化研究进展与展望[J]. 经济地理，2019，39(11)：142-149.

[2] 马恩朴，李同昇，卫倩茹. 中国半城市化地区乡村聚落空间格局演化机制探索——以西安市南郊大学城康杜村为例[J]. 地理科学进展，2016，35(7)：816-828.

[3] 赵炜，陈蛟. 山地传统聚居文化内涵及其价值重塑[J]. 城市建筑，2018，257(8)：47-51.

[4] 马利邦,豆浩健,谢作轮,等.基于整合驱动因素和适宜性评价的乡村聚落重构模式研究[J].农业工程学报,2019,35(3):246-255.

[5] 贾大猛.反思城镇化背景下村庄迁并与乡村发展规划[J].中国乡村发现,2014(2):62-66.

[6] 房小娇.我国农村"迁村并居"面临的主要问题及其对策[J].沈阳农业大学学报(社会科学版),2012,14(6):652-654.

[7] 周智慧.城市总体规划中的"低冲击开发"理念运用策略研究——以开江县城市总体规划为例[J].室内设计,2013(2):69-73.

[8] 王明田,高雅,张立涛,等."低冲击开发"理念下的全域土地综合整治初探[J].小城镇建设,2020,38(11):16-21.

[9] 余露.低冲击开发模式综述[J].城市建设(下旬),2020(2):180.

[10] 朱琪,易维良,黄强."低冲击"式近郊农村转型发展规划方法研究——以长沙县浔龙河生态艺术小镇为例[C]//中国城市规划学会,东莞市人民政府.持续发展理性规划——2017中国城市规划年会论文集.北京:中国城市规划学会,2017.

[11] 周威,陈畅.低冲击理念下城市近郊乡村规划研究——以汉中市圣水片区发展规划为例[C]//2014(第九届)城市发展与规划大会论文集——S02生态城市规划与实践的创新发展.天津:中国城市科学研究会,2014.

[12] 任凯.基于社会生态低冲击视角的乡村振兴路径——以山西省河曲县五花城堡村为例[J].小城镇建设,2020,38(8):90-98.

[13] 田园综合体对于乡村振兴战略有多重要,如何从"三农"角度打造田园综合体?[EB/OL].https://www.sohu.com/a/308688875_296948.

[14] 国土空间综合整治和生态修复(03.01-03.07)[EB/OL].https://www.zdpg.com.cn/html/3208565912.html.

[15] 黄璜,杨贵庆,菲利普·米塞尔维茨,等."后乡村城镇化"与乡村振兴——当代德国乡村规划探索及对中国的启示[J].城市规划,2017,41(11):111-119.

[16] 易鑫.德国的乡村规划及其法规建设[J].国际城市规划,2010,25(2):11-16.

[17] 张延龙.德国乡村振兴战略的发展经验及其启示[J].城市发展观察,2020,19(20):123-125.

二、乡镇级国土空间规划与村庄规划探索

四川省“两项改革”后撤并乡镇国土空间规划重点对策研究

——以合江县为例*

周学红
（四川省国土空间规划研究院）

【摘要】 2019年以来，随着四川省乡镇行政区划和村级建制调整“两项改革”工作的持续深入推进，全省县域乡村经济和国土空间治理格局也随之发生变化。行政区划调整改革工作为加快推进四川省小城镇建设、合理配置国土空间资源要素、培育小城镇规模经济、降低地方行政管理成本、支撑县域经济发展、实现乡村振兴创造了极为有利的条件。本文以四川省泸州市合江县为例，以“两项改革”推进过程中部分撤并乡镇出现的典型问题为导向，从合理确定主导职能定位、统筹划定城镇开发边界、科学盘活公共服务设施和彰显场所文化特征四个方面，探讨并提出了行政区划调整背景下不同层级国土空间规划中的重点对策内容，为县级、镇级国土空间规划编制提供一定的案例借鉴。

【关键词】 行政区划调整 四川省“两项改革” 撤并乡镇 合江县

1 引言

四川省是我国农业大省，乡镇数量一直稳居全国第一，但平均人口和辖

* 本文原载于《小城镇建设》2022年第1期。

区面积仅为全国平均水平的 51.7% 和 44.2%。乡镇数量多、面积小、经济发展水平低一直是制约四川县域经济发展的突出问题之一。党的十九届四中全会审议通过的《中共中央关于坚持和完善中国特色社会主义制度推进国家治理体系和治理能力现代化若干重大问题的决定》中提出,要“优化行政区划设置,提高中心城市和城市群综合承载和资源优化配置能力,实行扁平化管理,形成高效率组织体系”。为落实党的十九届四中全会精神,进一步加强四川省农村基层政权和基层组织建设,促进乡村全面振兴,推动县域经济高质量发展,实现农业农村现代化,2019 年 10 月,四川省依据“以大并小、以强并弱、强强联合”的基本原则,在创新驱动理念指导下,启动了全省乡镇行政区划和村级建制调整改革工作(简称“两项改革”),对省内 183 个县级行政区所辖乡镇进行了优化调整并取得了阶段成效,为促进乡村全面振兴、推动全省县域经济高质量发展、巩固党的执政地位夯实了基层基础。

当前,我国正处于新的国土空间规划体系建构阶段,国、省、市、县及部分乡镇国土空间规划都在同步编制过程之中。不同于东部平原发达地区,中西部区域的乡镇由于自然条件和发展阶段决定了其空间收缩是必然趋势,面临的问题是收缩后的乡镇如何实现可持续发展的问题。[1] 部分乡镇行政区划撤并调整后,原有的空间规划已无法指导城市建设,但新的镇级国土空间规划内容还在探索中。在这一特殊时期,部分乡镇出现了用地布局无序、公共服务设施及土地资源闲置、产业发展停滞、发展动力不足等问题。本文基于四川省情实际,以合江县国土空间总体规划编制为例,从合理确定主导职能定位、统筹划定城镇开发边界、科学盘活公共服务设施和彰显场所文化特征四个层面探讨并提出了县域层面在国土空间规划编制过程中,针对行政区划调整后新设立的街道/镇提出需要重点关注的四项规划对策,为更好地指导乡镇级国土空间规划编制提供一定的案例借鉴。

2 “两项改革”背景下合江县乡镇发展面临的主要问题

四川省本轮乡镇行政区划改革在形制上主要采取设置街道办事处和社

区两种体制。截至 2021 年 1 月，四川省辖乡级行政区从改革前的 4 610 个减少到 3 101 个，其中街道从 351 个增加到 459 个、镇从 2 236 个减少到 2 016 个、乡从 2 023 个减少到 626 个，本轮改革共减少乡级行政区 1 509 个，减幅达 32.73%。全省镇和街道数量达到乡级行政区总数的 80%，比改革前提高了 24 个百分点。乡级行政区平均户籍人口由 1.8 万人增至 2.93 万人，平均辖区面积由 106km^2 增至 156.7km^2。5 万人以上乡镇达到 417 个，增加了 172 个，增幅 70%；10 万人以上乡镇达到 86 个，增加了 39 个，增幅 83%，一批中心镇、重点镇、特色镇快速崛起。2020 年 12 月，四川省推进乡镇行政区划和村级建制调整改革荣膺“中国改革 2020 年度特别案例奖”。

2.1 合江县概况

合江县位于四川省南部边缘，地处四川盆地与云贵高原的过渡地带，东临重庆，南接贵州，扼川南黔北门户（图 1）。全县东西长 81km，南北宽 61km，是长江上游建立最早的三个县之一。西汉时期（公元前 135 年）设置了犍为郡，元鼎二年（公元前 115 年）设置了符县，距今已有 2 100 多年的历史。1983 年 6 月至调整前，合江县隶属省辖泸州市，辖 17 个镇、10 个乡共 27 个乡镇。2019 年 12 月行政区划调整后，撤销乡镇 9 个，新设街道 2 个、镇 1 个，现辖区内共有 19 个镇、2 个街道，辖区面积 2 414km^2（图 2）。

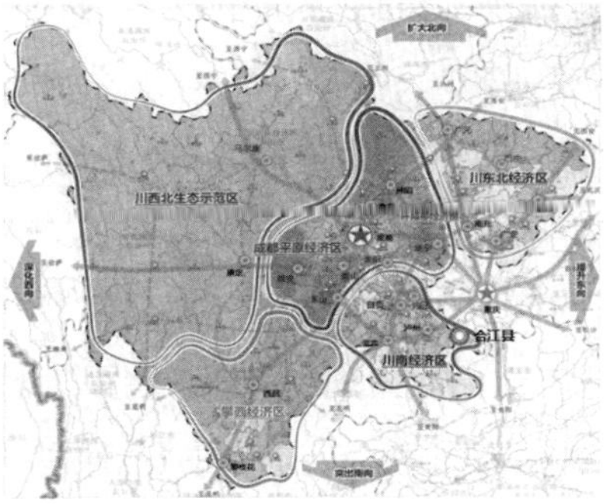

图 1　合江县区位图

资料来源：合江县国土空间总体规划阶段成果

图 2　合江县行政区划图

资料来源：合江县自然资源局

2.2 合江县“两项改革”特点与问题

2.2.1 特点:“城关镇拆分重组”与“两镇合一”相结合

行政区划,是指一个国家在综合考虑地理条件、历史条件及经济联系等状况的基础上根据政权架构和职责履行的需要对行政管理区域的划分和调整。[2]行政区经济理论研究表明,区域经济发展与行政区划之间存在密切的内在关联。当行政区划设置成为区域经济发展的障碍时,应推动必要的行政区划调整,通过行政边界和尺度的重组来推动区域经济发展,有效缓解行政区、经济区和地理区之间不协调的局面。行政区划设置对推动区域经济发展、重塑区域经济发展格局有重大影响。[3]东部沿海地区,如江苏省苏州市,行政区划改革启动较早并总结出很多成功的经验。四川省因省情不同、自然地理格局不同、乡镇发展的经济基础不同,改革呈现出不同的特点。

撤并乡镇主要包括被撤并乡镇和新设街道/镇两类。从行政管理体制来看,撤并后的乡镇在形制上以设置办事处以及社区两种体制为主。前者多在辖区面积大、事务复杂的区域设置,办事处下辖社区管委会和村委会;后者一般适用于辖区面积小、事务简单的地区,下辖村委会。[4]在本轮调整中,合江县乡镇行政区划改革也主要采取这两种方式,一种是城关镇(合江镇)及县城周边镇(真龙镇、榕山镇)部分村组拆分重组改设为街道办事处;另一种是两镇归并的“二合一”模式。在“二合一”模式中,为便于基层社区管理,原则上均采取空间上毗邻的乡镇就近合并的方法。根据合并乡镇辖区面积、交通区位、自然条件、经济基础的不同,“二合一”模式又可分细为三种不同的类型:一是交通闭塞的向交通便捷的归并,如自怀镇归并入先滩镇、五通镇归并入九支镇;二是产业门类互补的乡镇强强归并,如佛荫镇归并入大桥镇;三是规模较小的乡镇就近联合,撤小并大,这种类型在合江县数量相对较多,如南滩镇归入石龙镇、参宝镇归入白沙镇等。为实现小城镇规模化、产业化、特色化发展奠定了行政基础(表1)。

表 1 合江县“两项改革”后撤并乡镇基本情况一览表

撤并乡镇名称	2018 年生产总值(万元)	户籍总人口(人)	城镇人口(人)	乡村人口(人)	行政区划改革调整方式
合江镇	309 354	113 236	113 236	0	拆分重组,设符阳和临港两个街道
实录镇	51 278	26 855	5 326	21 529	拆分重组,新成立荔江镇
虎头镇	62 310	29 933	5 269	24 664	
参宝镇	47 583	27 766	1 529	26 237	撤销后整体归并入白沙镇
榕右乡	29 877	19 419	0	19 419	撤销后归入榕山镇管辖
五通镇	45 345	26 509	927	25 582	撤销后整体归并入九支镇
佛荫镇	119 549	39 936	2 930	37 006	撤销后整体归并入大桥镇
南滩镇	27 971	15 530	1 185	14 345	撤销后整体归并入石龙镇
自怀镇	22 777	14 058	1 083	12 975	撤销后整体归并入先滩镇

2.2.2 “两项改革”后乡镇发展出现的主要问题

经验表明,行政区划改革调整后的一段时期,乡镇发展必然会出现一定的问题。对于乡镇撤并后出现的问题及解决对策,国内当前的研究较多。如王利认为,撤乡并镇后对农村出现的管理难度大、债务重、矛盾多等问题需采取转变职能、强化素质、培育财源、搞活机制等方式予以应对;[5]张璐针对乡镇撤并后不可避免地出现政府权责不一、干部分配不均、农民办事不便、管理难度大等困境提出“扩权强镇”政策、加强队伍建设、新兴社区建设、加快经济发展四个方面的对策作为应对。[6]苏州市从 20 世纪 90 年代开始进行大规模的乡镇撤并工作并取得了成效。但随着被撤并镇行政地位的降低,人口的外流、功能的外溢同样出现了空间资源配置不平衡等问题。[7]若规划内容不能及时更新并加以科学引导,会导致调整后新设立的街道/镇用地布局无序、公共服务设施与土地资源闲置及产业发展不利等问题,无法根据撤并后城镇发展的基础,确定科学合理的产业定位、功能定位,既不能及时承接发展机遇,又丧失了原有发展优势。[8]

2021年年初,在四川省"两项改革"调整基本完成后,新一轮的县级国土空间规划还在编制过程中,乡镇级国土空间规划编制模式目前仍处于探索研究期。在合江县被撤并的9个镇中,7个镇原有的空间规划已过期,仍在有效期内的规划编制成果内容也比较简单且尚未对规划成果的核心内容进行及时更新,已无法指导乡镇未来的发展。而新设立的街道/镇也因空间规划缺位,对被撤并的乡镇系统分析不到位而出现一定的规划问题。

1. 被撤并乡镇职能弱化、发展定位不清、发展动力不足

在四川省"两项改革"中,多数因规模较小被撤并的乡镇、村均依托毗邻的经济基础较好的镇政府驻地设立了新的街道/镇,原乡镇则降级为中心村或农村(社区)一级普通聚居点。新设立的街道/镇成为发展重点,而被撤并的老场镇行政地位降低,生产功能弱化,成为以居住功能为主的农村社区。因发展的关注度降低,缺乏对其撤并前后人口、资源、经济、社会发展及场镇建设变化情况进行的系统性研究分析。在快速城镇化背景下,带来部分乡镇的生态环境破坏、用地闲置、开发粗放等问题,如果没有有效的规划应对,可能进一步加剧其衰败。[9]如合江县原五通镇。

2. 被撤并乡镇发展空间与开发边界不明确,土地利用效率降低

在新一轮国土空间规划体系中,城镇开发边界的划定是加强国土空间开发管制、引导调控城镇发展规模、优化城镇空间布局和形态功能的重要的空间约束性指标。从传统镇域空间形态扩展规律分析,多数乡镇的镇区主要沿交通干线或河流两岸自然扩展,一般呈单中心形态。城镇开发边界的划定需要根据"以水定城、以水定地、以水定人、以水定产"的原则,合理预测规划期内的建设用地总规模并科学划定。"两项改革"后,在一个建制镇的镇域范围内,人口、空间、经济等优势资源会向新设立的镇集中,新镇的产业布局与空间格局相应会发生变化,而被撤并的老镇产业聚集度会随之逐渐降低,经济功能会逐步萎缩,消极空间越来越多,由此产生发展空间规模不明确、开发边界不清晰、土地利用效率降低等问题。如合江县原佛荫镇。

3. "两项改革"后部分撤并乡镇公共资源配置不均衡,公共服务品质降低

在"两项改革"后,多镇合一,被撤并乡镇从原来的城镇公共服务中心转

变为新型的乡村公共服务中心或镇域范围内次于中心镇的片区级中心，承担周边乡村居民点和城镇居民的基本公共服务职能。公共服务能力弱化，土地资源及部分行政办公楼、文化活动中心等公共资产因职能外迁而出现闲置。而部分公共服务设施的服务职能则因服务等级降低又无法满足需求。例如被撤并镇的卫生院，因行政区划调整被改为社区卫生服务中心，其服务职能大多仅保留基本公共卫生、基本医疗服务，医疗服务能力都不如原来的镇卫生院，服务功能无法满足居民使用需求。而新设立的街道/镇政府驻地的机关团体用地、教育和医疗卫生等设施用地以及居住用地等因被撤并镇部分职能的迁入，原有公共服务设施因规模过小而无法满足居民需要，由此导致一些地方乡镇撤并后只能分片办公、分片管理，不仅增加了管理难度，也不同程度地影响了人们的工作和生活。如合江县新设立的荔江镇。

4. 被撤并乡镇传统建筑风貌日渐凋敝，乡土文化特征消隐

四川省乡镇大多历史悠久，乡土文化厚重。据资料统计，在本次因“两项改革”被撤并的1380个乡镇中，50%以上的老场镇均依山傍水，原有的场镇街巷空间均保留有一定的历史文化肌理、独特的地域空间格局和典型的生态人文特征。“两项改革”后，部分被撤并乡镇因场镇功能弱化，空置的乡土建筑数量日益增加，一些具有重要价值的乡土文化建筑因保护管理不善遭到自然性损毁，加剧了乡土历史文化资源的老龄化、空巢化的自然性颓废状态。由于本地居民对传统乡土文化资源的稀缺性和不可再生性认识不足，在空间规划缺位的情况下，零星无序的拆旧建新又进一步导致自主性破坏，乡镇的人居环境品质日益下降，原有的乡土文化特征日益消隐，一些民间民俗文化也濒临消亡。如合江县原自怀镇。

3 “两项改革”背景下国土空间规划重点对策研究

国土空间规划是国家空间发展的指南、可持续发展的空间蓝图，是各类开发保护建设活动的基本依据。当前，我国正处于国土空间规划体系初步构建，省、市、县、乡镇各级国土空间规划编制探索推进的关键时期，四川省“两项改革”也进入了优化完善空间格局的后半篇“以片区为单元的镇村规

划试点”的特殊时期。撤并乡镇因其行政地位的特殊性，在新一轮县级、乡镇级国土空间总体规划编制过程中，应尤为关注并重点研究确定以下四个方面的内容。

3.1 系统研究，在县级国土空间总体规划中科学合理地确定新镇职能定位

县级国土空间总体规划是乡镇国土空间总体规划编制的重要依据。针对被撤并乡镇在“两项改革”后出现的“方向不明、性质不清、动力不足、人口外流”等问题，在县级国土空间总体规划编制中应给予重点关注。针对撤并乡镇存在的不同问题，差异化地分析撤并后“多镇”的经济基础、空间格局、发展潜力等资源要素及面临的资源资产问题，因地制宜地确定其在县域经济地理版图中的发展优势及新的职能定位（表2）。

表2　合江县“两项改革”后撤并乡镇空间规划主导职能与发展方向一览表

城镇等级	乡镇名称	城镇人口（万人）	职能类型	发展方向
中心城市	中心城区	31.0	综合服务型	县域综合服务中心、临港经济高地
重点镇	大桥镇	5.4	现代工业型	县域西部循环工业集聚区
	九支镇	2.5	商贸服务型	川黔结合部边贸、旅游集散特色镇
	白沙镇	1.0	特色农业型	县域现代都市农业示范镇，以发展优质水稻、果蔬、特色渔业为主
特色镇	先滩镇	0.6	旅游休闲型	川渝黔结合部生态康养旅游地
	荔江镇	1.0	特色农业型	以荔枝产业、农旅融合产业为特色的农业镇
一般镇	石龙镇	0.6	特色农业型	以山地特色种养为主的农业镇
	车辋镇	0.5	特色农业型	县域富锌富硒农业示范区，以发展林竹、道地药材和乡村美食为主
	榕山镇	0.1	特色农业型	以发展特色林果、道地药材和生态养殖为主

合江县的荔江镇，由原虎头镇和实录镇、合江镇的部分村组合并而成。原虎头镇资源丰富，基础设施完善，镇内主产水稻、青果、荔枝、柚子、蔬菜等。因临长江黄金水道和川黔交通要道，原虎头镇交通方便，地理位置优越，区位优势明显，是黔煤出川的必经之地。原实录镇地处合江西南，三面环水，一面靠山，有赤水河岸线35km，高洞河岸线35km，重点发展荔枝和林

竹产业,产业基础较好。2020 年,荔江镇成立后,共辖 13 个村 2 个社区,全镇人口 64 000 人,外出务工 21 210 人次,返乡 5 126 人次。基于地处中心城区近郊的优势和已有的荔枝产业发展基础,在县级国土空间总体规划中,将荔江镇定位为以荔枝产业、农旅融合产业为主导特色的"中国荔枝小镇"。强化荔枝产业在县域经济发展中的品牌定位,以"荔枝产业+交通物流"为基础,加快培育特色农产品加工产业、冷链物流产业,以及服务于合江中心城区的以荔枝乡村体验休闲游为核心的服务产业发展。

3.2 因镇制宜,在县级国土空间规划中统筹确定城镇开发边界

针对被撤并镇中出现的"城镇用地因缺乏项目支撑出现闲置"等问题,在县级国土空间总体规划中应按"统筹兼顾,新老并重"的原则,对新设街道/乡镇在资源环境承载能力及国土空间开发适宜性评价的基础上,合理测算城镇建设用地规模,统筹划定城镇开发边界。对于空间发展潜力小的被撤并镇,具有一定规模的工业应逐步向新镇的城镇开发边界内转移集中,按农村社区有机更新的模式,持续改善提升聚居点的人居环境品质,强化存量用地的合理利用,逐步实现被撤并乡镇的减量化品质化发展。对于个别空间发展潜力大的被撤并镇,应重点挖潜、盘活并提高现状工业低效用地的利用效率,可以适度保留少量的城镇建设用地,但必须严格限定城镇开发边界规模。

合江县原石龙镇和南滩镇均位于泸州市合江县东部。原石龙镇辖区面积 66.3km^2,镇域经济以种植、养殖、水电、旅游、加工等产业为主,小槽河流经境内中部,水电资源丰富。南滩镇辖区面积 46km^2,镇域经济以种植、养殖、旅游等产业为主。由于两镇毗邻且规模都较小,产业门类相近,因此,两镇合一设立石龙镇。在县级国土空间总体规划三线试划过程中,新设的石龙镇开发边界研究重点以原石龙镇为核心,整合原南滩镇存量用地,新增建设用地指标重点用于保障服务于新场镇的中学教学楼、农贸市场等建设项目用地。原南滩镇场镇则作为大型农村聚居点,不纳入城镇开发边界范围。

3.3 镇村统筹,在县级、镇级规划中合理配置公共资源,提高服务品质

针对撤并乡镇"公共资源配置不均衡,公共服务品质降低"等问题,根据

县级国土空间总体规划中预测的发展规模，在县级、镇级国土空间规划中应按“全域统筹、科学布局、合理配置、盘活闲置”的原则，重点按照城乡社区生活圈分区分级配置标准，基于乡村振兴与产业发展，规划完善新设街道/镇公共服务设施，优先盘活利用撤并乡镇的闲置资产。新设立的镇可按照乡集镇社区生活圈服务要素配置标准，结合基层管理需求，按社区服务、就业引导、日常出行、生态休闲四个大类，从规划布局角度分别完善配置教育、医疗、养老、文体、公用等服务设施并在新增建设用地中重点予以保障。对于被撤并镇，按照社区服务、就业引导与日常服务三类要素配置标准，梳理现状公共服务设施。统筹乡村聚落格局并合理改造利用现有的基本公共服务和生产服务设施，满足居民教育、医疗、养老等基本需求。对于空置的办公用房及相关附属设施用房，可以转为村（社）行政办公使用的，应优先予以支持，或者通过适当补助鼓励农村危房改造对象购买。仍闲置的可以通过市场出让使用权，配合乡村旅游开发，用于兴办农村公共文化事业，支持转为旅馆、餐厅、农耕文化展等旅游服务设施。也可利用闲置办公用房及相关附属设施用房引进培育配套产业，改造成生产加工用房，作为特色农产品储存或加工的厂房。[10]

乡镇作为我国行政区划的重要基础单元，在协调城乡关系、促进城镇化发展中具有重要的推动作用，乡镇级国土空间规划编制的科学性和有效性，关系到我国城乡经济社会的健康发展。[11]合江县原九支镇是全国重点镇，位于县城西南边缘，与贵州省的赤水市一桥相连，辖区面积 121.75km^2，以商贸、食品加工、特色旅游等边贸特色产业为主，是川黔毗邻地区集镇规模最大、经济实力最强、商贸流通最活跃的边贸重镇。原五通镇位于九支镇南部，全镇辖区面积 100.6km^2，自然资源丰富，生态环境良好，是革命老区镇。两镇合并后，镇政府设在原九支镇，而五通社区因距离县城相对较远，公共服务设施问题表现尤其突出。在合江县镇级国土空间规划经济大区和村级经济小区划分方案中，以赤水河流域生态价值实现为目标，以片区生活需求为单元合理布局公共服务设施。在九支镇国土空间总体规划中，应进一步深化细化，以强化镇域公共服务设施配置为导向，根据合并后的常住人口规模，以合江县乡村规划试点中已初步划定的镇乡级大区和村级小区为公共服务分级服务范围,在新设立的九支镇分别设立大区级与小区级公共服务设施。五通社区应按社区服务、就业引导与日常服务等分类标准对场镇公共服务设施进行全面梳理,按照“功能多元,复合利用”的原则,优化资源配置,更新改造并盘活原办公用房等闲置资产,统筹做好公共服务,更好地满足当地群众的需求,实现九支镇与五通社区整体公共服务优质高效。

3.4 以文为脉,在镇级国土空间规划中应彰显撤并乡镇场所文化特征

针对被撤并镇传统建筑风貌逐渐凋敝、乡土文化特征消隐等问题,在镇级国土空间规划中需要强化“以文为脉”的理念。根据山、水、田、林、湖、草全要素管控的需要,规划对生态空间、农业生产空间和村庄建设用地提出空间布局优化和结构调整,构成具有一定特色的“山—水—田—村—塘”的自然生态格局。为实现特色格局,在充分梳理自然生态景观要素的基础上,应严格落实国土空间规划“三区三线”。[12]“两项改革”后,在县级国土空间总体规划中应针对历史文化资源丰富的撤并场镇进行全面分析,严格保护被撤并镇原有的历史文化肌理与传统风貌特色,深度挖掘老镇的文化内涵,积极探索老镇与新镇之间生态、生产与生活空间的有机组合方式。运用城市设计的技术手段,分析被撤并镇的环境场所特征和空间风貌特色,变消极空间为积极空间。在传统乡土文化环境中保育新的竞争力和新业态,避免因被撤并而出现环境破败、空间失效、文化断裂等问题。以经济合理的方式有序改造老镇的街道与建筑空间,在保护历史文化资源的基础上促进一二三产业有机融合发展。延续既有的历史文化空间肌理,体现老镇“小而古,小而精,小而美”的聚落文化特征。

合江县自怀镇始建于清末,历史悠久,地处川、黔、渝国家生态旅游示范区中心,是合江县佛宝国家级森林公园、国家级生态旅游示范基地的核心。辖区面积 189km^2,森林覆盖率达到 82%以上。境内拥有五百年历史的古刹黑岩寺,有同纬度低海拔保存完好的常绿阔叶林原始森林,有独特的丹霞地貌和丰富的动植物资源。2019 年 12 月,自怀镇撤销,整体归并入北侧与自怀镇毗邻的交通条件相对优越的先滩镇,两镇合并后,先滩镇辖区面积达到 281km^2。在先滩镇国土空间总体规划中,应强化自怀社区的文化定位,注重延续自怀社区历史文化肌理与乡土文化特征,构建“一镇两核”的空间结构。

先滩镇以一二产业发展为主，自怀社区以旅游产业发展为主，在空间上形成“产业互补、设施共享、资源共保、特色共建”的镇域统筹发展格局，支撑先滩镇作为合江县东部特色镇的发展。

4 结语

行政区划调整改革是一项十分重要的工作，意义广泛而深远。既有利于加快小城镇建设，推进农村城市化进程，又有利于合理配置资源，培育规模经济，发挥地域优势，达到共同发展的目的。还可以降低行政管理成本，减轻乡镇财政压力和农民负担[13]。四川省基于全省人口城镇化、产业规模化、服务便民化、治理现代化的趋势和规律，已完成乡镇行政区划和村级建制调整改革“前半篇”文章，推动了全省新型城镇化建设，发挥了区划对资源流动的导向作用，取得了明显成效。被撤并乡镇严格意义上不再是建制镇，但其作为集镇对新型城镇化背景下统筹城乡一体化、发展农村经济、就地城镇化等均具有重要意义[14]。在各级国土空间规划编制的关键时期，对撤并乡镇重点问题的关注将有利于规划编制成果更实用更管用也更好用。在四川“两项改革”后半篇文章中，正积极探索以片区为单元的镇村国土空间规划编制试点。试点工作将继续围绕“两项改革”后撤并乡镇发展中面临的主要问题，坚持尊重群众意愿、尊重历史文化传统、尊重自然经济联系、尊重城乡发展规律。以县域为单元划分片区，适度打破行政区划对生产力的制约。以镇级（村级）片区（经济区）的模式合理配置各类空间资源，优化国土空间、生产力、基础设施、公共服务、新型城镇化和乡村振兴发展布局，提升镇村的发展质量。从“撤并乡镇”到“规划试点”，“两项改革”为进一步优化县域经济地理版图，实现镇村生产力在县级经济区中更合理的布局，更好地发挥镇级经济区在承载要素集聚、分担县城功能和支撑县域经济发展中重要的平台与媒介作用，实现全域全要素的科学合理管控提供了政策与要素支撑。

参考文献

[1] 周洋岑，罗震东，耿磊. 基于“精明收缩”的山地乡村居民点集聚规划——以湖北省

宜昌市龙泉镇为例[J]. 规划师,2016(6):86-91.
[2] 袁飞,黄明华. 苏州城市功能优化研究——基于行政区划调整的思考[J]. 城市,2014(2):51-54.
[3] 陈鹏. 行政区划改革与区域经济协调发展[J]. 西华师范大学学报(哲学社会科学版),2019(5):106-112.
[4] 文超,杨兴海. 苏州市被撤并镇的发展困境与治理研究——以昆山石浦为例[C]//活力城乡 美好人居——2019 中国城市规划年会论文集. 北京:中国城市规划学会,2019.
[5] 王利. 撤乡并镇后的农村问题及对策[J]. 实践(思想理论版),2010(6):29-30.
[6] 张璐. 乡镇撤并背景下深化乡镇体制改革问题研究——基于陕西省镇村综合改革的调查[J]. 西安财经学院学报,2016(5):78-82.
[7] 刘廉. 被撤并乡镇发展策略研究——以南通市骑岸镇为例[D]. 苏州:苏州科技大学,2018.
[8] 胡怡. 苏州市被撤并乡镇发展存在问题及优化策略研究[J]. 城乡建设,2020(3):55-58.
[9] 刘伍洋,刘静,张成智,等. 基于"精明收缩"的乡镇"收缩型规划"转型路径及趋势研究——以衡南县宝盖镇国土空间规划为例[J]. 小城镇建设,2021(9):45-55.
[10] 陈甲全,陈雪洋,殷明. 撤乡并镇后原场镇发展现状及对策——以忠县 42 个被撤并场镇为例[J]. 城乡建设,2019(11):60-62.
[11] 谭朝艺. 乡镇级国土空间规划编制的思考[J]. 中国土地,2021(1):19-21.
[12] 李小云,朱景霞,乐美棚. 国土空间规划背景下特色保护类村庄的多维"控引"规划策略研究——以江西省高安市新街镇景贤村为例[J]. 广西城镇建设,2021(9):17-25.
[13] 孙敏. 面临撤并乡镇的发展与规划研究[D]. 南京:南京师范大学,2008.
[14] 刘廉,单鹏飞,廖田人从. 问题导向下被撤并乡镇骑岸镇发展策略研究[J]. 苏州科技大学学报(自然科学版),2019(4):49-54.

基于“精明收缩”的乡镇“收缩型规划”转型路径及趋势研究

——以衡南县宝盖镇国土空间规划为例*

刘伍洋[1]　刘　静[2]　张成智[1]　杨培峰[3]

(1 湖南省建筑设计院集团有限公司湖南省城市规划研究设计院　2 湖南省长沙市望城经济技术开发区　3 福建理工大学建筑与城乡规划学院)

【摘要】 目前,我国仍处于城镇化快速发展阶段,但也出现了城市收缩现象,特别是中西部地区的乡镇,面临更为严重的人口收缩、经济发展缓慢等困境。本文以湖南省衡阳市衡南县宝盖镇为例,分析了过去快速增长的路径依赖下显现的衰退问题。城镇当下收缩转型的动力机制,外部因素表现在宏观外部政策引导和资源要素转化,内部驱动表现在农民生产生活方式转变和本地农民转移推动。为实现收缩趋势下的精明发展,宝盖镇需要进行总体格局精明重构和产业功能聚集转型,并对土地资源整治修复,加强闲置用地盘活利用,使得城镇空间布局有序优化,提升城镇人居环境品质。

【关键词】 国土空间规划　精明收缩　收缩型规划　转型路径　宝盖镇

1　引言

2020 年,我国常住人口的城镇化率达到 63. 89%,其中城镇常住人口为 90 199 万人,乡村常住人口 50 979 万人。与发达国家常住人口城镇化率在

* 本文原载《小城镇建设》2021 年第 9 期。获国家自然科学基金“扶贫背景下贫困地区乡村聚落的空间模式和演化机制研究(项目批准号:51878084)”资助。

80%左右的情况，还存在较大差距。预计未来 20 年内，我国城镇化率的快速增长仍然将会持续，而城镇化水平的提升必将带来城镇人口增加，与此相对应的是乡村人口减少。2021 年 4 月，国家发改委印发的《2021 年新型城镇化和城乡融合发展重点任务》中提出要进一步增强城市群和都市圈承载能力的要求，推进以县城为重要载体的城镇化建设，城区常住人口 300 万人以下城市落实全面取消落户限制等措施。可见，城镇化发展将面临巨变，我国乡镇的发展将会进一步萎缩，乡镇的衰败将是客观规律，大量的乡村也会面临空心化与解体。当前，国土空间规划在如火如荼地开展，全新的国土空间规划体系将会重构[1]。因此，在新一轮乡镇国土空间规划中探索“收缩型规划”以应对乡镇的人口收缩，将是乡镇国土空间规划重要任务。

2020 年 9 月，湖南省自然资源厅明确全省 35 个镇开展全域土地综合整治试点，并印发《湖南省 2020 年全域土地综合整治试点实施办法(试行)》和《2020 年全域土地综合整治试点实施方案综合审批方案(试行)》。2020 年 11 月，湖南省自然资源厅印发《关于开展全域土地综合整治试点区域国土空间规划编制工作的通知》，明确全域土地综合试点区域启动乡镇国土空间规划编制。湖南省衡阳市衡南县宝盖镇是 35 个全域土地综合整治试点乡镇之一，面临建设用地收缩和人口持续减少的现实。因此，在新时代国土空间规划背景下，现阶段迫切需要开展乡镇“收缩型规划”。本文首先总结了精明收缩理论内涵并对其在乡镇国土空间规划中的应用进行了探讨，随后以宝盖镇为例，分析宝盖镇现状发展的相关问题，探讨了宝盖镇“收缩转型”的内外部动力机制，并就其精明收缩的具体路径作出相关讨论。

2　精明收缩理论及转型期乡镇发展面临的新趋势

2.1　精明收缩理论及内涵

与我国的快速城镇化进程和人口普遍增长不同，欧美国家较早出现了人口萎缩的状况[2]。例如，美国 13%、欧洲 54%的城市区域都出现了人口减少的趋势[3]。国际收缩城市联盟将收缩城市(Shrinking Cities)定义如下：人口规模 1 万人以上的城镇区域，面临连续两年的人口流失，并经历结构性的经济衰退[4]。面对人口收缩的趋势，避免无引导的情况下出现城市无序的衰退，西方国家对建设用地布局、公共服务设施等规划内容进行干预，出现应对社会经济转型的收缩型规划实践。

最早提出“精明收缩”理论的是罗格斯大学的弗兰克·波普尔教授及其夫人，其倡导“为更少的规划，更少的人、更少的建筑以及更少的土地利用”[5]。精明收缩理论主要是针对物质环境衰败问题与经济衰退问题，是在地区人口或用地减少的情况下，通过资源合理退出与优化重组，提高土地使用效率，营造可持续的城乡环境[6,7]。因此，精明收缩并不是增长，而是在资源有限和人口退出的基础上，如何优化重组空间资源，以空间再开发、土地银行的建立以及公共空间的重塑等为途径，以集约节约土地利用、韧性规划、紧凑空间形态和公众参与为准则，将重点集中于如何在收缩发展情况下保持地区活力、改善人居环境、保护耕地和提升城乡居民的生活水平。

2.2 转型期乡镇发展面临的新形势

2.2.1 发展阶段的收缩特征

我国城镇化发展较快，城镇化率由 2010 年的 49.68% 增长到 2020 年的 63.89%，增长速度实现了年均提升 1.42 个百分点（图 1）。中西部地区大量

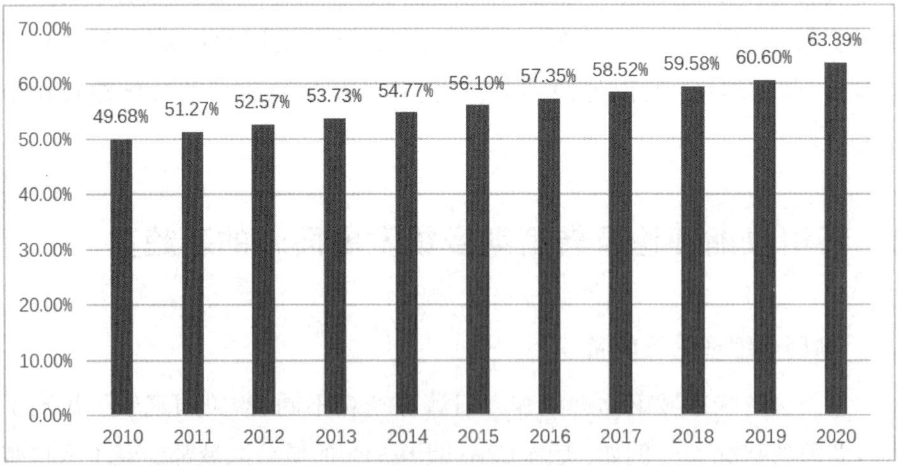

图 1 我国 2010-2020 年常住人口城镇化率变化情况

乡镇的萎缩将成为趋势，部分乡镇会自然消亡，大部分乡镇走向衰败和空心，农村地区更为严重，城镇化已经达到了拐点。因此，我国大部分地区应该以县域单元进行全县乡镇集中统筹，进一步将乡镇人口与产业聚集县城，实现城乡融合发展，在都市圈区域的乡镇将会面临转型和融入都市圈，城市郊区的乡镇要与城市功能重构，风景区周边乡镇要景镇融合，偏远地区乡镇应该是镇村联动发展。

2.2.2 人口状况的收缩特征

我国的农村地区是重要的劳动力输出地区，特别是中西部地区乡镇与农村的人口外流现象突出。2020 年我国人户分离人口为 49 276 万人，其中市辖区内人户分离人口为 11 694 万人；流动人口为 37 582 万人，其中跨省流动人口为 12 484 万人。从人口密度变化上，人口主要集中在珠三角、长三角、京津冀等东部发达地区。从人口流动的特征看，人口将进一步向区域中心城市、省会城市、沿海发达城市集聚，我国大部分地区的乡镇和农村的人口会进一步收缩。

2.2.3 乡镇空间精明收缩的发展趋向

精明收缩是以功能优化重组为手段实现地区活力提升的过程，以“更少的人、更少土地利用、更少建筑”应对地区建设用地和人口减少的状况。精明收缩理论可以满足我国大部分地区乡镇空间发展的诉求，在空间紧约束的条件下，探索生态产品价值转化机制、镇村体系的重构、土地整治修复、研究镇区腾退减量的规划方案等，具有重要的价值。同时，在镇区规划中，如何进行公共建筑复合使用、闲置建筑转换功能、空心住宅的腾退等，都将是乡镇“收缩型规划”精明化的发展趋向。

3 基于“精明收缩”的乡镇“收缩型规划”再思考

在对精明收缩理论及乡镇发展面临新趋势进行论述的基础上，初步构建出基于精明收缩的乡镇空间发展框架（图 2）。

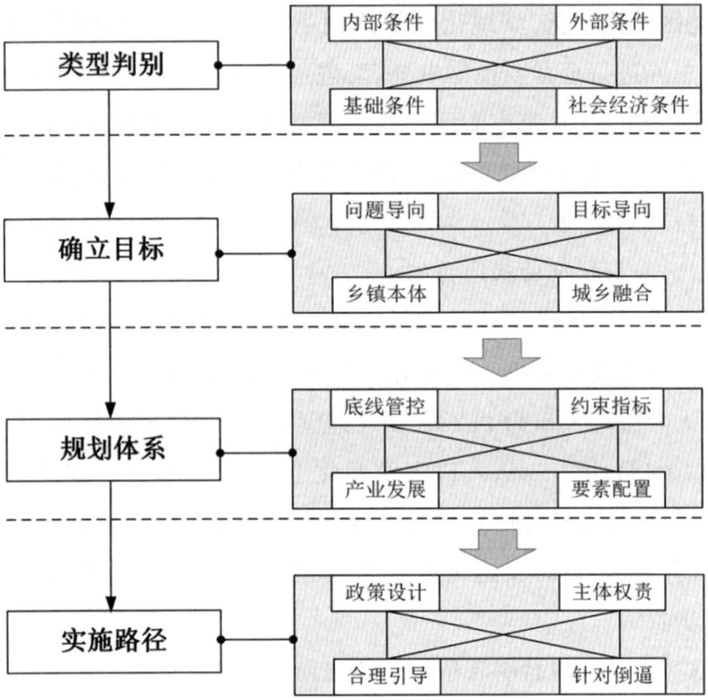

图 2　乡镇空间精明收缩发展框架

3.1　类型判别，合理分析“乡镇收缩”情况

分别从乡镇内部、外部的社会经济条件和基础条件两个维度 4 个方面进行判断分析。乡镇内部基础条件主要包括土地、建筑、基础设施和公共服务设施及乡镇自身资源禀赋，乡镇内部社会经济条件主要包括人口、产业、历史文化等方面。乡镇外部基础条件主要包括乡镇的地理自然空间格局、区位条件和交通条件等，乡镇外部社会经济条件主要包括乡镇所在的省、市、县所处社会经济发展阶段，城镇化水平以及地方政府财政水平。

3.2　总体目标，确立“精明收缩”的发展理念

不同于东部平原发达地区的城市，中西部区域的乡镇由于自然条件和发展阶段决定了其空间收缩是必然趋势，面临的问题是收缩后的乡镇如何实现可持续发展的问题[8]。因此，确立精明收缩的发展理念，是我国大部分

乡镇发展的重要价值导向。

从“问题导向—目标导向”进行乡镇功能优化,以空间集聚为手段实现地区活力提升。问题导向以回答当前亟待解决的问题为要旨,是精明收缩的底线目标,目标导向是以改善优化为目标[9]。一方面,需要尊重乡镇发展客观规律,顺应整体收缩趋势;另一方面,需要在规划理念上转变传统扩张式空间规划思路,转向“收缩型规划”的目标导向。

3.3 规划方法,构建“收缩型规划”规划体系

在精明收缩理念下,针对乡镇的独特需求和特点,国土空间规划需要协调与空间布局优化、三次产业发展、基础设施建设、公共服务设施配套的关系,形成以乡镇可持续发展为目的、各规划相互协调的工程系统。

同时,针对乡镇收缩型规划的需求和特点,需要将乡镇底线管控(三线划定)、约束指标控制(耕地保有量等)、产业发展规划、基础设施规划和公共服务设施规划置于规划体系的核心位置,指导乡镇的其他规划;以自然资源禀赋条件、产业发展情况、设施建设水平作为重要依据,制定整体收缩路径,实现精明化发展。

3.4 实施路径,因地制宜推进“规划”实施

在保障规划实施方面,“精明收缩”的集聚规划需要内部与外部共同推动,通过明确规划的具体实施内容、实施主体权责,使得规划更加可控及可操作。

需要通过政策与制度设计,通过转移支付、有偿交换、合理退出、优化重组的政策制度设计,以“引导+倒逼”居民的集聚。通过转移支付、有偿交换进行引导。其中,“转移支付”是政府对收缩的乡镇无条件支持并推动其主动收缩;“有偿交换”是推动城市企业购买土地与农村收缩建设用地之间交易,从面上推动收缩。“倒逼”即针对其限制条件,通过政策设计,严格控制乡镇集镇规模、农村居民点规模,限制该地区资源投放,加速其自然消亡。

4 基于精明收缩的宝盖镇国土空间规划实践

4.1 宝盖镇的发展困境与衰退趋势

4.1.1 人口外流严重,收缩趋势明显

宝盖镇位于湖南省衡阳市衡南县东部,东与郴州安仁县与衡东县接壤,南与耒阳市相连,北靠花桥镇,镇域面积 1.76km^2(图 3)。全镇共 15 483 户,总人口为 51 397 人,其中城镇人口 5 117 人,城镇化率为 9.96%,总人口在全县各街道、乡镇中排名第 8(共 23 个)。

图 3 宝盖镇区位图

2020 年,宝盖镇迁出人数为 319 人,其中迁往省外 213 人。“三留守”现状突出,青壮年劳动力普遍外出务工,空心村、空心镇问题存在。另外,宝盖镇 60 岁以上人口 9 120 人,占比 17.74%,严重高于联合国老龄化认定标准,人口老龄化现象严重。

4.1.2 建设用地不集约,农村建设用地蔓延失控

宝盖镇镇域土地总面积 17 651hm^2,其中耕地 4 493.86hm^2,占比 25.46%;林地 9 483.93hm^2,占比 53.73%;建设用地 1 066.02hm^2,占比 6.04%,城镇建设用地 49.42hm^2,占比 0.28%,村庄建设用地 1 016.6hm^2,占

比5.76%(表1)。现状建设用地主要包括村庄建设用地、城镇建设用地、区域交通设施用地等。其中,现状农村宅居民点用地呈点状分布,与农用地犬牙交错,用地碎化,蔓延现象显著。同时,农村建设用地节约集约程度较低,镇域人均农村居民点建设用地 $220m^2$/人,超过相关标准的要求。在镇区建设用地方面,存在大量的闲置用地未加以盘活利用,比如镇政府对面原供销社地块,建筑物破败与闲置,严重影响镇区面貌。

表1 宝盖镇镇域用地统计表

用地类型			面积(hm^2)	比重
农用地		土地总面积	17651.1	100%
		耕地	4493.86	25.46%
		种植园地	949.64	5.38%
		林地	9483.93	53.73%
		其他农用地	398.13	0.02%
		农用地合计	15325.56	86.82%
生态用地		水域	946.33	5.36%
		其他土地	147.63	0.84%
		生态用地合计	1093.97	6.20%
建设用地	城乡建设用地	城镇建设用地	49.42	0.28%
		村庄建设用地	1016.60	5.76%
		城乡建设用地合计	1066.02	6.04%
	其他	区域交通设施用地	86.64	0.49%
		区域公共设施用地	12.50	0.07%
		特殊用地	5.05	0.03%
		采矿用地	18.29	0.10%
		其他建设用地	43.05	0.24%
		建设用地合计	1231.55	6.98%

4.1.3 生态退化加重,环境保护压力较大

宝盖镇面临土地沙化、石漠化、水土流失等生态退化现象,其主要分布在东部天光山等生态安全重要区域。同时,宝盖镇范围内分布衡南县5大重点矿山开采区的横江开采区。目前,大部分矿山已关闭,如镇区北部的陶瓷取土点、三口村钨矿等,但需要进行土地整治与生态修复(图4)。

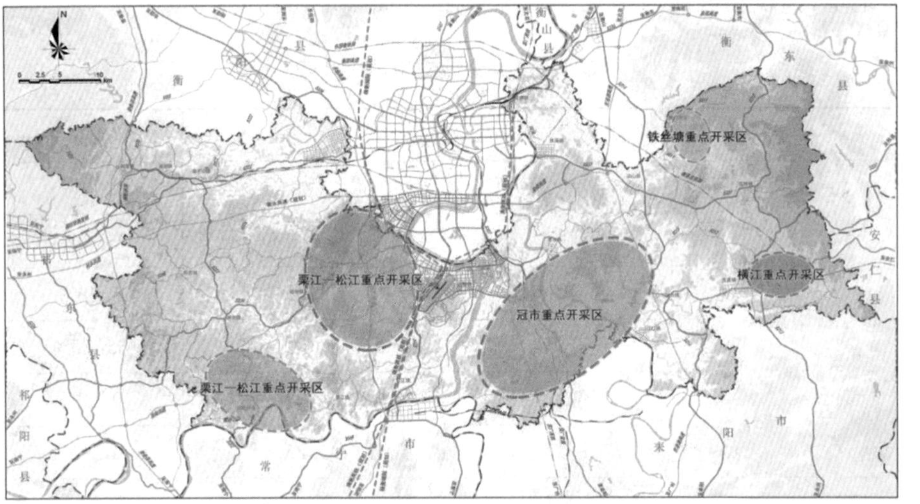

图4 衡南县矿产重点开采区分布图

4.1.4 历史文化彰显不够,城镇建设品质较低

宝盖镇具有丰富的历史文化资源,但从现状调研情况看,历史文化资源保护压力大,历史建筑周边区域的建筑风貌管控不够,部分古建筑已破败,在一定程度上影响镇容镇貌,需全面评估其文物价值,有针对性地采取重建、维修、拆除等措施(图5)。一方面,部分新建建筑紧挨古建筑,其风格与古建筑迥异,影响整体历史环境,比如大屋场、安里屋等古建筑群保护情况一般,总体保护管控措施有待加强(图6)。另一方面,宝盖历史文化建筑利用程度较低,与旅游观光结合不够,未做到历史建筑“活起来”。同时,镇区公共绿地较少,缺少文化服务等设施,医疗、教育设施的服务水平有待提升。总之,宝盖镇城镇风貌和环境品质较低,难以满足居民对高品质城镇生活的要求。

图 5　部分历史建筑破坏严重

图 6　周边建筑风貌不协调

4.2　宝盖镇“收缩转型”的动力机制

通过分析精明收缩的内涵以及宝盖镇发展困境，顺应经济社会发展的客观规律，因地制宜地作出空间发展的战略选择才是有效的规划策略，方能引导城镇可持续的健康发展。从目前宝盖镇发展阶段、内外部多种影响因素来看，宝盖镇“收缩转型”的动力机制，主要是宏观政策的引导力，资源要素的转化力、农民生产生活方式转变的促进力及本地农民转移的推动力（图 7）。

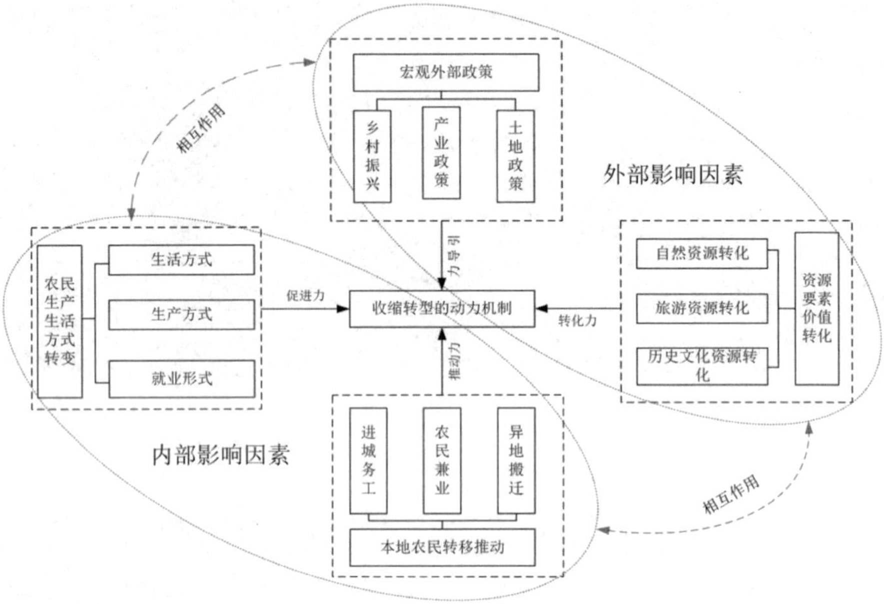

图 7　收缩转型动力机制示意图

4.2.1　宏观政策的引导力

一方面,国家提出乡村振兴战略,为我国农村地区发展带来新机遇。乡镇是我国行政单元的最低层级,也是直接管理农村的行政机构,利用国家相关政策引导与扶持,打破传统规划的空间惯性,引导农村人居空间的收缩,并进一步向乡镇镇区集聚,实现镇域单元的乡村振兴。

另一方面,全新的国土空间规划体系更加强调底线约束,严格控制城乡建设用地总规模,衡南县的城镇建设用地总量控制在 $51km^2$ 以内。对于宝盖这类偏远的乡镇,主要是聚焦于现状集建区以及农村宅基地的减量化,加强现有的各类自然资源、历史文化资源的保护。

4.2.2　资源要素的转化力

宝盖镇拥有丰富的自然资源、历史文化资源、旅游资源,结合宝盖目前发展阶段,利用市场经济机制,推动资源要素价值的转化利用,将成为宝盖镇收缩转型的重要动力。同时,资源要素的转化也会对生态环境产生一定程度正外部效应,带来区域经济的健康发展,改善地区农村的人居环境,对周边生态文化旅游产生更大触媒效应。因此，资源要素产品的价值转化，是实现“绿水青山”变成“金山银山”的重要手段，进而实现宝盖的长久发展。

4.2.3　农民生产生活方式转变的促进力

宝盖镇目前由于大量青壮年劳动力的人口流失，大部分耕地主要承包给少部分农业户或外来农业户种植，显示出农业种植的“承包化”。另外从农民的收入构成看，农业经营性收入比重较低，主要是依靠外出务工、做小本生意等。同时，农民就业形式出现多样化，不再局限于与农业相关的生产活动，更多转向收益更高的第二、第三产业。可以说本地农民的生产生活方式已经发生转变，对农村土地依附程度大大减弱。这样有利于原来适应“小农经济”的分散式农村人居环境空间布局形式，在农民生产生活方式转变的情况下进一步集聚收缩的可能性。

4.2.4　本地农民转移的推动力

20 世纪 90 年代以来，城镇化的快速发展带来人口的快速转移，中国中西部地区人口的外流，将逐步推动中西部地区乡镇的萎缩。通过调研发现，宝盖镇人口的转移主要是农民外出务工、农民兼业的逐步转移及易地搬迁等。同时也发现本地农民的城镇化意愿较强，有进一步向城镇聚集的取向，主要原因是城镇具有更好的教育、医疗、养老等公共服务[10]。从镇域范围看，东部山区农村人口流出趋势更加明显，主要的人口流出村庄包括梅塘村、高山村、小泉村、车陂村等，表明本地农民有向城镇集聚趋势。

4.3　基于“精明收缩”的规划应对思考

4.3.1　总体格局精明重构

本次规划根据镇域村庄发展现状特征，通过资源环境承载能力评价和国土空间开发适宜性评价，划实永久基本农田红线、生态保护红线以及城镇开发边界，严格禁止农村宅基地占用耕地进行建设，重构镇域总体国土空间格局，引导宝盖精明发展(图 8，图 9)。对处于偏远地区的农村居民点，明确建设、建房的要求，采取渐进处理方式，比如通过政策设计严格限制村庄建设，让其自然消亡。相应的，充分调研农民的搬迁意愿，对于有搬迁意愿的农民可以通过宅基地置换的方式，集中安置在镇区。同时，对公共服务设施规划进一步集聚在镇区，比如宝盖镇区主要有宝盖镇中心小学和宝盖小学，全镇的学生出现向宝盖中心小学集中的趋势，可以将两所小学进行合并建设，扩大小学规模，集中资源进行配置。

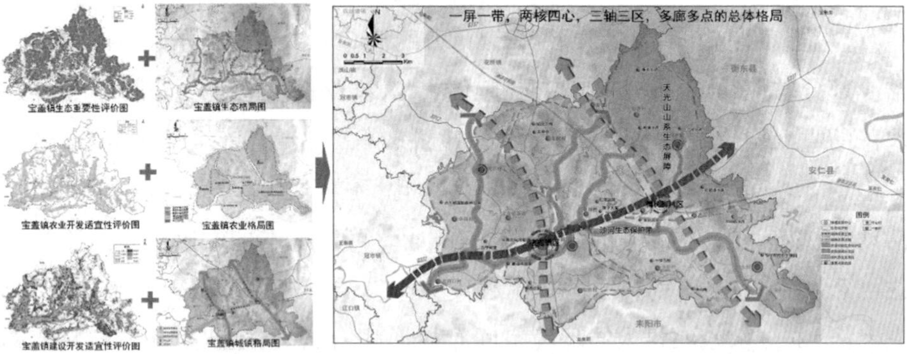

图 8　宝盖镇国土空间总体格局

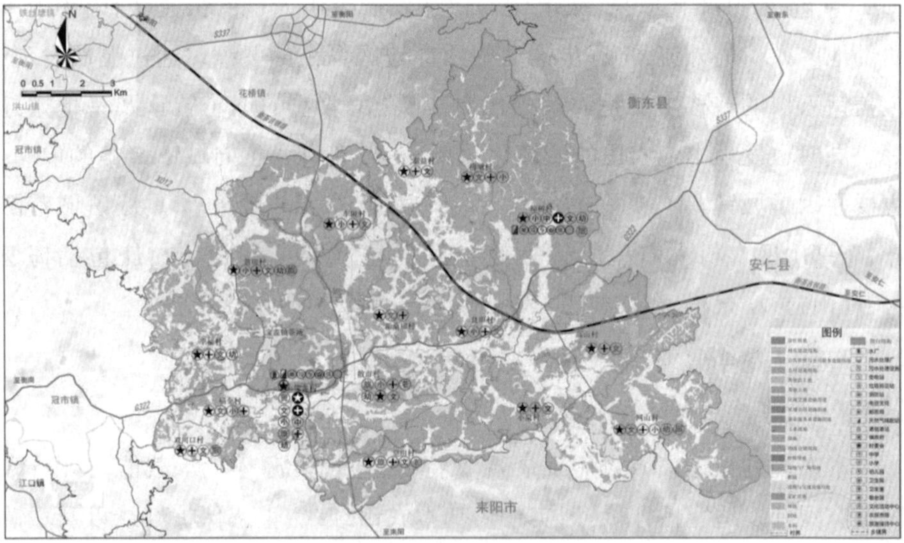

图 9　国土空间规划布局图

4.3.2　产业功能集聚转型

一产要做优粮食生产，推广集中育秧技术和双季稻全程机械化，大力发展高档优质水稻，建立企业+基地+大户+农技社会化服务组织的水稻产业化经营体系；做精蔬果产业，确定优势产品，突出自身特点，以优质、高效为原则，突出重点品种，实现规模发展，重点发展雷笋（福全村）、蓝莓（网山村）等一系列蔬果种植基地；做强银杏产业，重点推进银杏产业链建设，通过龙头产业实现银杏茶、银杏果等银杏相关农产品的规模化发展，提高产量。

二产主要是采矿业，需要对镇域内已设采矿权可依实际情况进行资源整合，提高开发集中度，优化矿业布局。其中横江重点开采区位于宝盖镇良田村，面积 18.04km^2，在重点开采区内，鼓励实行规模化、集约化开采。

三产发展强调与一产融合发展，以古民居、银杏园、菩萨崖、万亩烟田为核心吸引力，以乡村度假康养为理念，集乡村风情、梦幻田园、度假休闲、农业观光、户外运动康疗养老为一体的古色黄金小镇。

4.3.3　土地资源整治修复

以农用地整理、建设用地整理、生态保护修复为主要抓手，本规划共划定农用地整理区域面积 624.83hm^2，高标准农田建设区域面积 4 282.75hm^2，建设用地整理区域面积 34.76hm^2，生态保护修复区域面积 1 835.79hm^2（图 10）。其中，农用地整理以可开发土地、可改水田旱地、可复垦土地及高标准农田为主，综合得到镇域可开发为耕地土地 553.53hm^2，可改水田旱地 57.59hm^2，可复垦采矿用地 13.51hm^2，可实施高标准农田面积

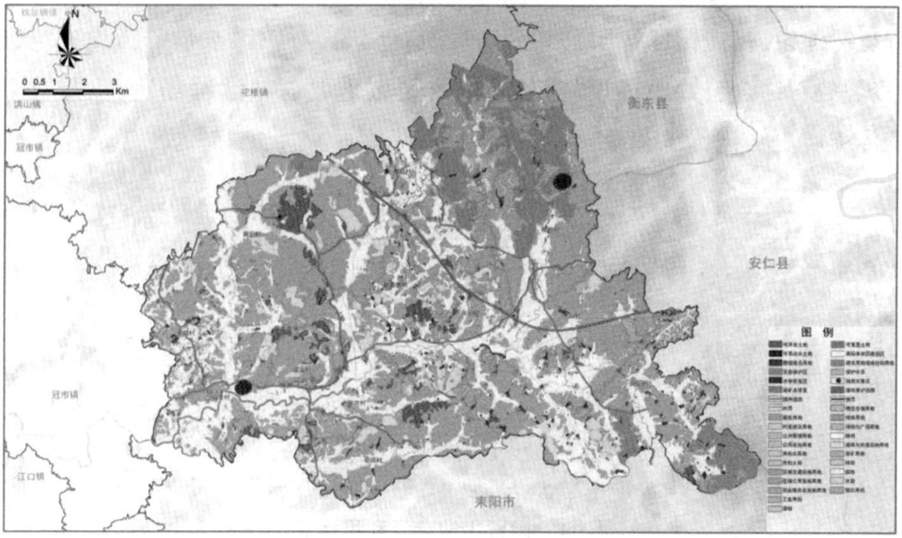

图 10　国土综合整治规划图

4 282.75hm²;建设用地从内部挖潜和增减挂钩两方面入手,共整理建设用地 34.76hm²,其中增减挂钩用地 23.51hm²;生态修复是对生态脆弱区采取最严格的保护措施,划定生态脆弱区范围 1 477.79hm²,湿地 20.71hm²,水体面积 147.15hm²。另外,对 505 处农村山塘水库沟渠等进行优化处理,总修复面积达到 176.47hm²,对采矿点进行修复,修复面积 13.67hm²。因此,通过土地整治与生态修复,可以进一步优化镇域土地资源,带来镇域国土空间的精明收缩。

4.3.4 闲置用地盘活利用

根据《闲置用地处理办法》,按照闲置土地的功能和闲置时间,可以划分为 4 种模式,分别为:具备生产能力的短期闲置土地、具备生产能力的长期闲置土地、不具备生产能力的短期闲置土地、不具备生产能力的长期闲置土地[11]。随着城镇化加速发展,社会经济结构发生较大变化,宝盖镇原有部分乡镇功能已经不复存在或者说不适应现代社会,比如宝盖镇区汉依路东侧的用地,已经闲置多年,严重影响镇区形象,可对其进行甄别改造,建设临时停车场,缓解停车难的问题。本规划对宝盖镇区原有闲置用地、低效用地进行摸底调查,分析其地理区位、用地规模、性质、产权等,明确其闲置功能和时间,提出更新盘活措施(图 11)。比如,短期的闲置用地,可将闲置用地进行复绿建设,打造镇区优质公共活动场所。同时,对镇区破败的历史建筑进一步修复,结合公共服务设施打造,形成镇区重要公共活动场所,也是对宝盖传统历史文化传承利用。

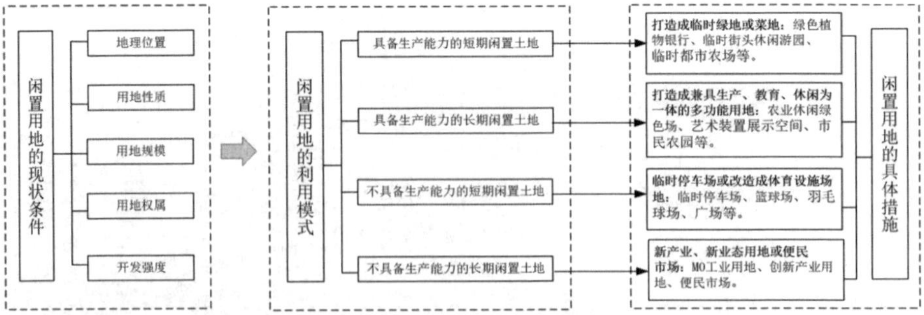

图 11 闲置用地盘活利用模式

4.3.5 空间布局有序优化

在镇区空间布局上,由于新增建设用地指标有限,在空间紧约束的条件下,合理划定城镇开发边界,确定增长型区域和收缩型区域,对城镇开发边界内原有的城镇集中建设区进行调整,优化镇区空间布局。规划确定镇区以"中心集聚、西拓东优、北延南控"的发展方向。镇区西部是主要的集中建设区,布局上以公共服务设施、居住为主,利用祠堂和水塘打造湘南特色文化休闲公园。镇区东部和北部是收缩型区域,北部结合宝盖茶园打造茶文化公园,东部组团在维持现状基础上,进行收缩式发展。中部是原有城镇集中建设区,主要是进一步集聚优化各类用地结构,改造与建设公共场所空间,创造美好人居环境(图 13)。

图 13　镇区土地利用规划

5　结语

快速城镇化带来部分乡镇的生态环境破坏、用地闲置、开发粗放等问题,如果没有有效的规划应对,可能进一步加剧其衰败。因此,结合新时代的乡镇国土空间规划,推动乡镇从传统扩张型规划转向现代收缩式内涵发展，是更加精明地着眼于人民福祉的提升和乡镇的可持续发展。在规划中需要确立“精明收缩”理念，在充分理解居民的需求基础上，通过开展收缩型规划，重构空间格局、协调产业功能、整治修复土地资源、盘活闲置用地以及优化空间布局，使之为集聚收缩服务，赋予收缩后的乡镇新的发展活力；同时，通过制定精明收缩政策和保障措施，引导农村居民点向镇区集聚，增强规划的可实施性，并减少相关社会问题。

需要注意的是，乡镇的收缩是一个极其复杂的系统工程问题，不同地区的乡镇因不同自然环境、社会经济情况、发展阶段差异面临着不同的挑战。因此，精明收缩理念在乡镇规划中的应用，需要因地制宜讨论和持续性研究。本文以宝盖镇为例，结合国土空间规划进行了相关探索，以期能为其他中部丘陵地区开展相同或相似规划提供借鉴。

参考文献

[1] 庄凯月，杨培峰，谭少华，等. 国土空间规划体系重构语境下乡镇级国土空间规划编制探索——以重庆市兴隆镇国土空间规划为例[J]. 小城镇建设，2021，39(2)：38-47.

[2] 朱金，李强，王璐妍. 从被动衰退到精明收缩——论特大城市郊区小城镇的“收缩型规划”转型趋势及路径[J]. 城市规划，2019，43(3)：34-40+49.

[3] WIECHMANN T，PALLAGST K M. Urban Shrinkage in Germany and the USA：A Comparison of Transformation Patterns and Local Strategies[J]. International Journal of Urban and Regional Research，2012，36(2)：261-280.

[4] WIECHMANN T. Errors Expected-Aligning Urban Strategy with DemographicUncertainty in Shrinking Cities[J]. International Planning Studies，2008，13(4)：431-446.

[5] 马亚宾. 精明收缩视角下我国农村建设与规划策略研究[J]. 北京规划建设，2017(2)：29-33.

[6] 王雨村，王影影，屠黄桔. 精明收缩理论视角下苏南乡村空间发展策略[J]. 规划师，2017，33(1)：39-44.

[7] 焦林申，张敏. 收缩乡村的空废成因与精明收缩规划策略——基于豫东典型乡村的田野调查[J]. 经济地理，2021，41(4)：221-232.

[8] 中华人民共和国国家统计局. 中国统计年鉴：2010—2020[M]. 北京：中国统计出版

社,2010-2020.

[9] 周洋岑,罗震东,耿磊.基于"精明收缩"的山地乡村居民点集聚规划——以湖北省宜昌市龙泉镇为例[J].规划师,2016,32(6):86-91.

[10] 游猎.农村人居空间的"收缩"和"精明收缩"之道——实证分析、理论解释与价值选择[J].城市规划,2018,42(2):61-69.

[11] 段德罡,刘熙,叶靖,等.关中地区乡村收缩趋势与路径思考——基于合阳县调查[J].小城镇建设,2020,38(11):77-84.

[12] 董鹏宇,赵华甫,肖秀英.闲置土地临时利用模式探析[J].中国土地,2017,382(11):26-27.

乡镇级国土空间规划片区统筹路径的探索

——以上海市崇明区堡镇片区为例

周宏晨

(上海现代建筑规划设计研究院有限公司)

【摘要】 在国家机构改革深化推进的宏观背景下,以国土空间规划体系架构为导向、以独立行政单位为对象的市县级国土空间总体规划编制路径日益清晰,镇村级国土空间规划的编制将成为后续完善国土空间规划编制体系的重要领域。在此基础上,围绕以片区为单元的乡镇级国土空间规划编制路径,从编制背景、编制难点、编制要点等维度进行剖析,提出以片区为单元的乡镇级国土空间规划编制的优化路径,并结合上海市崇明区堡镇片区国土空间总体规划的编制情况进行实证阐述,以期为国土空间规划编制技术路径的完善和丰富提供有益的借鉴。

【关键词】 乡镇片区 空间规划 统筹路径

1 引言

2013年11月12日,党的十八届三中全会通过《中共中央关于全面深化改革若干重大问题的决定》,首次提出了建立空间规划体系、健全国土空间用途管制制度,自此正式拉开“多规合一”的空间规划改革序幕。次年,住房和城乡建设部首先提出在县(市)层面探索“多规合一”的融合路径,并联合国家发展和改革委员会、国土资源部、环境保护部等部委,开展了市县“多规合一”试点工作,在全国28个市县探索试划“三类空间”。由于前期工作路径的不明确，地方层面对于统一的空间规划体系存在不同理解，因此试点工作成果呈现出“各有特色、侧重不同、共识不足”等问题。直至2015年十八届五中全会提出以主体功能区规划为基础统筹各类空间性规划，进一步明确了“多规合一”的方向，解决了试点相关问题。自2015年6月起，中央全面深化改革领导小组会议先后批准海南、宁夏等地启动省级空间规划的试点工作，试点探索形成“多规合一”的规划成果、具有普适性的省级技术规程、规划体制机制改革创新的建议等内容，并强调了空间规划试点工作对于全面改革发展的重要性。

2019年5月23日，《中共中央 国务院关于建立国土空间规划体系并监督实施的若干意见》(简称《若干意见》)，标志着国土空间规划编制的正式全面启动，旨在融合主体功能区规划、土地利用规划、城乡规划等空间规划，实现“多规合一”，逐步构建国土空间规划体系。《若干意见》强调“五级三类四体系”的国土空间规划总体框架(图1)，明确了各级国土空间规划编制重点，其中乡镇国土空间规划作为空间规划体系“五级”中最基层的构成，面向城镇及乡村地区的建设。规划侧重实施性，在细化落实上级国土空间总体规划要求内容的同时，需对本行政区域开发保护作出具体的安排。同时《若干意见》明确各地可因地制宜，以多个乡镇为单元合并编制乡镇级国土空间规划。

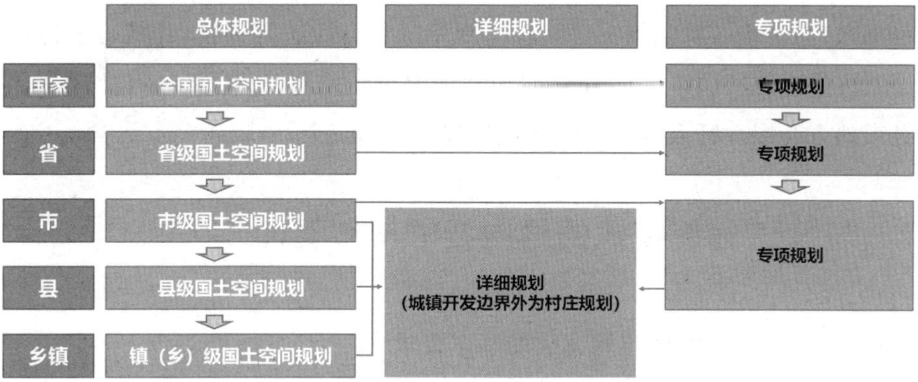

图1 “五级三类”空间规划体系示意图

上海市为贯彻落实《若干意见》文件精神，于 2020 年发布《关于建立上海市国土空间规划体系并监督实施的意见》，提出根据上海市超大城市国土空间治理实际，构建具有上海实践特色的规划编制审批体系（图 2），并要求到 2022 年，实现新市镇国土空间总体规划全覆盖。而崇明区先期探索启动了以片区为单元的新市镇国土空间总体规划编制覆盖。

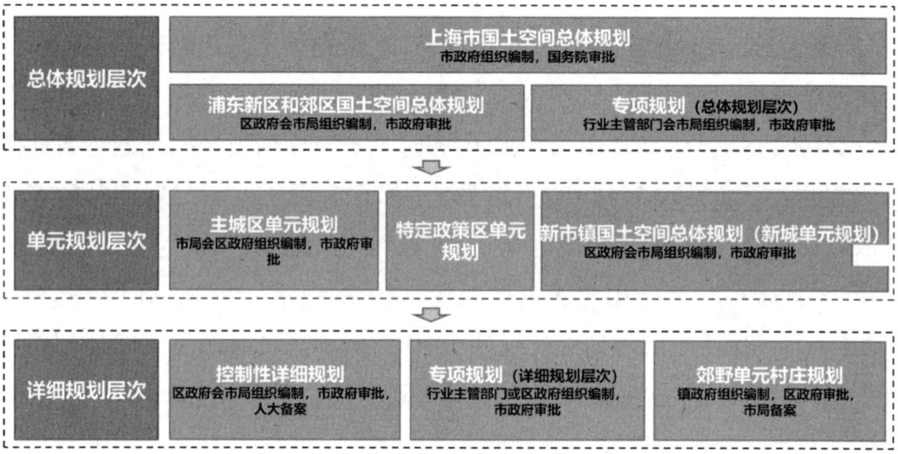

图 2　上海国土空间规划体系示意图

由此，本文基于对国土空间规划编制模式创新性的总结，分析在规划体制改革的大背景下，以片区为单元推进乡镇国土空间规划编制的意义、重点与难点，提出片区乡镇国土空间总体规划的可行性统筹路径，并结合上海市崇明区堡镇片区国土空间规划的编制情况进行实证阐述，希望以此对其他县市地方开展片区乡镇国土空间规划提供借鉴。

2　“片区”编制模式的导向要求与必要性

2.1　镇（乡）国土空间规划编制的基本要求

不同于以往镇（乡）总体规划强调发展引导内容编制，对于空间、用地方面关注较为薄弱，建设用地指标相对理想化，土地利用总体规划则强调土地集约节约及耕地保护。就乡镇发展方向的引导较为粗放的情况，镇（乡）国土空间规划遵循相关法律法规的编制要求，由乡镇人民政府会同同级主管部门组织编制，规划融合发展指引与空间管控内容，强调上位核心传导内容及底线管控内容的衔接落实与分解，最终形成用地用海“一张图”管控目标。

2.1.1 融合发展指引与空间管控，实施“全域全要素全过程”用途管制

为解决传统规划在用地指标、发展指引、用地审批与管理方面等出现的问题，空间规划经过多年逐步改革与融合工作，在2019年，中共中央、国务院正式发布建立国土空间规划体系的通知，旨在实现全域、全要素、全过程用途管制。

不同于传统“两规”各自有侧重方向，国土空间规划融合传统“山水林田湖草”空间类规划内容，既确定城镇发展方向及目标，又将目标落实至全域全类用地管控，以高质量发展为总体目标，保障建设发展的空间需求与生态保护、农田保护的协调合理性，逐步引导城镇发展从盲目、摊大饼式建设转为资源向中心、重点区域集中。

同时，为支撑全域全要素空间规划体系的建立及监督实施，2018年3月，中共中央整合国土空间规划相关部门职责，组建成立自然资源部（图3），以解决空间规划相关部门职责重复交叉、审批效率低下等现实问题。

图3 自然资源部部门构成图

图片来源：@人民日报

2.1.2 加强自上而下的传导体系，统一平台实施管控监督

城乡总体规划常规编制分为镇域及镇区两个层次范围，对于乡村地区的发展仅处于规模等级、职能分工等初步引导；土地利用总体规划编制通常以镇域范围出发，对于村庄撤并与安置引导有初步意向，并以此作为用地布局依据之一。传统规划阶段，村庄地区需单独、重新编制村庄规划作为建设依据，上位镇级总规作为村庄规划编制的上层引导。

而国土空间规划进一步加强自上而下的传导体系，乡镇级国土空间规划在细化落实上位引导内容的基础上，需划分村级单元，明确核心底线及引导内容，支撑后续辖区内详细规划和村庄规划的编制。同时相关文件明确，仅重点村需单独编制村庄规划，一般村可将镇级国土空间规划所划分的村级单元引导要求作为建设依据，不再单独编制。

2.2 片区镇(乡)国土空间规划编制的政策依据及发展

2.2.1 因地制宜，可多个乡镇行政主体为单元合并编制

不同于传统规划由单个行政主体组织推进规划编制，国土空间规划根据《若干意见》相关内容明确，各地可因地制宜，以多个乡镇为单元合并编制乡镇级国土空间规划。目前片区乡镇国土空间规划编制通常以县(区)级人民政府会同主管部门组织编制，乡镇人民政府进行配合参与。划分片区内乡镇通常呈现“1+X”的职能等级构成，即：1 个综合型重点/中心乡镇、多个单一功能型一般乡镇。

2.2.2 多地组织片区乡镇国土空间规划编制的导向实质

综合笔者参与编制的片区乡镇国土空间规划及有所了解正在开展片区乡镇规划的地方县市情况，各地以片区为单元推进乡镇国土空间规划的实质立足点有所不同，同时在报批程序及成果方面，因当地政府部门审批流程的不同，成果构成形式也存在差异。

上海市崇明区基于区内乡镇数量多、一般镇建设规模小且功能类似、区内镇外土地多等现实情况，从土地资源集约节约利用的实际角度出发，由崇明区规自局牵头，推动以片区为单元的新市镇国土空间总体规划，聚焦要素统筹、面向深化实施，构建“1+X(片区+新市镇)编制体系”，最终成果中片区协同规划属于区域研究和统筹联动的附件成果，以支撑法定内容的确定。

四川省于 2019 年年初启动“两项改革”①工作，目前以“优化资源配置、提升发展质量、增强服务能力、提高治理效能”为重点内容的改革“后半篇”文章正在持续推进，而以片区为单元编制乡村国土空间规划是对工作开展

① 四川省“两项改革”即四川省乡镇行政区划和村级建制调整改革。改革实施以来，数量调减、布局调优、成本降低、效能提高，资源要素进一步优化，乡村经济和治理版图得以重塑，改革“前半篇”任务基本完成。

的积极响应。当前巴中市、乐山市、成都市、绵阳市等多市已响应省部相关工作要求，以经济高质量发展为目标导向，从产业发展的实际角度出发，制定片区划分方案，由县(市)自规局牵头，组织编制片区国土规划，统筹片区产业、资源与土地，最终成果以“1 个片区 1 套法定文件”的构成模式进行审查报批，并形成产业专篇内容。

广东省东莞市作为地级市，非传统的“市—镇”行政架构增加了市级规划向下传导衔接与管理的难度，因此东莞市提出强化功能区统筹发展，优化传统体制改革，形成“市级总规—片区规划大纲—镇总规”规划体系。片区规划大纲作为非法定规划，旨在加强片区内统筹与协调、细化分镇指引，形成指导乡镇规划编制大纲内容①。片区大纲及片区内乡镇总规由市自资局或成立片区管委会组织编制，最终成果包括片区层面的规划大纲、统一招标分镇编制的镇级成果，片区层面汇总各镇成果，以片区为单位合并提交。

同时，通过检索发现山西省榆社县、郑州新郑市等城市均存在以片区为单位、打包展开乡镇总规编制招标的情况，但具体编制模式、编制情况尚不明确。从明确的片区乡镇规划编制情况来看，土地资源统筹是片区规划的基本条件，尤其是建设指标的分解。同时根据地域发展特征的不同，片区规划也囊括地域特殊条件，如产业发展统筹、综合交通统筹等。

2.3 以片区为单元推进乡镇国土空间总体规划编制的必要性

针对地域广阔的区(县)，建制镇数量多、职能单一且性质相似、人口导出人趋势、自我发展动力有限等现象较为普遍，“为编而编、逐一而编”的规划编制模式对于这类乡镇解决、破除自我发展限制的作用较小，同时小弱乡镇以自身的财政、组织推动决策力等条件，较难推进土地资源集中或减量化、借力组合发展，从而导致资源的浪费。

片区规划模式是从更高的层面出发，对接上位，面向区域，统筹各乡镇的资源优势与薄弱环节，通过探索可行性协同发展思路，更有效地为小弱乡

---

① 片区规划大纲重点统筹内容包括：各镇发展定位的统筹；规模及相关指标任务分解的统筹；片区重大设施的统筹；交界地区功能衔接的统筹；战略空间预控的统筹；跨行政区流域治理、生态修复、土地整治的统筹；等等。

镇明确发展方向及高质量建设实施路径，并借力高层面，强化针对乡镇统筹建设的实施决策能力。同时片区规划以多个乡镇打包展开国土空间规划，能更高效地完成自然资源部对于国土空间规划全覆盖的要求，避免了编制资源的浪费与无效重复。

3　以片区为单元推进乡镇国土空间规划编制的重点与难点

3.1　多方职能部门协调，构建统一的实施管理平台

国土空间规划编制要实现“全域全要素全过程用途管制”需“山水林田湖草村镇”相关要素职能部门协作参与，以实现统一规划、统一图斑、统一平台管控管理。

但由于传统空间类规划编制初期，相关部门存在采用的数据坐标不统一、数据统计口径不一致、基期图斑普查标准不一致导致图斑差异等情况，此次国土空间规划无法直接将已编成果纳入，需联合相关部门对既有成果进行调整优化后，纳入统一平台管理，并且同步在编、未编将编专项及下位规划内容也需与国土空间规划协调推进，大大提升了规划编制推进的难度。因此构建与乡镇部门、县级部门、同步规划编制团队的多方有效沟通与协调机制，可一定程度上缓解乡镇国空编制推进过程的不稳定性。

3.2　“指标倾向重点区域”及“控增、慎减、善更新”空间布局原则

在当下用地指标紧张、新增指标优先倾向保障重点地区发展的现实态势下，由于片区规划囊括了多个乡镇，片区国土空间规划编制在征询上级相关部门意见的同时，需从片区角度出发，统筹考虑片区内各乡镇的需求，在遵循核心增量指标倾向中心镇区、重点地区原则的同时，也需进一步考虑一般乡村地区发展的支撑要素，合理布局用地，积极探索“严格控制增量、谨慎推进减量、善用存量更新”的建设实施路径，以支撑乡村振兴全面发展。

3.3　区域统筹协同发展的可行性思路探索

片区乡镇国土空间规划打破传统单个行政管辖单元发展思路，面对小

弱乡镇发展受限等实际际遇,规划从区域层面探索适应于当地的中心带动区域、规模效应、协同发展、借力借势等多种可行性统筹发展思路。同时,乡村振兴战略作为国家重点战略目前仍在持续推进中,乡镇国土空间规划编制基于对国家战略的积极响应及地方政策引导,始终关注农业农村发展问题,乡村产业发展可行性发展路径是规划编制核心思考内容之一,而以片区为单元推进国土空间规划编制时,乡镇之间产业如何协同发展则成为另一重要议题。

4 片区国土空间规划统筹编制路径

4.1 统一底图底数

为避免传统规划出现的数据衔接问题,此次各级、各类国土空间规划统一使用第三次全国国土调查及年度变更数据底板,并根据国家或地方发布的用地、用海分类标准及统计标准进行数据计算、调整,并统一数据入库坐标系及投影系,从源头统一底图底数,避免数据误差,加强规划衔接口径。对于需纳入统一平台管理的批复现行规划,也需相关部门协同校正坐标、图斑后纳入。

4.2 片区中心认定

为有效发挥中心乡镇统筹协同能力,对于片区中心的认定不可从单一方面简单定义,需根据片区内乡镇实际情况,进行深度全面分析,通常包括乡镇人地规模、社会经济、文化底蕴、区位交通、设施配套、产业基础、生态环境等内容,同时也需考虑当地认知及上位对于片区的发展侧重,综合其符合中心内涵的重点方面分析结果,最终确定为片区发展中心,中心通常综合生产、服务、居住等功能为一体。

4.3 片区统筹协同

4.3.1 空间格局统筹

片区规划打破传统单个乡镇空间格局架构思路壁垒,从片区出发,统筹考虑生态保护、开发利用、城乡体系等核心要素,梳理片区内跨区结构性通道空间(生态、交通等),通过打通优化、建设强化等手段,形成片区空间格局统筹架构的基础骨架。在功能布局上,立足自身资源特征,考虑板块联动、区域合力等协调因素,形成合理的面状空间布局。同时连续的交通属性可提升片区核心与次中心之间的关联度,为区域联动共享提供基础。

4.3.2 产业发展统筹

1. 分镇产业升级、错位发展,推进“延链、补链”发展路径

小弱乡镇现状产业通常呈现特色突出、水平不足、综合效益不高等特征,产业转型升级是未来发展必要途径之一。规划可以通过前期对各乡镇产业的深度分析,扬长避短,以现状优势产业为基础,并结合分析行业产业链条构成,合理选取适用于当地的发展内容及方向,最大程度上完善产业链环节,使得乡镇产业达成提质增效目标,提高乡镇产业自身抗风险能力。同时乡镇之间产业架构以错位发展为优先原则,避免片区内乡镇同质化发展,形成恶性竞争,削弱协同效力,在无法避免的情况下,可通过选取不同的转型升级方向推进差异化发展。

2. 片区产业借势、融合发展,探索区域产业联动发展路径

贯彻农村一二三产融合发展理念,借势区域发展,探索品牌赋值、科技赋能、新型业态孵化、农文旅一体等跨区链接,积极推进以现代化农业产业为核心的产业融合发展。同时规划基于各乡镇选定的产业发展方向,片区中心应发挥带动支撑作用,以中心服务、生产空间为载体,综合考虑乡镇产业门类发展需求,构建具有针对性的生产性服务业体系,为一般乡镇提供更为广阔的发展平台。

3. 产业用地协调、统一布局,保障重点区域及乡村地区共荣

根据国家乡村振兴发展及国土空间规划编制要求,规划需预留一定量的建设指标以支持乡村振兴产业发展,同时明确了准入产业门类以农产品初加工、乡村旅游配套等为主。而在遵循用地优先保障重点发展区域的原则前提下,一般乡村地区的建设条件及空间更为有限,合理科学的指标分配在面向实施的背景下需更加斟酌。从片区层面来看,统筹余量指标,统一布局产业用地,对于乡镇交界处产业用地可跨区共用,从而进一步加强片区联动的紧密性,同时针对不同产业发展,在产业支撑空间规模方面也存在不

同,均分式分配模式反而导致指标利用率低下。

4.3.3　人地资源统筹

在目前国土空间体系推进建立的背景下,相较于上版土地利用总体规划确定的建设规模,突破上限的现象较为普遍,而当下城镇高质量发展及人口缩减的大趋势无法支撑未来合规、合理的人地协同关系,用地空置率上升是必然趋势,但减量化道路又受制于当地财政、发展动力等诸多因素。产业发展作为城镇发展的有效动因之一,“通过产业转型、联动融合发展强化地区发展动力,以此加强对区域内人口吸引力,倒逼用地布局优化”成为当下可行性人地资源优化配置路径之一,同时针对现状建设基本覆盖地区,出台存量用地更新利用标准也是资源合理利用的必要路径。

4.3.4　设施配套统筹

基于原城镇村体系架构逻辑,分级为首要基调,以此构建以中心带动一般的城乡格局。而片区规划需在此基础上考虑乡镇在区域内的角色构成,从而形成“区域—乡镇”两个层面的城乡体系格局,一般体现为“中心镇区—一般镇区—中心村—一般村”的分级架构。

根据目前各地推进社区生活圈建设的趋势,基于制定的片区城乡结构,打破行政边界壁垒,推进分级、分类进行服务设施配置,实现设施跨区共享。中心镇区在配置服务全域的高等级设施的同时,兼顾镇内设施需求,而一般镇区以配置服务镇内人口的镇级设施为主;中心村在配置服务所在乡村单元提质性设施的同时,配置服务行政村内人口的保障性村级设施,而一般村以保障性村级设施为主。同时通过排摸各级设施建设情况,考虑乡村建设成本,设施优先保留、谨慎迁移或减量,并且结合相关配置标准及各镇需求特色,如老龄化服务需求、产业服务需求等,精细化提升,针对性增加设施门类及规模,鼓励功能综合设置、善用存量空间。

而交通条件作为区域联动、共享的核心通道之一,便捷、通畅的道路环线将大大提升片区之间、片区对外的联系效率,因此片区交通组织优化也是区域统筹核心议题之一,尤其是各个中心之间的交通环线。

4.4　分镇细化落实

严格落实上位底线管控内容,延续片区协同统筹思路,基于既定片区发展大格局,梳理各镇次级空间特色,综合交通廊道、生态空间、产业发展等规划布局,深化确定各乡镇总体空间格局。通过空间轴带的塑造,强化区域产业融合、服务设施共享的同时,各镇根据片区协同发展策略,深化自身优势产业发展路径及服务设施布局原则,并落实至用地层面,以支撑各乡镇发展实施。

5　案例分析——以崇明区堡镇片区为例

5.1　堡镇片区乡镇概况

堡镇片区位于上海市崇明本岛中部,本次规划编制范围总面积 221.97km^2,包括堡镇、港沿镇、竖新镇三镇行政管辖范围及诸多区内镇外用地。其中三镇是典型“一大二小”的乡镇格局。堡镇作为人口、产业、服务趋向集中的中心城镇,历史悠久,文化底蕴深厚,区位交通便捷,是崇明的工业重镇,现状整体人口及建设规模大于另外两个乡镇;港沿镇、竖新镇作为典型的农业镇,存在镇区规模小、乡村地区广阔的布局现象。港沿镇作为崇明的农业特色大镇,拥有良好的农业产业基础和农业产业现代化升级发展的态势。竖新镇现状农业规模稳定有上升趋势,旅游业正处于快速发展中,主要集中于郊野地区。

5.2　堡镇片区发展制约与契机

目前,堡镇片区分镇及片区建设规模用地均超出上限要求,未来减量化任重道远。同时建设用地的低效利用限制了人口要素的流动,使片区内配套服务设施效能处于较低水平,滞后了通过原上位引导“堡镇服务”推动人地要素优化配置的预期。

而随着乡村振兴战略、长三角一体化发展等国家战略的深化落实及“两线一花”(沪渝蓉高铁、轨道交通崇明线及第十届中国花博会)重大项目的推进,崇明区发展格局面临深刻变化。同时崇明响应长江经济带发展,提出了南岸绿色经济发展带的发展构想,要求打造堡镇文创湾——集文化创意、品牌博物馆、当代艺术展览等功能于一体的文化创意产业集聚区。各大战略发展机遇不仅在短期内为堡镇片区产业发展注入活力,也为未来片区产业联动融合提供了契机,包括堡镇、港沿镇和竖新镇在内的片区空间格局需积极响应。

5.3 片区发展核心分析确定

综合文化认知、交通区位、设施配套、产业基础、生态环境分析结果,堡镇始终是整个片区发展的核心空间。

在文化底蕴层面,崇明历来既有"金油车桥银堡镇,铜新开河铁浜镇"的民谣传诵,堡镇作为崇明第二大镇的重要地位深植崇明当地居民的文化认知;在对外交通联系层面,堡镇是整个片区对外交通集散的门户,通过高速、一级公路、集散枢纽、码头等多种途径可对岛内、市区、外省联系;在服务配套层面,堡镇公共服务配套的设施类型、规模在整个片区乃至崇明区均具有较大优势,同时也是片区高等级公共服务设施聚集的重点城镇;在产业发展层面,相较于以现代化农业发展为导向的竖新镇、港沿镇,堡镇以生产性服务业为导向的产业转型机遇在就业岗位供给能力方面更具优势;在生态环境层面,堡镇在片区内拥有最优的生态环境条件,堡镇现状辖区内林水覆盖率优越,同时位于环崇明岛生态廊道与堡镇港、四滧港生态廊道交汇处,处于片区生态格局的核心组成空间。

5.4 片区空间格局统筹优化

1. 交通生态区位双加持,持续强化堡镇空间支撑

依托堡镇枢纽交通及滨江生态区位优势,通过景观及交通空间轴带强化,提升堡镇对全片区人口及资源要素集聚的吸引力,进一步支撑堡镇区域服务职能的定位。

2. 塑造区域发展环带,助力产业联动与配套共享

从片区统筹、联动发展的角度出发,利用现有道路构建环形通道,强化片区内部产业关联基础,并为区域服务配套的高效共享提供便捷支撑。

3. 以点带面,推进乡村产业振兴与特色化升级

立足片区内各个乡镇资源禀赋特征,通过差异化的产业分区引导和形成区域产业发展合力,并以合兴、竖河、五滧集镇及中心村落为节点,通过配

套提升及产业导入促进乡村地区产业的特色化升级(图4)。

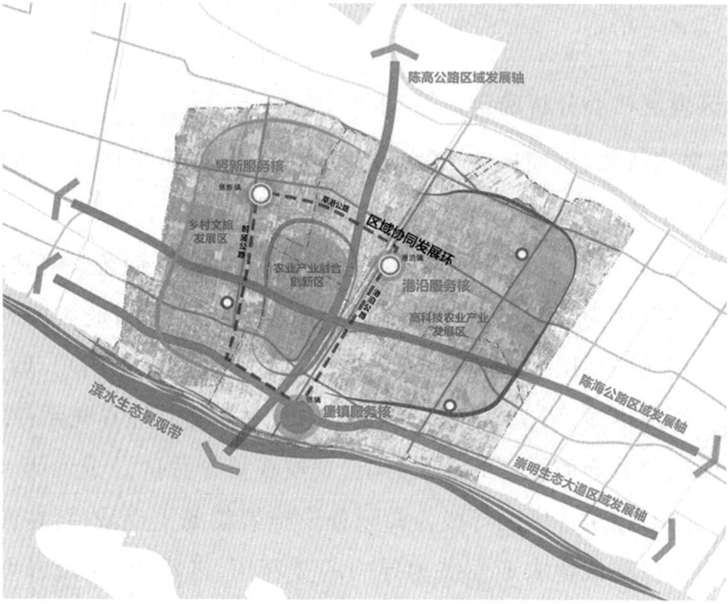

图4 堡镇片区总体空间格局图

5.5 片区产业发展统筹协同

1. 依托分镇优势产业基因,延伸优势产业链条

堡镇依托深厚的历史文化积淀及丰富的存量工业空间,以文创服务为产业转型升级方向,逐步向创意设计、文化传媒、低碳时尚、慧农科技等领域延展;港沿镇立足花卉产业发展基础,通过数字农业科技服务加持,加速构建智慧、绿色、规模化的现代农业产业体系;竖新镇重点通过农旅结合的形式推进传统农业产业的融合升级,持续探索引进创新型农旅融合业态。

2. 以三次产业融合为导向,构建片区产业联动格局

以产业服务丰富“堡镇服务”内涵,塑造片区产业融合发展“支撑空间”。立足堡镇公共服务配套优势及产业转型契机,在高水平打造文创产业集群的同时,培育并导入支撑港沿镇数字农业发展、竖新镇农旅业态创新的生产性服务业构成。以竖新农创文旅、港沿智慧农业类产业集聚空间作为展示

区域产业融合发展成效的"前台空间"。

3. 架构以产业驱动为核心的片区人地要素优化配置路径

聚焦制约片区发展核心问题,优化人口、土地资源空间配置。通过构建与人地资源优化方案相匹配的产业格局,提供支撑人口集聚的就业岗位规模,推动堡镇现状工业用地更新利用与生产性服务业布局相结合。对港沿镇及竖新镇,以商贸服务及研发配套为导向推进城镇开发边界内存量工业用地更新,为优势产业链条的延伸提供承载空间(图5,图6)。

图5　片区产业协同发展策略图

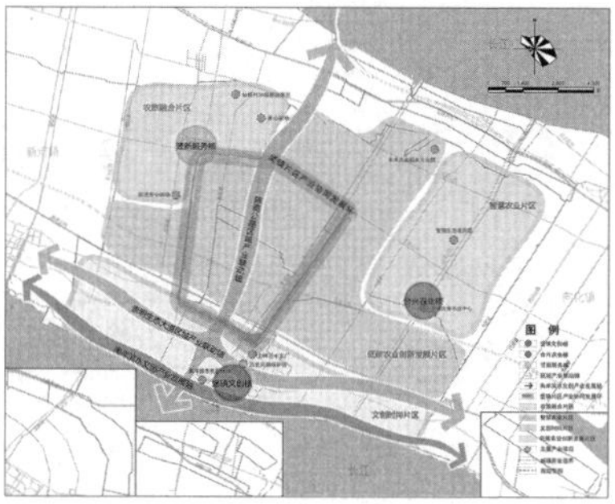

图6　片区产业结构规划图

5.6　片区城乡联动统筹提升

1. 衔接上位规划城乡体系与公共中心规划要求

衔接崇明2035总规对堡镇片区城乡体系及公共中心规划布局的要求,规划片区包含堡镇中心镇、港沿一般镇、竖新一般镇、五滧集镇、竖河集镇及合兴集镇。规划结合堡镇镇区打造地区公共中心,结合片区其他镇区及集镇打造社区公共中心。

2. 推进区域设施共享,强化核心空间交通联系

以强化"堡镇服务"、提升服务效能为出发点,在结合人口分布优化各公共中心公共服务配套的同时,通过公共空间及道路交通组织的优化,打造连接各公共中心的交通环线,推进片区公共资源的高效利用。

3. 梳理片区镇村体系架构,优化片区中心村构成

结合分镇乡村地区发展现状及规划人口要素空间分布,优化镇村体系架构。将涉及农村居民集中安置的村落规划为中心村;对各镇行政范围交

接区域，结合村庄发展实际需求设置中心村，推进中心村公共配套跨镇共享（图 7—图 10）。

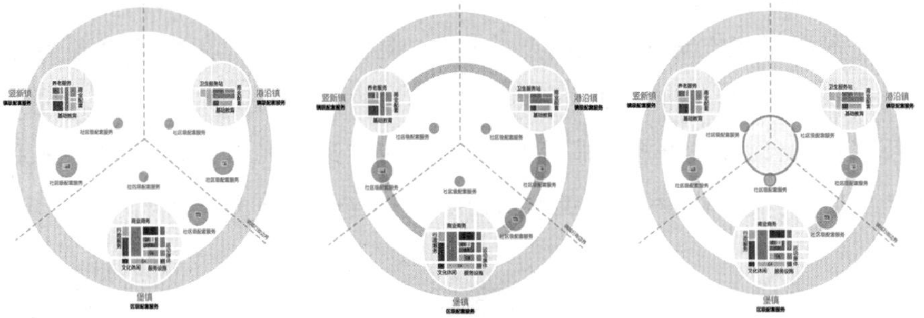

图 7　片区城乡联动统筹策略图

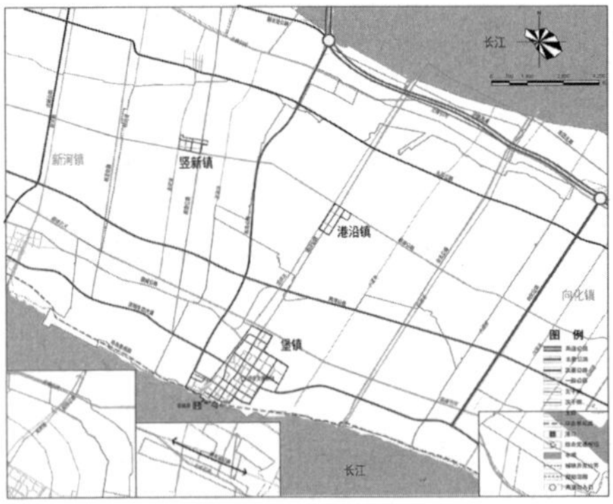

图 8　片区道路交通规划图

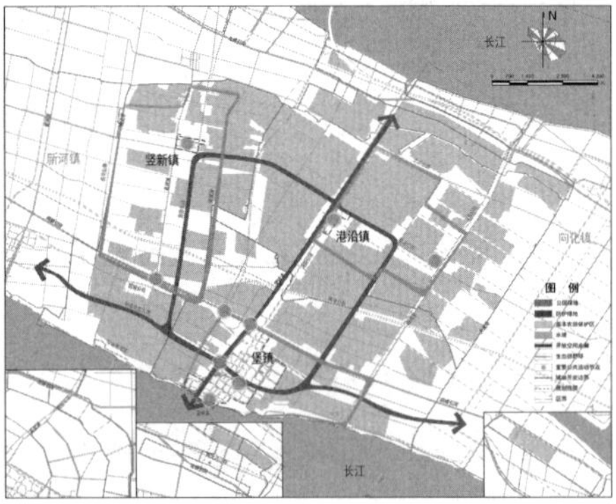

图 9　片区公共开放空间网络规划图

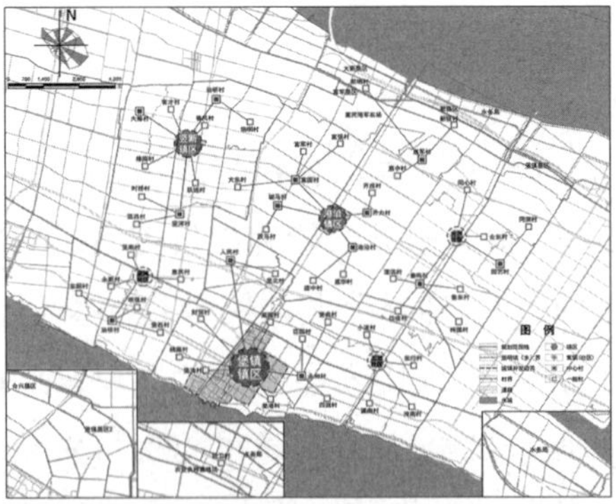

图 10　片区城乡规划体系协同布局图

5.7 分镇导引

基于片区协同规划提出的中心认知、空间格局统筹、产业发展统筹、城乡联动统筹路径，规划细分形成分镇核心指标篇章，包括战略指引、刚性管控、系统指引三个核心内容。引导内容在后续分镇法定内容编制过程中，将按照独立行政单元的编制模式进行内容完善，以保障片区发展思路与法定内容的深度衔接。

5.7.1 堡镇核心指标

1. 战略指引

规划确定堡镇属于城桥城镇圈堡镇片区中心镇。结合产业、文化、生态资源优势，形成具有特色的“堡镇服务”，建设成为崇明区域性副中心、综合服务功能完善、具有历史文化底蕴的现代宜居新市镇。

空间格局方面，规划形成堡镇中心镇和五滧集镇，打造堡镇地区中心和堡中、五滧 2 个社区中心。加强滨水滨江空间建设，依托堡镇港建设滨水休闲走廊，结合文保单位和历史建筑建设光明街历史文化街区。

2. 刚性管控

规划明确至 2035 年，堡镇人口规模、生态底线、用地底线等刚性管控内容。

3. 系统指引

规划明确至 2035 年，堡镇生态环境、社区生活圈等系统指引内容，包括森林覆盖率、河湖水面率、骨干绿道长度、三级公共服务体系结构、配置片区高等级设施等内容(图 11)。

5.7.2 港沿镇核心指标

1. 战略指引

规划确定港沿镇属于城桥城镇圈堡镇片区一般镇。科创农业为引领，建设成为崇明岛中部以花卉产业为主导的农业经济大镇和花卉产业强镇。

空间格局方面，规划形成港沿新市镇和合兴集镇，打造港沿、合兴 2 个社区中心，以镇区、集镇带动 2 个镇村发展圈协同发展。港沿镇区依托堡镇港集聚发展，重点打造滨水地区。

2. 刚性管控

规划明确至2035年，港沿镇人口规模、生态底线、用地底线等刚性管控内容。

3. 系统指引

规划明确至2035年，港沿镇生态环境、社区生活圈等系统指引内容，包括森林覆盖率、河湖水面率、骨干绿道长度、两级公共服务体系结构、镇村服务水平均等化等内容(图12)。

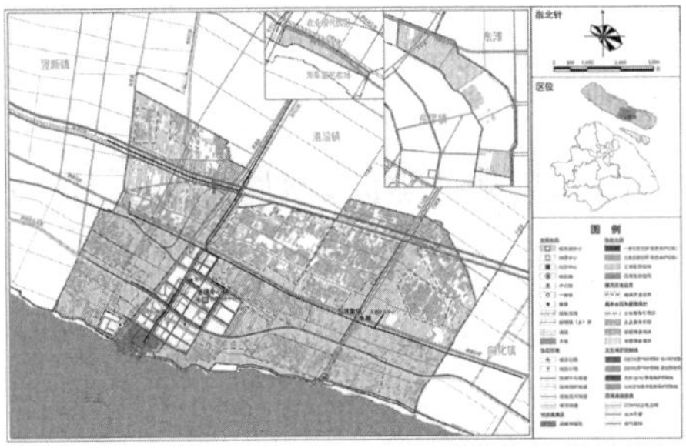

图11　堡镇规划指引图

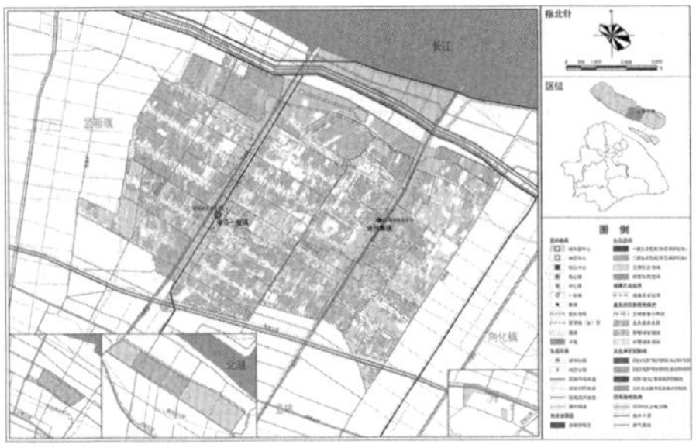

图12　港沿镇规划指引图

5.7.3　竖新镇核心指标

1. 战略指引

规划确定竖新镇属于城桥城镇圈堡镇片区一般镇。建设成为崇明岛中部以高效生态农业为主导、以农业休闲旅游为特色的城镇。依托特色农业基础，打造有机农场、民宿集群，重点发展文化创意、休闲旅游等特色服务功能。

空间格局方面，规划形成竖新一般镇和竖河集镇，打造竖新、竖河2个社区中心。

2. 刚性管控

规划明确至2035年，竖新镇人口规模、生态底线、用地底线等刚性管控内容。

3. 系统指引

规划明确至2035年，竖新镇生态环境、社区生活圈等系统指引内容，包括森林覆盖率、河湖水面率、骨干绿道长度、两级公共服务体系结构、镇村服务水平均等化等内容(图 13)。

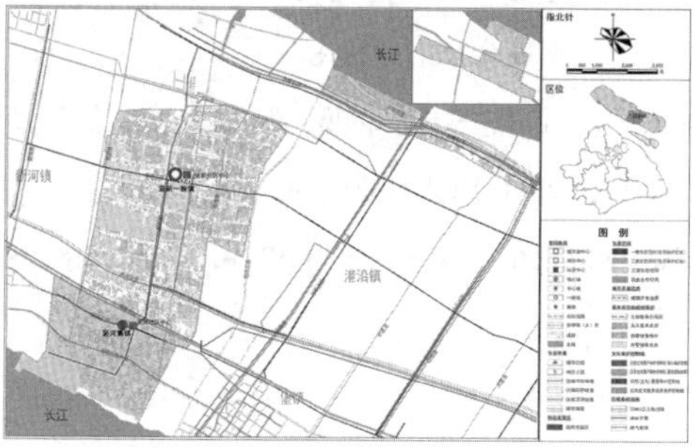

图 13　竖新镇规划指引图

6　结语

空间规划改革从“多规合一”的初期探索到国土空间规划体系的全面建立,经过了漫长的试错调整,目前以独立行政单位为对象的市县级国土空间规划编制普适性标准已经相对完善,镇村级国土空间规划编制路径各地仍在逐步优化,而以片区为单元编制乡镇国土空间规划,作为规划改革的重大创新点之一,其编制模式仍处于探索阶段。

上海市崇明区作为片区规划编制先行地区,其远郊、农业、人口密度低的特质决定了片区规划需要重点聚焦于土地资源的统筹与集约利用。本文立足于崇明资源本底与经济社会发展条件,针对土地利用提出了突破行政边界、强化公共服务设施片区共享、产业驱动用地提质增效等规划路径,以期为乡镇级国土空间规划提供参考。

参 考 文 献

[1] 上海市新市镇总体规划暨土地利用总体规划(含近期重点公共基础设施专项规划)编制技术要求和成果规范(试行)[S]. 上海市规划和自然资源局,2020.

[2] 许景权. “三区”发展历程与思考[J]. 土地科学动态,2021(4):21-23.

[3] 熊健,范宇,宋煜. 关于上海构建“两规融合、多规合一”空间规划体系的思考[J]. 城市规划学刊,2017(7):42-51.

[4] 何子张,蔡莉丽. 基于"多规合一"的规划体系和规划体制改革研究——厦门的实践与展望[C]//中国城市规划年会. 新常态:传承与变革——2015 中国城市规划年会论文集. 北京:中国建筑工业出版社,2018.

[5] 东莞市城建规划设计院:钟佐滨,潘卓鸿,谭名成,等. 东莞镇级国土空间总体规划编制思考——践行生态文明、以人民为中心、统筹发展三大理念[EB/OL]. (2020-03-24). https://www.dgghy.cn/index.php? m=content&c=index&a=show&catid=24&id=43.

基于自然保护地体系的镇级国土空间规划管控方法探析

——以长岛砣矶镇为例

陈　杨
（上海会众建筑规划设计事务所）

【摘要】 自然保护地是生态文明建设的核心载体，国土空间规划背景下从资源环境、资源品质等方面对其进行提升是新时期小城镇生态空间协调发展的重点。本文以山东省长岛海洋生态文明综合试验区砣矶镇为例开展研究，在宏观层面对长岛现有自然保护地进行整合优化，在微观层面对砣矶镇"空间分区管控+用地兼容"的管控方法进行研究，以期为全国类似的海岛小城镇实现生态保护与经济和谐发展、生态文明建设高质量发展提供参考。

【关键词】 自然保护地　国土空间规划　长岛　砣矶镇

1　研究背景

2019 年 5 月，《中共中央 国务院关于建立国土空间规划体系并监督实施的若干意见》正式发布，明确了国土空间规划体系是优化国土空间结构与布局、提高国土空间的利用效率等方面的制度依据，是推进生态文明建设的关键举措。同年 6 月，中共中央、国务院印发了《关于建立以国家公园为主体的自然保护地体系的指导意见》，要求整合以国家公园为主体的自然保护地体系，是优化资源配置、加强生态系统修复和生物多样性保护的重要举措，也为国土空间规划体系中生态系统安全保障与服务功能的提升提供了重要的参考和支撑。

我国国土空间辽阔，自然保护地分布广泛、复杂多样，空间地域上多种地类交错重叠，导致庞杂的自然保护地体系仍存在边界不清、权责不明、交叉重叠、多重管理等历史问题[1]。自然保护地的范围划定粗放，管理机制不成熟，忽略了生态空间与人居空间的合理边界，一方面，自然保护地的重开发、轻保护导致自然生态系统不断遭受破坏而退化，威胁生态系统服务功能，对自然保护地体系的完整性与合理性造成侵害；另一方面，自然保护地的生态属性又对海岛型小城镇必要的开发建设形成了阻碍，资源利用的空间冲突助推违法违规行为成为新的历史遗留问题。

海陆交界区域兼具海陆生态系统的特征，拥有丰富的生物资源，是多种鸟类的栖息地和迁徙地，也是水产生物重要的产卵、育幼场。海岛居民多集中在岛体周边及岛屿较为平缓地带，以渔业养殖维生。近年来，随着城镇化进程的不断加快，旅游热度的持续攀升，海岛型小城镇如长岛也面临着建设用地极速扩张、服务人口急剧增长的现象。在极为有限的土地资源及敏感脆弱的生态基底中，用地开发建设与生态环境保护之间的矛盾日渐严峻。

2 镇级国土空间规划管控方法的工作路径

2.1 工作框架和逻辑

乡镇级作为国土空间规划实施的基本单元，是生态保护实施最基础关键的环节，受制于有限的经济体量，难以通过经济快速发展反哺环境保护工作。在发展中平衡经济与生态保护，是小城镇实现高质量可持续发展的重要路径。本文采用多层次视角方法，从自然保护地范围界定、国土用途管制及规划内容上下传导机制等几个方面，基于生态文明建设的发展目标，对镇级国土空间规划编制中的重点问题进行探讨。宏观视角主要从区域维护自然生态系统的完整性与生态生活空间的协调性切入，微观视角从用地权属边界及人的行为空间需求入手，探求城镇建设空间与外围生态空间的合理性与契合性。

2.2 自然保护地背景下全域国土空间格局优化

建立以国家公园为主体的自然保护地体系，是生态文明建设体制改革的重要顶层设计。2018 年中央机构改革组建了国家林业和草原局，对各类自然保护地行使统一的管理职责，这一重要举措明确了自然保护领域的基础制度建设。自然保护地作为生态系统复合体，在划分时存在区分土地等资源难度大、更易造成多头交叉管理的状况，从宏观视角下基于自然保护地对城镇全域空间格局进行优化，是必要的基础工作。

从区域视角（市、县级）对范围内自然生态系统用地从生物多样性、生态服务功能、空间分布等方面进行综合评估，分析区域自然属性与生态价值，针对以上提及的交叉重叠等历史遗留问题，遵从面积不减少、管控等级和强度从高从严的原则，利用 ArcGIS 等软件，叠合地形、水系等地理要素，运用多因素叠加计算方式综合了解自然保护地内的关键保护对象与资源分布情况，尽可能精准识别自然保护地分区界线，保持生态系统的完整性与原真性。结合国土空间规划要求，科学合理地制定发展目标、保护格局、保护规模、保护对象及保护范围等，整合优化后的自然保护地范围，与生态保护红线相衔接，纳入国土空间规划一张图体系。

2.3 微观视角下土地布局优化

在区域层面空间属性识别的基础上，针对自然保护地核心区内存在永久基本农田、城乡建设等用地空间功能交错的情形，首先对全域生态、农业、城镇等空间特征进行识别，明确全域主体功能类型，以及各类空间整合与用地核减的优先顺序，确认全域国土规划分区，包括生态保护区、生态控制区、农田保护区、城镇发展区、乡村发展区等一级分区。

包含生态保护区及生态控制区在内的生态功能区内原则上禁止大规模的建设开发行为，其中自然保护地核心区范围内原则上禁止各项人为活动；加强对自然保护地内生态系统的保护和恢复工作，包括植被恢复、水土保持、生物多样性保护等方面的措施；有效保护自然保护地内的生态环境和生物多样性，促进可持续发展和生态安全。城镇发展区则是引导城镇集中建设的区域，存量规划的背景下建立准入清单，针对现状低效建设用地应优先进行引入复合功能、改建、重建等方式进行更新改造,城镇增量空间首先应进行生态环境影响评估,确保重要服务设施先行落位,经评估对生态环境存在负面影响的用地类型,规划应逐步引导退出。在乡村发展区内,应考虑岛内村庄特点与需求,对低效村庄建设用地进行摸排,在充分尊重村民意愿的基础上制定减量化计划,对于具有本地特色规划保留的村庄、村宅,在完善基础设施、加强农村地区生态环境保护的基础上,可适当布局特色服务设施来引导旅游、特色农产品加工等产业发展。

2.4 构建自然保护地体系下镇级国土空间管控方法

乡镇作为城镇与农村空间连接的重要纽带,乡镇级作为总体规划最末层级,是实现城乡统筹发展与保护的重要环节。基于自然保护地视角在生态保护优先与建设用地集约节约弹性管控的背景下,明确自然保护地的功能与类型及其边界,划定国土空间规划分区与控制线,确保自然保护地内的自然资源和生态环境得到有效保护,同时根据本地自然生态资源的特点和管理目标,划分不同的管控区域,并制定相应的管控措施,是镇级国土空间规划的核心任务。此外,政府应加强对自然资源的监管与执法力度,强化相关的公众宣传以提高公众认知,共同推动国土空间规划下用途管制对自然保护地等生态资源的多主体、多层级保护,促进小城镇生态保护与经济发展和谐发展、最终实现生态文明建设高质量发展。

3 规划管控实例研究——以长岛砣矶镇为例

3.1 基本情况概述

砣矶镇位于长岛海洋生态文明综合试验区中部,南有南北长山岛、庙岛、大小黑山岛等组成的南部群岛,北有南北隍城岛和大小钦岛组成的北部群岛,距离长岛中心城区南长山岛约 27km。砣矶镇所在岛屿面积约 8.14km^2,下辖 8 个村庄,辖区户籍人口截至 2011 年年底约 0.79 万人。在《长岛国土空间规划(2021—2035 年)》中,砣矶镇规划为重点生态功能区,是长岛中部和北部海岛公共服务中心,以特色旅游产业和养殖业为基础的综合服务型海岛。以2020国土变更调查为规划编制的现状基础数据，对砣矶镇三生空间用地分类进行界定，识别全域空间格局（表1）。

表1 三生空间与2020国土变更调查衔接表

空间类型	2020国土变更工作方案用地分类	
	一级类	二级类
生态空间	湿地	沿海滩涂
	林地	乔木林地、其他林地
	草地	其他草地
	水域及水利设施用地	坑塘水面
	其他土地	空闲地、裸土地、裸岩石砾地
农业用地	耕地	旱地
	园地	果园
	住宅用地	农村宅基地
	交通运输用地	农村道路
	水域及水利设施用地	养殖坑塘
	其他土地	设施农用地
城镇空间	商业服务业用地	商业服务业设施用地、物流仓储用地
	工矿用地	工业用地
	住宅用地	城镇住宅用地
	公共管理与公共服务用地	科教文卫用地、公用设施用地、公园与绿地
	特殊用地	特殊用地
	交通运输用地	公路用地、城镇村用地、交通场站用地、机场用地、港口码头用地
	水域及水利设施用地	水工建筑用地

通过对土地基础数据分类提取，得到砣矶镇全域三类空间分布现状，其中：生态空间［图1(a)］面积约6.38km²，主要沿双顶山、黑山、南北岭、松树山、大旺山、东山等自然山体区域分布，整体连绵成片，占镇域国土面积78.37%；农业空间［图1(b)］面积约1.07km²，主要为镇区以外的磨石嘴村、井口村、吕山口村、后口村四个村庄，分布在双顶山黑山东侧及霸王山、东山

南侧地势平坦地带，占镇域国土面积 13.20%；城镇空间［图 1（c）］面积约 0.69km^2，主要为砣矶镇镇驻地，占镇域国土面积 8.43%。从三类空间规模来看，山地空间占比全域近八成，农业与城镇空间占比相对较小，岛域生态属性凸显；从空间上来看，山地区域的生态空间相对成片，山体边缘地带多为村庄建设用地，且生态空间内部分布多处零散的城镇建设用地，存在生态、生活、生产功能相互杂糅，城乡建设空间侵占生态空间的风险。

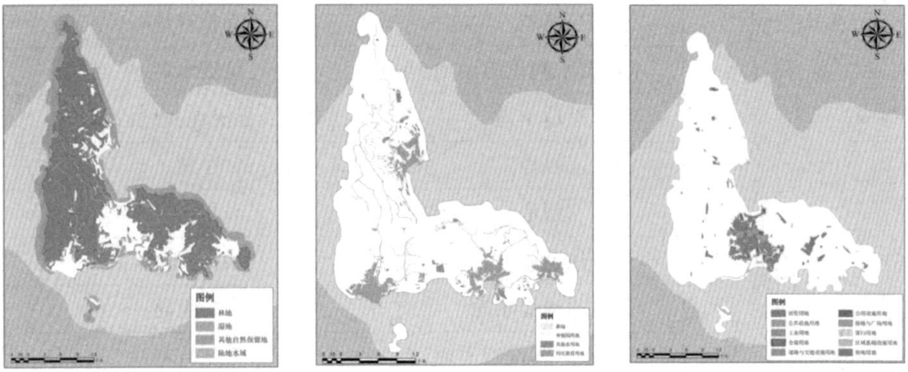

（a）　　　　　　（b）　　　　　　（c）

图 1　砣矶镇现状生态空间、农业空间、城镇空间要素分布图

3.2　空间特征识别

3.2.1　生态空间等级高、比重大

长岛作为山东省唯一的海岛试验区，是黄渤海海洋海岛生态地理区中生物多样性最为丰富的区域，也是维持渤海生态功能的重要节点，在本轮国土空间规划中定位为“国际一流的海洋生态文明岛”。砣矶镇所在的岛屿是长岛除中心城区岛屿以外面积第二大岛屿，具有林地资源集中、植被覆盖度高、生物资源富集、生态价值高等特征，岛屿重要生态空间已纳入山东长岛国家级自然保护区。受益于海岛地区优质的自然资源，近年来在旅游及科研政策指引下，海岸线片区的项目意向逐渐增多，与生态资源空间高度重合的选址空间一定程度上推动了城镇与生态空间的功能复合，但也对本地敏感脆弱的生态环境带来威胁。砣矶镇在生态保护与生产生活发展两个方面均面临严峻挑战。

3.2.2　农业空间体量小、分布散

砣矶岛地形复杂，淡水资源匮乏，土壤生产能力较弱，镇区范围以外村庄主要分布在岛屿边缘等平坦地带。镇域现状农业生产空间分布零散，由于耕种管理难度大、岛内人口总量少，居民主要从事渔业生产和小规模种植业，有限的耕地多处于闲置状态。本次规划原则上应避免规模性布局传统耕种空间。随着长岛砣矶镇人口逐步外流，尤其是村庄片区近年来人口持续流出，闲置宅基地比例不断上升，同时本地居民仍有新建宅基地的需求，村庄规模难以有效管控，导致乡村建设用地效率整体偏低。

3.2.3　城镇空间紧约束、效率低

在国土空间规划建设用地存量发展的背景下，砣矶镇保持以镇驻地为主体的发展模式，人均城镇建设用地达到 457m^2/人，考虑到人口总量偏低、服务设施布局的必要性及难度增大等因素，当前土地集约利用程度仍显不足。海岛小城镇土地资源极为有限，面临支撑城镇本体经济发展、承担就地城镇化以及应对旅游人口增设旅游设施等多种职能要求，是城镇空间布局的重难点。镇区东侧现状有船舶维修制造工业组团约 0.042km^2，在海洋生态文明试验区以生态保护为主导的大背景下，工业产业对本地生态环境安全存在潜在风险，处理此类矛盾及盘活用地存量空间，是城镇空间管控的工作重点。

3.3　划定空间管控分区边界

根据生态、农业、城镇三类空间分布，结合最新遥感影像、现状地形图等数据，从更广域视角构建了生态保护重要性、农业生产及城镇建设适宜性评价的指标体系，对全域生态保护重要性与农业生产、城镇建设适宜性进行评价。

依据生态保护重要性评价[图 2(a)]，砣矶镇全域生态保护极重要区和重要区分别为 4.87km^2、3.27km^2，占陆域国土空间面积的比重分别约为 59.79%、40.21%；依据农业生产适宜性评价[图 2(b)]，农业生产适宜区和不适宜种植区分别为 2.41km^2、5.72km^2，占比分别为 29.66%、70.34%；依据城镇建设适宜性评价[图 2(c)]，城镇建设适宜区与农业生产适宜区空间高度重合，城镇建设适宜区和不适宜区分别为 2.21km^2、5.92km^2，占比分别为

27.20%、72.80%。

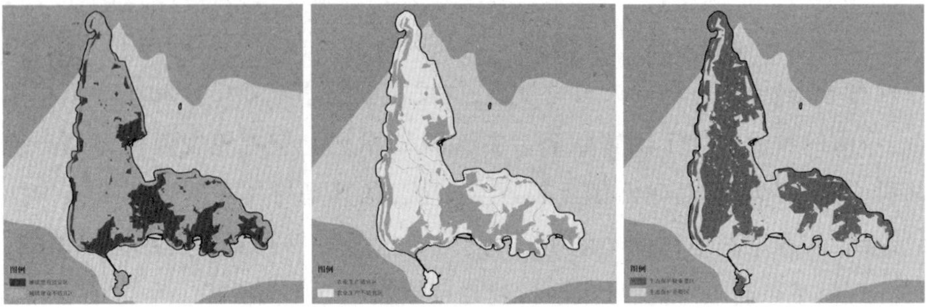

(a) (b) (c)

图 2 砣矶镇生态保护重要性评价结果、农业生产适宜性评价结果、城镇建设适宜性评价结果示意图

基于全域评价成果，统筹划定控制线。综合考虑现状耕地分布零散、农耕产业基础薄弱、海岛生态价值较高等特征，不宜大规模布局传统农耕用地，因此本轮国土空间规划已申请核减永久基本农田任务，仅进行“两线”管控。砣矶镇位于大陆岸线向海一侧，以生态保护重要性评价结果中具有海岸防护、生物多样性维护等特殊重要生态功能区域为基底，叠加长岛自然保护地整合优化成果包括长岛国家级自然保护区等，全部纳入生态保护红线进行管控，最终确定砣矶镇生态保护红线 3.92km^2。划定城镇开发边界过程中，首先基于水资源、土地资源等约束性条件，测算砣矶岛的资源承载力以确定砣矶镇人口规模及用地规模上限；其次是综合考量人口规模预测曲线、上级下达建设用地新增指标、近期重大项目布局，确定建设用地规模。

根据上述划定过程，做到“两条控制线”不交叉、不重叠，最终统筹划定落实生态保护红线 3.92km^2、城镇开发边界 0.58km^2。因开发边界划定工作中实行增量管控，故城镇开发边界内全部为城镇集中建设区（图 3）。

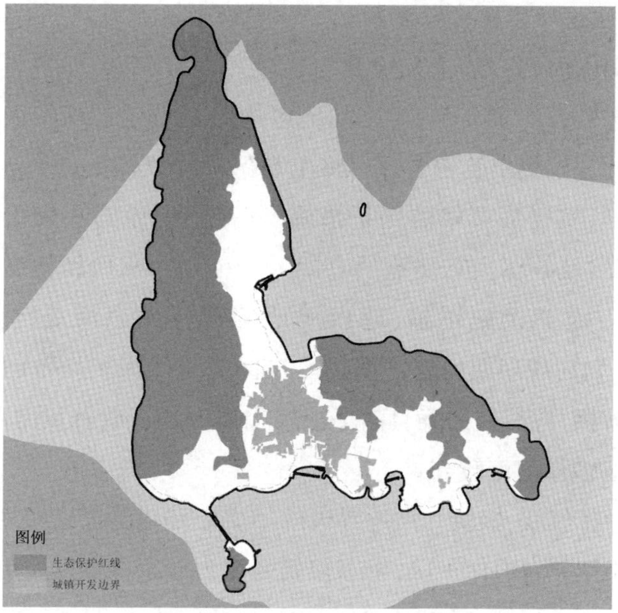

图 3　砣矶镇生态保护红线、城镇开发边界规划图

3.4　空间规划管控方式

3.4.1　*砣矶镇管控模式设定*

尊重自然保护地主体，按照生态保护优先的原则，在“生态保护红线、城镇开发边界”的成果基础上，划定生态保护区、生态控制区、城镇发展区、乡村发展区，各个分区空间不重叠、不交叉，空间分布关系如图 4 所示。

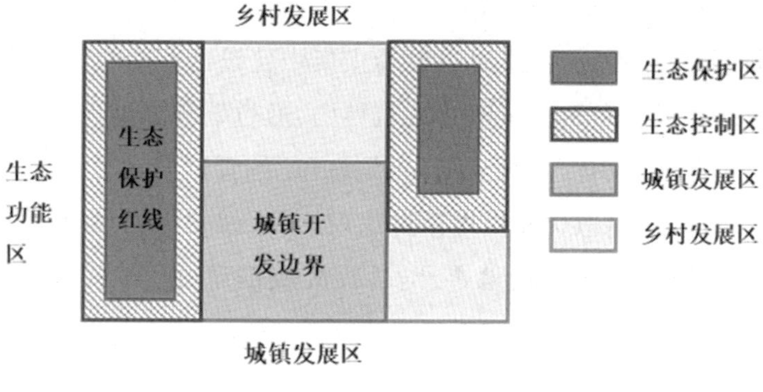

图 4　分区划定示意图

3.4.2 生态功能区管控方法

生态空间内原则上禁止大规模的建设开发,以生态保护与修复工作为主。基于生态资源的重要性,生态功能区内共划分生态保护区和生态控制区两个分区并分别提出管控要求。将生态保护红线等生态价值极高地块纳入生态保护区,实行最严格的保护措施,其范围内原则上禁止开发建设行为,仅允许不涉及破坏生态功能的有限人为活动。砣矶镇生态保护区范围内耕地、果园、农业设施用地、建设用地等涉及人为活动空间用地共计 $0.047km^2$,计划在规划期内有序清退。在保障自然保护地范围及周边群众的合法权益方面,应尽快明确自然保护地集体土地征收补偿制度,同步完善集体土地市场多样的流转方式。

将生态保护红线、城镇开发边界以外的生态环境基底空间划为生态控制区。由于砣矶镇无农田保护区,生态控制区作为介于城乡发展空间与生态空间之间的重要缓冲区域,承担了维护重要生态资源、控制镇村扩张的重要功能。主要由生态保护区外围规模较大的生态屏障,及其周边需要修复和补充的生态空间,形成较为完整、连绵度较高的生态控制区域。分区内应重点平衡生态保护和人类利用的需求,加强生态用地向建设用地转用的管控,允许建设小规模必要的市政或其他服务设施,应优先考虑在现状建筑物或构筑物内布局。

3.4.3 城镇发展区管控方法

城镇发展区主要基于城镇开发边界成果划定,城镇开发边界是控制城镇集中连片开发建设地区的边界。砣矶镇作为长岛北部重点镇,是未来长岛北四岛的生态移民重要承接地,开发边界范围内因人口外流存在部分闲置用地,因此除重大设施落位,原则上禁止集中建设区范围内城镇建设用地增量超出上级下发任务。在城镇开发边界内,通过划分详细规划单元,向下传导建设控制指标,实行"详细规划+规划许可"的管制方式对土地用途进行严格管控,城镇发展区应优先使用存量建设用地,鼓励优先利用原有建筑进行置换更新,引导城镇低效用地再开发,提高城镇建设用地使用效率,设立用途准入要求。

3.4.4 乡村发展区管控方法

在生态功能区及城镇发展区以外,确定乡村发展区,包括磨石嘴村、后口村、井口村和吕山口村及其周边零散分布的林地、耕地、草地，该片区内居民主要从事渔业生产加工活动，生产资料紧密源于海岛沿岸及近海区域，与生态空间紧密相连。城镇开发边界以外通过划分详细单元，向下传导约束性指标，并对公共服务设施、市政公用设施、历史文化保护等进行“通则式”引导，进行土地用途管制。

乡村地区是砣矶镇建设用地减量化重点区域，一方面，引导居民搬迁至砣矶镇区或长岛城区，实现就地城镇化，同时可减少渔民生产生活对生态空间可能造成的侵扰，通过土地用途准入规则逐步引导乡村发展区建设用地减量化；另一方面，划定村庄建设边界后，对区位和用地条件较好的区域，在符合国土空间规划和其他相关规划的条件下，允许在村庄建设边界内新增宅基地，在不破坏生态环境的基础上，探索乡村旅游产业，明确生态保护红线范围内自然资源用地的土地权属情况，可尝试通过提高生态用地的补偿标准，鼓励居民积极参与，以及允许因民生、旅游等需求增设农村公共服务设施、交通市政基础设施、农产品加工仓储、民宿、乡村旅游配套设施等农村生产、生活相关的用途，实现生态保护与绿色发展的统一。但严禁工业、大型商业等大规模城镇用地功能的开发。

3.4.5 划定全域国土分区

综合人口分区、城乡发展与社会服务需求及上文分区划定规则，最终得到砣矶镇国土空间管控分区，如图5所示。具有重要生态功能的生态空间得到完整性和连通性的整体保护，与城乡空间交融的非建设空间划为生态控制区，作为大规模人为活动与生态保护区之间的自然屏障。同时分区对于城镇与乡村建设范围和新增空间进行了清晰界定，在促进砣矶镇高质量发展的目标下最大程度地避免了人类活动对自然保护地的影响。

为方便层级中控制性详细规划、城镇开发边界外单元规划、村庄等规划编制地类细化工作与基层管理使用，对各分区用途管制地类兼容性进行细化，在不对生态安全造成负面影响的基础上赋予用地兼容最大的弹性空间，旨在引导各类用地功能复合与用地效率提升。针对生态功能区等重点片区，可进一步对项目和活动进行准入管理（表2）。

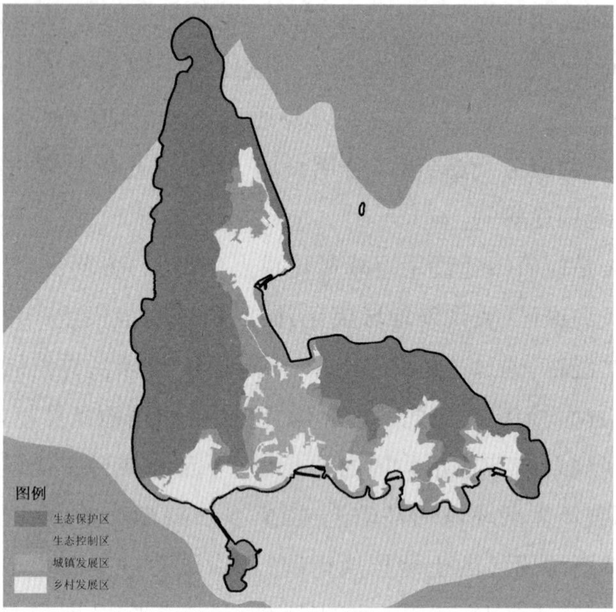

图 5 砣矶镇国土空间管控分区图

表 2 用途管制分区地类兼容表

用途管制分区 / 用地分类	生态功能区			城镇发展区	乡村发展区
	生态保护区		生态控制区		
	核心保护区	一般控制区			
耕地	×	×	×	×	√
园地	×	×	×	×	√
林地	√	√	√	×	△
草地	√	√	√	△	△
湿地	√	√	√	△	△
设施农用地	×	×	×	×	√
城镇居住用地	×	×	×	√	△
农村宅基地	×	×	×	△	√
公共管理与公共服务用地	×	△	△	√	√
商业服务业用地	×	×	×	√	△
工矿用地	×	×	×	×	×

（续表）

用途管制分区 用地分类	生态功能区			城镇发展区	乡村发展区
	生态保护区		生态控制区		
	核心保护区	一般控制区			
一类物流仓储用地	×	×	×	√	√
交通运输用地	×	△	△	√	√
公用设施用地	×	△	△	√	√
绿地与开敞空间用地	×	×	△	√	√
军事用地	×	△	△	√	√
宗教用地	×	×	×	√	√
殡葬用地	×	×	×	√	√
陆地水域	√	√	√	√	√
裸土地	√	√	√	×	√
裸岩石砾地	√	√	√	×	√

注:“√”表示准入;“×”表示禁入;“△”表示有条件准入。

4 结语

海岛小城镇作为海陆交接地域生态资源特殊的自然地理单元,在自然保护地背景下以生态安全与高质量发展为目标,依赖于国土空间规划中的刚性底线管控和传导弹性对全域用地进行管控引导。

本文以砣矶镇国土空间规划为例,探讨了在镇级国土空间规划中宏观与微观同步优化国土格局的工作路径,宏观层面基于区域层面对自然资源进行量化评估成果,以自然保护地整合优化成果为基础,统筹划定生态保护红线等控制线,引导划分全域分区作为全域土地用途管制的底图;在微观视角下,对自然保护地与现状建设用地等空间冲突进行类型及优先级评判,确定“总体规划—详细规划”传导路径,制定用途管制分区地类兼容表,建立对城镇开发边界内外空间的建设用地分类引导“进入与退出”,初步建立各个分区内用途管制规则,在全域空间格局优化的基础上提出了具体的用途管制规则，形成镇域空间管制的政策和管理的基本体系，探索海岛型小城镇在生态导向空间格局引导下可持续发展的土地管控方法。

随着国土空间详细规划政策与要求的逐步细化，更加适合砣矶镇等典型生态地区小城镇的用地管控方式有待进一步探索和总结。

参考文献

[1] 中共中央办公厅，国务院办公厅. 关于建立以国家公园为主体的自然保护地体系的指导意见[Z]. 2019.

[2] 自然资源部. 生态保护红线管理办法（试行）（征求意见稿）自然资源空间规划函[2020]234号[Z]. 2020.

[3] 张亦楠，张征云，李怀明，等. 生态保护红线下的自然保护地体系建设问题探讨[J]. 环境生态学，2019(8)：49-52.

[4] 赵广英，李晨. 生态文明体制下“三区三线”管控体系建构[J]. 规划师，2020(9)：77-83.

[5] 石伊博，郭悦，刘畅，等. 国家公园体制下的自然保护地整合优化探讨——以三门峡市为例[J/OL]. 湖北农业科学，2021(5)：16-19.

接足“地气”坐实“底气”的村庄规划编制导则的探索

——以合肥市为例

程堂明　卢　凯　黄　斌　付百东
（安徽省城建设计研究总院股份有限公司）

【摘要】 十九大以来，随着高质量发展要求及国土空间规划工作的不断推进，作为“五级三类”国土空间规划体系中最底层的村庄规划编制工作也在不断探索。乡村地区千差万别，村庄规划量大面广，如何制定出适合新时代发展要求的村庄规划编制导则，有效指导村庄规划的编制工作，实现村庄规划的管用、实用、好用，将成为村庄规划编制的一个重要课题。本文结合《合肥市村庄规划编制导则》的制订，突出科学性、实用性，重点把握“地气”和“底气”两个维度进行编制的探索，聚焦“听声汇智、识存留特、理差明配、知村晓建”和“上传下导的协调性、分区准入的引导性、三级管控的约束性、多类留白的探索性、综简成果的差异性”的编制内容。在《合肥市村庄规划编制导则》的基础上，为了适应不同群体的使用，从管理者、编制者、村民的视角编制了《合肥市村庄规划管理手册》《合肥市村庄规划设计手册》《合肥市村庄规划村民手册》，形成了“一则三册”的成果体系，以期为合肥乃至全国的乡村规划编制提供借鉴。

【关键词】 村庄规划　编制导则　合肥市

1　引言

为深入贯彻习近平总书记关于实施乡村振兴战略的重要指示精神和

2021 年中央一号文件《中共中央 国务院关于全面推进乡村振兴加快农业农村现代化的意见》关于积极有序推进"多规合一"实用性村庄规划编制，对有条件、有需求的村庄尽快实现村庄规划全覆盖的工作要求，充分落实安徽省实施长三角一体化发展国家战略，围绕合肥市"五高地、一示范"高质量发展，衔接落实市级国土空间总体规划提出的"中心引领、两翼齐飞、多极支撑、岭湖辉映、六带协同"空间新格局，以村庄规划为基础，促进乡村振兴，塑造合肥乡村发展新格局。

《合肥市村庄规划编制导则》的制订，坚持体现村庄规划的公共政策属性，坚持以指示精神、国家战略、发展要求为引领，坚持问题导向、目标导向、实施导向相结合，坚持把握"地气"和"底气"，凸显合肥地方特色，引导和规范合肥"多规合一"实用性村庄规划的编制，确保规划的实用性和落地性，更好发挥规划在空间治理和管控的现代化作用。通过《合肥市村庄规划编制导则》的制订，探索新时代背景下"简洁、易懂、好用、管用、实用"的村庄规划编制路径，以期为安徽乃至全国村庄规划的编制提供重要的借鉴意义。

2 各省市村庄规划编制导则述评

目前，已有越来越多的基于国土空间规划背景的村庄规划理论和实践研究，部分省市也相继出台了村庄规划编制导则或指南。理论研究主要是基于某项政策对村庄规划的思路探索或某一细分领域的文献综述研究，研究角度包含国土空间规划和乡村振兴政策中的一些热点，例如多规合一、减量规划、公众参与等。另一些研究则关注规划导则的编制，研究地域主要有北京、上海、杭州等地，研究在国家要求的基础上结合地方实际作出了一定的探索。例如浙江省提出了"县—乡镇—村庄"的"五定"规划传导机制，湖南省提出了"用途+指标、用地边界管控和建筑布局管控"的三级管控方式，福建省在历史文化保护方面提出了"保护区划+管控清单+保护图则"的保护管理方式，江苏省提出了"落点清单、落地留白和预留指标"的留白方式，上海市提出了"郊野单元"从 1.0 版到 4.0 版，这些探索既积累起丰富的经验，更是对村庄规划编制的不断完善和创新。杭州市结合地域特色，明确了灾害易发型山地丘陵区、淳安特别生态功能区、世界遗产区等的规划引导。这些研究成果为国土空间规划背景下村庄规划研究，尤其是村庄规划导则的编制提供了宝贵的信息，为《合肥市村庄规划编制导则》的制订提供了很好的经验借鉴。

3　接足"地气"

在《合肥市村庄规划编制导则》编制实践中，积极开展现场调研工作，多次现场召开管理者、规划者、村民等会议，听取各方声音，梳理合肥乡村特色，理清村庄类型，探索公众参与机制。与此同时，把导则的编制与合肥市的省级村庄规划试点编制相结合，工作同步推进，互促互进，让导则的编制接足"地气"。

3.1　听声汇智

在导则编制过程中，多轮多次听取村民、村两委、乡镇人民政府、各县(市)自然资源和规划局、合肥市自然资源和规划局、设计院、省内外专家(图1)等各方意见，并积极研究最新政策要求，学习各省市区先进经验，真正做到"共谋共思共商"，实现共同缔造。

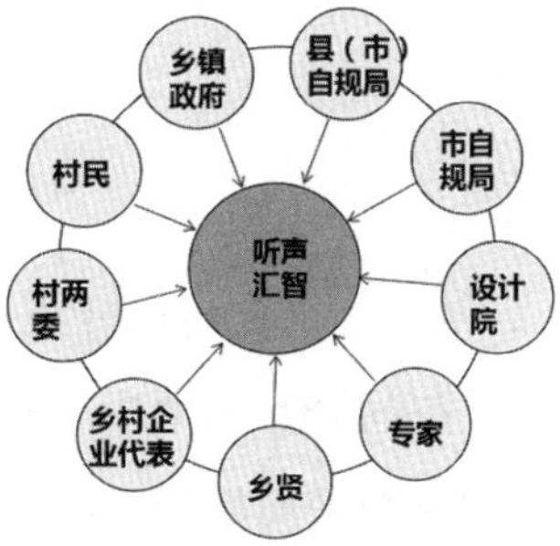

图1　多元参与的工作路径

从各方反馈看，村民主要关心建设用地指标、住房建设与闲置房利用、村庄建设许可，以及殡葬、村庄产业发展用地等。村委关心村庄如何管、如何建，以及建设资金的来源等。各县(市)局则关心村庄指标怎么分配、三线怎么管控，以及永久基本农田怎么保障等。合肥市自然资源和规划局关心如何引导村庄合理高效地进行规划编制和规划建设。规划设计院则侧重规划编制中图斑落地、成果表达等。而省内外专家主要从编制方式、管控方式、表达方式、土规以及城规融合等方面给出较好建议，从各省市区的试点经验看，均重视规划传导、规划管控等。

通过"听声汇智"的平台搭建，让村民主动参与、政府引导推进、编制单位集思广益、专家高质量指导,形成“听声汇智”的导则编制成果。

3.2 识存留特

为了准确把握合肥乡村特征、凸显合肥乡村特色、促进导则编制的适应性与地方性,特从合肥乡村的地理特征、文化特征和风貌特征三个维度进行专项研究,形成特定片区引导内容(图 2)。

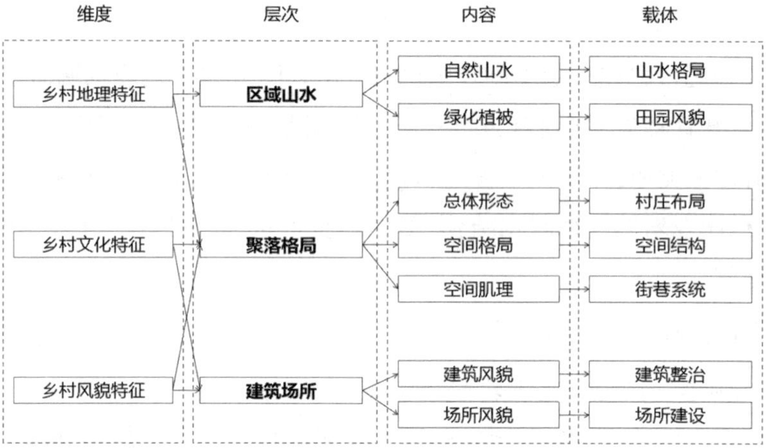

图 2 合肥乡村特征研究路径

3.2.1 识别独特地域特征

空间分布和地形地貌是村庄自然环境特色的重要体现,不仅影响村庄的选址和平面格局,还对道路交通、建筑形式、村庄规模起到一定制约作用。因此,通过对合肥的空间分布和地形地貌进行综合分析,最终形成“环湖”“近城”“岭上”“岗中”四个村庄特定片区,从面上提出不同的规划建设指引。

“环湖”指环巢湖地区,作为合肥最具特色的典型代表,其生态价值、景观价值、旅游价值极其突出。因此,村庄规划应优先考虑环湖片区的生态价值,保护自然山水格局,注重村庄与山体、河湖之间的视觉联系,塑造临湖乡村景观界面,形成“显山露水、枕山面水”的空间风貌格局。加强区域生态修复和景观恢复,环湖沿路沿山生态修复要做到生态效益与景观效益并重。加强环湖地区水利设施建设和污水处理,促进水源涵养,改善区域生态环境。注重圩田文化保护，结合自然水系退让足够的生态空间，形成前后错落有致、丰富多彩的田、水、村风貌。

“近城”指城市近郊区域（不含城镇开发边界范围）。结合独特的区位优势，村庄规划应综合考虑工业化、城镇化和村庄自身发展需要，保留乡村风貌特色，防止乡村风貌城镇化，慎重砍树、填塘、围湖造景等。加快城乡产业融合发展、公用设施互联互通、公共服务共建共享，逐步强化服务城市发展、承接城市外溢功能，加强城镇功能和村庄功能的互为渗透。

“岭上”指江淮分水岭沿淮河呈线性分布，具有多元化自然景观特征，应以自然景观与岭上农田互为渗透的大地田园景观，形成“村在田中，田在村中”的景观风貌格局。加强以生态修复为导向的整治和更新，保护和恢复岭上村庄生态功能，保持村庄自然景观，构建农林共生、人地和谐的村庄生态系统。引导村庄紧凑布局，延续村庄肌理和形态，充分保留区域内的池塘、田埂、沟渠、微地形等要素，宜采用网格路网或鱼骨状路网。

“岗中”指结合紫蓬山、四顶山、银屏山、冶父山等山脉形成的片区。村庄规划应重点处理好村庄与山岗的关系，注重山岗生态景观与村庄有机融合，充分利用地形地貌，延续肌理和形态，紧促布局。对灾害易发区山岗区的村庄，作好灾害风险评估，提出灾害易发、多发区域的防治措施，采取多样化的治理手段，加强山洪疏导与水土保持，降低山岗灾害发生可能。注重提升村庄公用设施能力，确保灾害发生时能够维持运转。加强建设活动管控和生态修复等规划引导，结合村庄内学校、卫生院、健身活动场地等地势平坦、可达性较好的空间，预留避难疏散场地。

3.2.2 挖掘特色文化资源

基于合肥的历史文化和历史空间演变，梳理合肥历史文化资源，根据文化资源的特征、年代、价值、影响力等对各类文化资源进行分类。为便于规划引导，将文化资源分为历史文化、红色文化和其他文化片区，同时对片区内村庄规划和文化保护提出不同的管控要求。

历史文化片区包含历史文化名村、传统村落、遗址遗产等具有丰富历史文化资源的村庄。村庄规划应尊重村庄原有格局和肌理，充分保护和利用当地自然地形与历史文脉，提炼村庄景观风貌元素特征，注重建筑、庭院景观与周边自然环境的协调,凸显民居特色。村庄建筑景观尽可能采用本土化材料进行营建,充分挖掘本土化材料的经济价值和美学价值。

红色文化片区包含革命战争与革命活动场地、将帅故居、改革开放创新地等具有红色文化资源、体现红色精神的村庄。应深入挖掘红色文化资源的深厚内涵、历史意义和时代价值,加大区域红色资源的整合开发利用,合理组织旅游线路,使之连线成片。加强公共文化设施空间布局和建设,注重对红色歌谣、红色民俗等非物质文化遗产的传承和弘扬,创新探索"文化+"的产业发展模式。

其他文化片区包含具有少数民族文化、知青文化、新时代文化等其他文化资源的村庄。以保护传统生活、生产方式为主,以特色建筑保护和风貌塑造为重点,保护和传承文化为主线,加强公共文化设施建设,彰显文化活力。根据本地实际情况,注重产业发展与物质、非物质文化的融合,培植特色产业,形成特色经济。

3.3 理差明配

3.3.1 理清差异规划内容

在合肥完成 17 543 个村庄分类工作的基础上,根据不同类型村庄发展要求,满足差异性编制内容要求,为适应规划刚性与弹性,采用"基本内容与可选内容"相结合的方式,因地制宜地选择编制内容(表 1)。

表 1 差异化的编制内容

序号	规划内容		村庄类型			
			集聚提升类	城郊融合类	特色保护类	搬迁撤并类
1	村庄规划发展定位与目标		●	●	●	●
2	国土空间总体布局		●	●	●	●
3	国土空间用途分区及管制规则		●	●	●	●
4	国土空间综合整治与生态修复		●	●	●	●
5	历史文化与保护传承		○	○	●	○
6	公用设施和公共服务设施	道路交通规划	●	●	●	○
		公共服务设施	●	●	●	○
		公用设施	●	●	●	○

（续表）

序号	规划内容		村庄类型			
			集聚提升类	城郊融合类	特色保护类	搬迁撤并类
7	产业发展引导		●	●	●	○
8	村庄安全和防灾减灾		●	●	●	○
9	图则管控	村庄单元图则	●	●	●	○
		重点区域图则	●	●	●	○
		增补图则	○	○	○	○
10	特色风貌		●	●	●	○
11	村庄设施	道路铺装	○	○	○	○
		公共空间	○	○	○	○
		景观绿化	○	○	○	○
		重要节点	○	○	○	○
		环境设施	○	○	○	○
		农村住房	●	●	●	○
12	近期实施项目		●	●	●	●

注：“●”为基本内容，“○”为可选内容。

对于若干个在空间、资源、产业上联系紧密的村庄，建议整体编制，实现资源共享、设施共建、产业共兴、品牌共塑，旨在发挥资源叠加效应，解决空心村资源闲置、多村新增空间布局零碎等问题，实现资源高效配置、空间高效融合。

3.3.2 明确差异配建标准

合肥覆盖范围广，空间跨度大，生活习惯的多样性造成了配套设施的差异性。根据区域不同，均衡发布配套设施调查问卷，有效回收调查问卷 204 份。结合村庄类型，从“量”的充分和“质”的均衡考虑，形成合肥本地的公共服务设施配建标准（表 2，表 3）。

表 2 村庄配建设施配置一览表

序号	设施类别	项目名称	村庄分类			
			集聚提升类	城郊融合类	特色保护类	搬迁撤并类
1	公共服务设施	党群服务中心(村民服务中心)	●	●	●	○
2		旅游服务设施	○	○	●	—
3	教育设施	幼儿园	○	○	○	—
4		小学	○	○	○	—
5	文体设施	文明实践站	●	●	●	○
6		文化活动室	●	●	●	○
7		宣传报刊栏	●	●	●	○
8		图书室	●	●	●	—
9		文化广场	○	○	○	—
10		健身活动场地	●	●	●	—
11	医疗卫生	卫生室	●	●	●	○
12	社会福利设施	养老服务设施	●	●	●	—
13	商业设施	便民超市	●	●	●	—
14		乡村金融服务网点	○	○	○	—
15		农资店	○	○	○	—
16		村邮站/快递服务网点	●	●	●	—
17		集贸市场	○	○	○	—
18	环境卫生	污水处理设施	●	●	●	○
19		垃圾收集点	●	●	●	●
20		公共厕所	●	●	●	—
21	交通设施	公交站点(客运招呼站)	○	○	○	—
22		停车场	●	●	●	—

注:“●”为基本配置,“○”为有条件配置,“—”为不用配置。

表 3　村庄配建设施建设规模建议表

序号	设施类别	项目名称	设置要求与建议	备注
1	公共服务设施	党群服务中心	建筑面积:不小于 $300m^2$	—
2		旅游服务设施	建筑面积:$150\sim300m^2$	—
3	教育	幼儿园	生均占地面积≥$15m^2$;生均建筑面积≥$10.4m^2$	《合肥市城市幼儿园基本建设规定》
4		小学	生均占面积≥$22m^2$;必配校舍用房生均建筑面积≥$10.6m^2$	《安徽省义务教育阶段学校办学基本标准》
5	文体设施	文明实践站	—	按相关标准执行
6		文化活动室	建筑面积:$70\sim200m^2$	—
7		图书室	建筑面积:$30\sim60m^2$	—
8		文化广场	用地面积:$100\sim200m^2$	可作农村避难点
9		健身活动场地	用地面积:$500\sim1\ 000m^2$	可作农村避难点
10	医疗卫生	卫生室	建筑面积:$80\sim120m^2$	根据《安徽省村卫生室建设标准(试行)》设置
11	社会福利设施	养老服务设施	建筑面积:不小于 $100m^2$	《合肥市居家养老服务条例》
12	商业设施	便民超市	建筑面积:$40\sim80m^2$	以人口为导向,结合市场行为,按需配置
13		乡村金融服务网点	建筑面积:$30\sim40m^2$	
14		农资店	建筑面积:$40\sim60m^2$	
15		邮政网点	建筑面积:$30\sim40m^2$	
16		村邮站/快递服务网点	建筑面积:$30\sim40m^2$	
17		集贸市场	建筑面积:$100\sim200m^2$	
18	环境卫生	污水处理设施	—	—
19		垃圾收集桶	—	按 70m/个为服务半径设置
20		公共厕所	单个建筑面积:$30\sim60m^2$	根据服务半径和人口设置
21	交通设施	公交站点	占地面积:$10\sim20m^2$	—
22		停车场	—	—

3.4 知村晓建

乡村的主体是村民，让村民知规划、懂规划，就应重视村民在村庄规划中的参与性，因此，导则在编制技术的同时，探索村民参与机制，明确各阶段村民参与工作内容，并通俗易懂地编制村民手册版成果（图3，表4）。

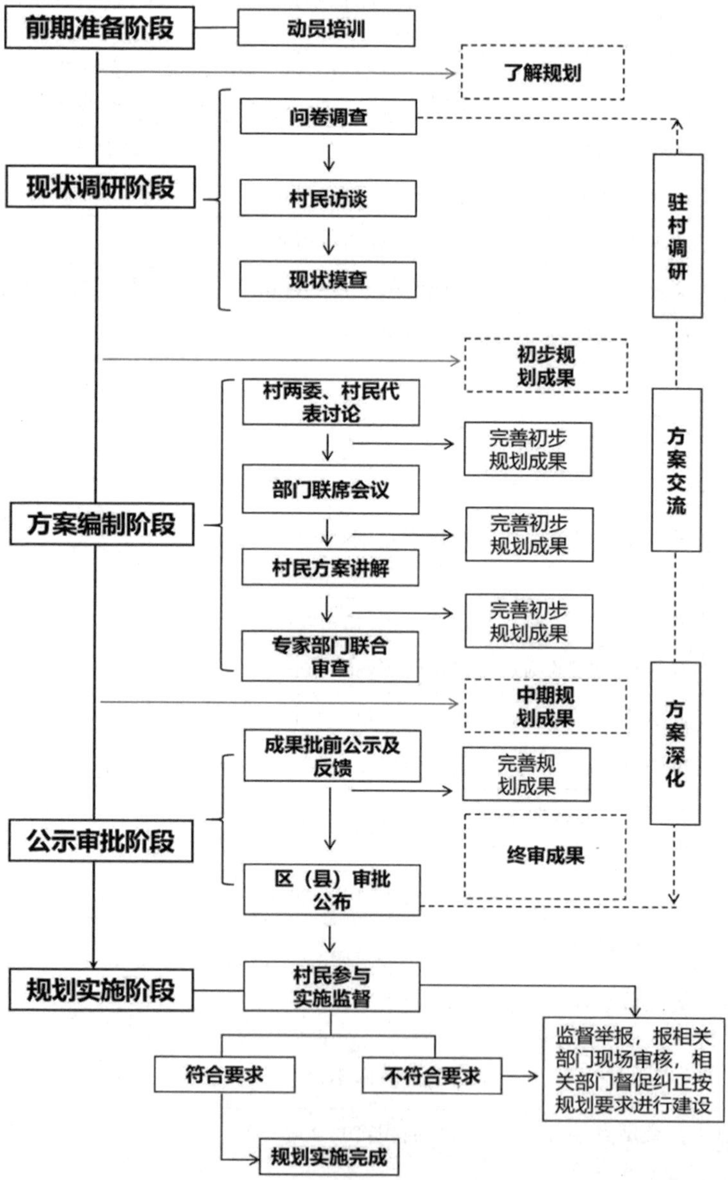

图3　村民参与流程及主要内容

表 4　各阶段村民参与工作内容

参与阶段	参与内容		责任主体	参与人员
前期准备阶段	动员大会暨培训、宣传会议	1. 让村民、乡贤等了解村庄规划是什么。 2. 编制可以带来哪些好处。 3. 提醒村民、乡贤等配合做哪些事情	乡镇人民政府	规划编制人员、村两委、村民及其他
现状调研阶段	问卷调查	问卷简洁、通俗易懂，村两委、村民、乡贤等能看得懂问卷，可以提供有效信息	编制单位	规划编制人员、村两委、村民及其他
	村民访谈	1. 多积极主动与村两委、乡贤沟通，了解他们的诉求和村庄发展设想。 2. 以拉家常的方式与村民进行交流访谈，了解村民意愿和需求	编制单位	规划编制人员、村两委、村民及其他
	现状摸查	和村两委、村民摸查村庄各类用地和住宅等的使用情况	编制单位	规划编制人员、村两委、村民及其他相关部门
方案编制阶段	村庄方案讨论及决策	1. 邀请村两委、村民代表、乡贤及其他社会力量参与规划初步成果的讨论，说明方案中对村民意见的采纳情况。 2. 住建、财政、交通、水利、农业农村等有关部门现场指导，完善初步规划成果。 3. 规划初步成果进行公示，对村民讲解方案，与村民对初步成果进行互动交流，征求有效意见。 4. 方案中期稿进行村民表决大会，对大会提出意见进行解答，形成技术审查稿	乡镇人民政府	乡镇相关部门、村民代表、规划编制单位及其他
公示审批阶段	成果批前公示及村民审议	1. 将成果进行批前公示，利用公开栏、宣传栏、宣传手册、微信群等渠道等多种方式，并通过预留电话、邮箱、微信号等途径供村民反馈意见。 2. 公示审批完成后，召开村民会议或村民会议授权的村民代表大会宣传村庄规划并实施	村两委	村民代表、规划编制单位及其他
规划实施阶段	实施监督	鼓励村民参与村庄建设；是否按照规划内容实施	村民	村两委、村民

4　坐实“底气”

在《合肥市村庄规划编制导则》编制实践中，充分考虑上位规划对下位规划的引导和约束内容，在导则中进行明确。同时在借鉴好的经验和现实诉求的基础上，探索提出了建设发展准入清单、三类留白、三级管控和综简有别成果等内容，使导则的内容不仅翔实还具有创新性，符合规划建设实际；具有可操作性，让导则的编制坐实“底气”。

4.1　上传下导的协调性

依据县、乡镇、村三个层级的事权范围和空间尺度特征，按照“分级覆盖、突出重点”的原则，运用功能管控、用途管控、指标管控、设施管控、风貌管控和名录管控 6 种管控工具，构建“三种类型、六种要素”的传导体系（图 4）。

规则类要素指难以空间定位的要素，包括功能和用途规则。规则类要素是对主体功能分区中功能定位的细化传导和层级落实，是适应新发展理念的重要传导机制。空间类要素是保障底线边界的空间要素，包括控制线和指标。空间类要素适用于三类空间的共性管控，结合纵向政府事权，形成逐级细化、分解落实的纵向传导机制。支撑类要素从设施、风貌和附加要素三个层面完善空间管控。支撑类要素适用于三类空间不同层级的特色管控，便于突出重点、提高管控的效率。六种管控要素首先承接上级规划数量要求，落实到县域的管控分区中，结合所在空间层级的管控要点，逐步细化分解至镇域的用途单元中，最后传导至村域的要素图斑中。控制线和指标是各层级之间有序衔接、传递的关键。

4.2　分区准入的引导性

“三生”空间是乡村经济的重要载体，目前多采取被动保护的模式，主要体现在永久基本农田和生态保护红线的划定，缺乏对“三生”空间多功能要素的合理利用，造成空间资源的闲置，综合效益难以发挥，需要对空间进一步细分。在导则中，对所有领土空间分区分类实施用途管制。明确主导用途分区，实行“约束指标+准入清单”的管制方式。综合考虑项目类型、用地

规则类要素			空间类要素	支撑类要素					
层级	功能	用途规则	指标	设施	风貌	名录	其他		
县级国土空间规划（村庄布局规划）	乡村分类功能定位	划定三条控制线	规模指标	各级各类设施	风貌管控分区	传统村落、历史街区、历史文化名村、文保单位、历史建筑			
乡镇级国土空间规划	用地管控规则	制定用途管制规则	细分用地规模	设施类别、规模、选址	风貌规划设计和建设指引	传统村落、历史街区、历史文化街区、文保单位、历史建筑	建设用地附加要素、国土空间开发强度、村民建房标准	农业用地附加要素、设施农用地规模等	生态用地附加要素、生态保护名录河湖水面率、森林覆盖率
村庄规划	地块详细功能	划定用途分区、明确用途管制规则	地块控制指标（性质、边界、面积、配套设施要求等）	各类设施用地边界和建设要求	农村住房及公共建筑样式、空间格局、环境整治	乡村历史文化保护线	建设地块附加要素、容积率、建筑限高、建筑密度、环境绿化等	农业地块附加要素、规模和准入项目要求等	生态用地附加要素、环境容量、植被覆盖率等
村庄设计				生产设施和环境设施设计方案	农村住房和公共建筑设计方案、环境整治方案	历史文化保护展示利用方案	建筑设计方案、公共空间、重要节点、道路交通等设计方案		

图 4　规划传导体系

规模、建筑高度、环保要求等要素，制定分区准入正负面清单（表5），提高土地利用效率的同时，增强规划管理弹性。

表5　分区准入清单

一级规划分区	二级规划分区	面积（ha）	禁止用途	鼓励引导用途
生态保护区			1. 矿产资源开发活动； 2. 围填湖、采砂等破坏河湖岸线等活动； 3. 大规模农业开发活动，包括大面积开荒，规模化养殖、捕捞活动； 4. 纺织印染、制革、造纸印刷、石化、化工、医药、非金属、黑色金属、有色金属等制造业活动； 5. 房地产开发活动； 6. 客（货）运车站、港口、机场建设活动，火力发电、核力发电活动，以及危险品仓储活动等； 7. 生产《环境保护综合名录（2017年版）》所列“高污染、高环境风险”产品的活动； 8.《环境污染强制责任保险管理办法》所指的环境高风险生产经营活动 9.《长江经济带战略环境评价安徽省“三线一单”》《安徽省发展改革委关于印发安徽省第二批国家重点生态功能区产业准入负面清单（试行）的通知》《巢湖流域水污染防治条例》的相关管理规定； 10. 法律法规禁止的其他活动。	1. 生态保护修复和环境治理活动； 2. 原住民正常生产生活设施建设、修缮和改造； 3. 符合法律法规规定的林业活动； 4. 国防、军事等特殊用途设施建设、修缮和改造； 5. 生态环境保护监测、公益性的自然资源监测或勘探、以及地质勘查活动；经依法批准的考古调查发掘和文物保护活动； 6. 必要的河道、堤防、岸线整治等活动，以及防洪设施和供水设施建设、修缮和改造活动。

4.3　三级管控的约束性

为进一步促进村庄规划意图的有效落实，借鉴城市控规图则的概念，探索了村庄三级图则管控体系，即单元图则—重点区域图则—增补图则（图5）。

4.3.1　整体管控的单元图则

单元图则是从村域层面对村庄规划的整体把控，以单个行政村为一个单元，注重规划期内建设用地控制指标、基本农田保护、设施农用地布局、生态建设和风貌保护要求，明确单元内公共服务和公用设施配置的现状、改造、新建等情况。

4.3.2　建设引导的重点区域图则

重点区域图则是在单元图则基础上的细化，进一步引导村庄规划的建设实施，主要明确用地建设性质、高度、风貌等。对于宅基地、公共服务设施和公用设施可根据需要明确建设强度、高度、容积率和风貌。另外，涉及重要产业项目落地，应以产业用地或非集中建设用地为单位，明确建设强度、建筑高度、配套设施、风貌引导等相关内容。

4.3.3　适应弹性发展的增补图则

增补图则针对村庄内预留的留白用地，根据未来需要，明确留白用地的属性，明确建设内容和建设强度，以增补图则的形式进行建设引导与管控，明确规划条件，作为主管部门行政执法“许可”的补充。

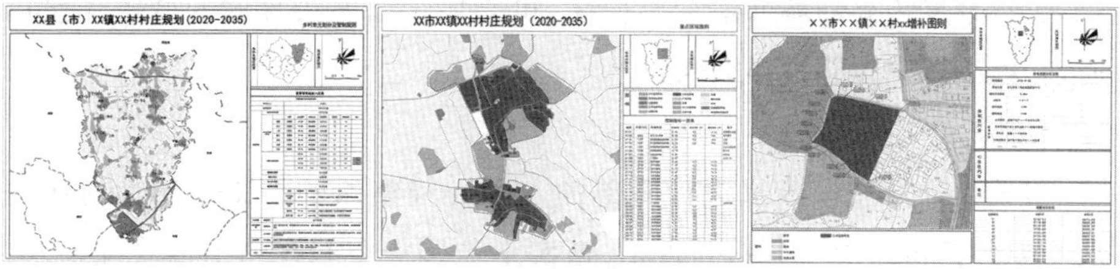

图5　三级图则管控

4.4　多类留白的探索性

为适度提高村庄规划管理的灵活性，在符合约束性指标的前提下，村庄规划可采用“用途”留白、“点位”留白、“指标”留白等弹性管控方式，引导各类土地高效利用和设施合理布局。

“用途”留白是对规划期内确定使用，但暂时无法明确具体规划用途的建设用地采取的留白方式，为未来的布局优化、项目落地预留空间。

“点位”留白是对暂时无法明确具体地块及规模边界的项目采用的留白方式，表达项目的类别和意向性位置，并纳入项目清单管理，后续可根据项目建设需要再确定具体位置、规模和相应的规划管控要求。

“指标”留白是在不突破规划建设用地规模、不占用永久基本农田和生态保护红线的前提下，村庄规划中预留一定比例的建设用地机动指标（不超过5%），用于村民居住、农村公共公益设施、零星分散的乡村文旅设施及农村新产业、新业态等。机动指标实行台账方式管理，可不落地上图，但应在规划指标表中体现。

4.5 综简内容的差异性

根据村庄规划管理工作实际需要,因地制宜确定规划编制内容和深度。规划成果既要便于基层管理使用,也要便于村民理解接受和监督实施。鼓励以前图后则、图文并茂等形式,形成简明扼要、通俗易懂的规划成果。

4.5.1 综合性规划

对重点发展或需要进行较多开发建设、修复整治的村庄编制综合性村庄规划,主要包括现状分析与评估、发展目标与指标、国土空间管制、土地整治与生态保护、建设用地规划、产业发展引导、历史文化保护、景观风貌引导、安全和防灾减灾及近期行动方案等。

紧邻开发边界的城郊融合类村庄,可与城镇开发边界内的城镇建设用地统一编制城镇控制性详细规划。

4.5.2 简单性规划

对较少开发建设或只进行简单的人居环境整治的编制简单性村庄规划,主要包括村庄现状分析与评估,落实上位国土空间规划用途管控要求,明确建设用地、永久基本农田及耕地保有量等关键指标和空间布局,改善人居环境等内容。

搬迁拆并类的村庄原则上不单独编制村庄规划,按县、乡镇级国土空间规划的相关要求,明确管控规则,统筹谋划布局搬迁村民安置用地等。

5 多元成果体系

导则既有面对规划编制单位的规范要求,也有规划管理部门的实施抓手,更有村民参与的实用成果,最终形成“一则三册”的成果体系(图6),便于不同群体的使用。

“一则”即《合肥市村庄规划编制技术导则(试行)》,适用于规划编制单位,主要包括总体要求、村庄规划与设计和村庄规划成果三个部分。

“三册”即《合肥市村庄规划管理手册(试行)》《合肥市村庄规划设计手册(试行)》《合肥市村庄规划村民手册(试行)》,分别适用于管理者、编制单位和村民。管理手册包括工作程序、简易审批、实施管理、乡村建设规划许可和公众参与五个方面的内容。设计手册包括村域和居民点两个层面，引导村庄设计。村民手册以通俗易懂的语言进行阐述，使村民看得懂，明确发展愿景，引导村民参与村庄建设。

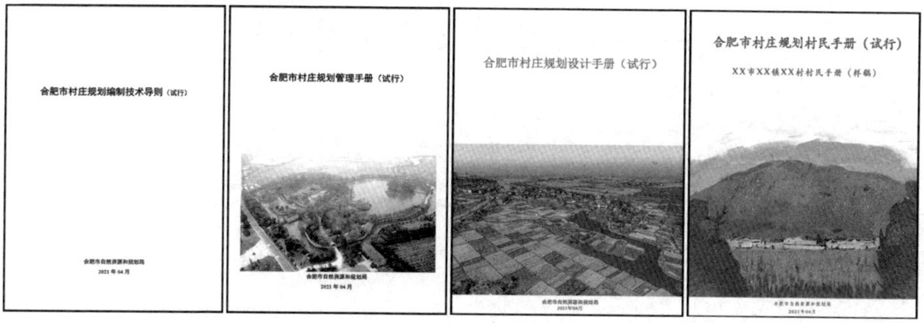

图 6　一则三册成果体系

6　结语

合肥市作为安徽省的省会城市，具有独特的政策、经济、交通、产业等优势，导则的编制应具有前瞻性和创新性，在指导合肥地区村庄规划的同时，在全省乃至全国应具有典型的带动和示范作用。寻找导则的普适性和独特性的内在关系，是一项艰巨而复杂的过程。本文通过对全国省市先进案例的研究，充分结合合肥地区乡村实际和发展诉求，经过多轮多次的共同商讨，最终形成既有“地气”又有“底气”的“一则三册”的成果，期待能为合肥的村庄规划“保驾护航”。

参考文献

[1] 李浩. 合肥市周边地区乡村聚落形态及空间环境研究[D]. 合肥：合肥工业大学，2019.

[2] 王后阵，蔡广鹏，韩会庆，等. 基于三生空间的山区村庄建设用地开发边界划定——以贵州省仁怀市五马镇为例[J]. 贵州师范大学学报（自然科学版），2018，36（6）：78−82+91.

[3] 骆星辰. 国土空间规划背景下村庄规划设计研究——以福建省霞浦县长沙村为例[J]. 福建建筑，2021（3）：28−32.

[4] https://new. qq. com/omn/20190817/20190817A03WTJ00. html.

“实用性”视角下村庄规划编制探索

——以上海奉贤吴房村为例

俞 静
（同济大学建筑与城市规划学院）

【摘要】 以“实用性”概念为切入点，解读国家、上海多层次政策文件，归纳形成“实用性村庄规划”的三重路径，即传统以建设为主导的村庄规划、国土空间背景下以管控为主导的村庄规划、乡村振兴战略引导下以发展为主导的村庄规划，从规划目标、服务对象、规划定位和规划过程四个方面探讨“实用性”内涵，实现“有用、好用、管用”。以上海市奉贤区吴房村村庄规划为例，剖析作为上海远郊典型村庄的现状和困境，强调以乡村振兴战略为先导，通过引入外部资源、构建产业逻辑、实现村民增收、突出近期高质量建设示范等方面，探索乡村的流量激活存量并产生增量的人地新关系，并对实用性村庄规划进行反思。

【关键词】 乡村振兴　实用性　村庄规划　吴房村　上海

1　村庄规划提出了新要求

2019年3月，习近平总书记提出“编制多规合一的实用性村庄规划”的工作要求。2021年2月，中央一号文件提出“积极有序推进多规合一实用性村庄规划编制”的行动任务。“多规合一”体现的是“一张蓝图”的国土空间全域治理的改革要求，“实用性”是针对村庄规划的新时代要求。“实用性（Practicability）”原属管理学术语，是指能够制造或者使用，并能产生积极效果的属性[1]，包含了“being suitable”或“likely to be successful”的双重含义[2]。如何理解村庄规划的“实用性”,使村庄规划“有用、好用、管用”,是值得思考和探讨的问题。

2　村庄规划的定义和发展

村庄规划并非新生事物,早在 1981 年第二次全国农村房屋建设工作会议中,就提出了将村庄与周边环境统筹考虑的规划要求[3]。

2.1　以物质环境为基础的村庄规划

村庄规划立足于环境整治,从农房建设扩展到村庄建设、风貌改善的人居环境层面。1982 年,城乡建设环境保护部成立,以环境整治为重点,开启村庄规划编制工作。1993 年,《村庄和集镇规划建设管理条例》颁布,将村庄规划建设纳入立法管理。2008 年,住房和城乡建设部成立,村庄规划转向了对村庄的保护、开发和利用。2015 年,《关于改革创新、全面有效推进乡村规划工作的指导意见》提出,到 2020 年实现农房建设都有规划管理、行政村有基本的村庄整治安排,以农房建设、环境整治和特色风貌等物质建设为重点[4]。2018 年,《乡村振兴战略规划(2018—2022 年)》提出了“持续改善农村人居环境”的要求,全面推进各个层面的村庄规划编制,加强乡村建设规划许可管理[5]。2019 年,《关于加强村庄规划促进乡村振兴的通知》提出,村庄规划是乡村地区开发保护、管制、许可和建设等各项工作的法定依据[6]。

2.2　以振兴发展为目标的村庄规划

村庄规划立足于解决“三农”问题,从新农村概念扩展到乡村振兴战略(the Rural Revitalization Strategy)。2002 年,十六大提出的“五大统筹”中,包含了“城乡统筹”的发展理念。2005 年,十六届五中全会提出“建设社会主义新农村”,制定了“生产发展、生活宽裕、乡风文明、村容整洁、管理民主”的方针。2007 年,十七大提出“统筹城乡发展,推进社会主义新农村建设”的要求。2008 年,《中华人民共和国城乡规划法》颁布,进一步强化了城乡统筹发展要求。2013 年,中央一号文件提出建设美丽乡村,统筹城乡发展,推进城乡一体化建设。2017 年,十九大全面系统地提出乡村振兴战略,提出以农业农村现代化为总目标,以农业农村优先发展为总方针[7]。2020 年,习近平总书记在中央农村工作会议上指出,把解决好“三农”问题作为全党工作的重中之重,全面推进乡村振兴。村庄规划成为全面建设社会主义现代化国家,实现中华民族伟大复兴的国家战略的重要组成。

2.3 纳入国土空间规划体系的村庄规划

2018 年,自然资源部成立,统一行使全民所有自然资源资产所有者职责,统一行使所有国土空间用途管制和生态保护修复职责。2019 年,《关于全面开展国土空间规划编制工作的通知》中,明确提出做好近期相关工作,集中力量编制好“多规合一”的实用性村庄规划,具体任务包括通盘考虑农村土地利用、产业发展、居民点布局、人居环境整治、生态保护和历史文化传承等[8]。

现行国土空间“五级三类”规划体系中,村庄规划定位为开发边界以外详细规划层面的法定规划(图 1)。村庄规划是指以行政村为基本规划单元,在一定时期内,为实现村庄经济社会发展的特定目标,基于法律的规定,采取经济技术手段,对村庄土地利用、空间布局等各项建设活动进行统筹布局与具体安排,规划体系包括区域村庄发展战略、村庄布点优化、村庄建设规划以及相关专项规划等部分[9]。

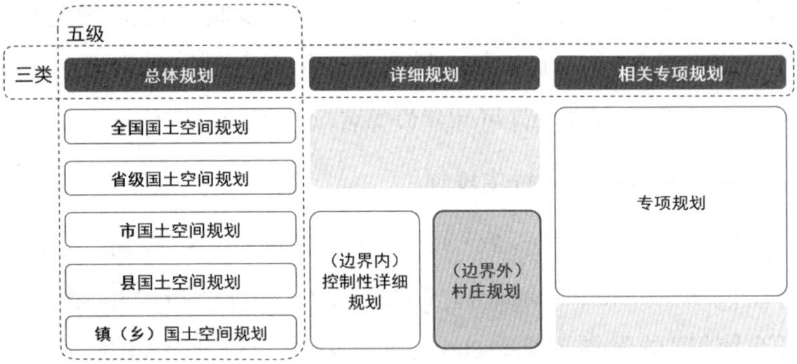

图 1 国土空间“五级三类”规划体系中的村庄规划

2.4 村庄规划的内涵

多年来,各地积极开展村庄规划编制,在各类村庄规划基础上,演绎出乡村建设规划、乡村振兴规划等规划实践。然而,通过上述文献梳理,我们发现多规合一的实用性村庄规划是以物质环境为基础、以振兴发展为目标、以国土空间规划体系为载体的特定层面、特定类型的法定规划类型。

3 如何理解村庄规划的实用性

3.1 实用性村庄规划为什么编

以问题为导向往往是规划的切入点,如村庄规划常常面临要解决用地粗放、设施落后和环境污染等共识问题。那么实用性村庄规划有何不同?

乡村是与城市概念相对的人类聚居环境类型。中国几千年历史几乎一直停留在城乡二分的地域结构认知中,城墙内是相对封闭的权力和财富的集聚体,而城墙外是松散、贫困和落后地区。这种历史形成资源和权力在地域结构中的主次结构是城乡发展不平衡的根源。2018 年,全国城乡居民人均可支配收入比为 2.67,上海为 2.24,全国最低的浙江省也达到约 2.04。这一水平相较于日韩 20 世纪 90 年代进入城乡相对均衡的发展阶段①有较大差距,与德国、法国等发达国家提出的城乡等值等质概念也相去甚远。乡村振兴战略的 20 字方针"工业繁荣、生态宜居、乡村文明、有效治理、生活繁荣"也反映出对乡村发展的聚焦。马向明总结了广东省乡村规划的演变过程,从早期的服务于工业化发展,到 2000 年后转向环境和面貌整治,再到 2010 年后认识到乡村多元价值而转向特色促进[10]。

可以看出,村庄规划面对的本质问题,是长期以来乡村发展的不平衡和不充分。这就是村庄规划的终极目标,即以乡村振兴实现城乡等值等质的内在发展诉求。

3.2 实用性村庄规划为了谁

城和乡,隐含着统治和被统治关系,隐含着自上而下的管理体制和资源分配模式。虽然村民是乡村最核心的利益相关者,但在乡村发展中却处于主导缺位的状态。

中国历史上为了保持社会稳定和缓解经济危机,往往又对乡村采取一

① 20 世纪 90 年代,日本、韩国国民城乡收入比约为 1.4。

种土地宽纵管理和权力严格约束的对冲式政策。通过身份、财产和土地的捆绑,形成了一种中国农业社会的“稳态结构”[11]。对于“谁用”的问题,政府的实用性意味着便于建设和管理,市场的实用性意味着新的投资机会与合适的用地及设施供应,而村民的实用性则意味着获得实际权益[10]。孙莹、张尚武认为村庄是村庄规划实施的主体,也是受益主体和实施主体[12],村庄规划的服务对象虽然多元,但主体应该是村民。马向明总结广东省乡村规划中的经验,利用“一图一表一规则”来推动建立“村规民约”,便于村民理解和执行[10]。

可以看出,村庄规划在现有体系中就如何发挥村民的主导作用依然是不足的。这里并不是说村民没有得到物质利益,而是说村民在具体规划中缺乏主导的权力和必要的能力。

3.3 实用性村庄规划怎么编

在中国的辽阔疆域中,乡村是城市已然规制化体系外的非规制化部分,数量众多而差异巨大。菅泓博等认为,过于刚性的乡村规划实践往往导致方式方法、土地供给等不适应,应因地制宜地关注“非正规流转”,灵活用好弹性工具,形成更符合各地实际的有效政策工具[13]。谢霏雰等认为,乡村规划应转变原有建设导向的思维,成为一个涉及农村全域土地利用、经济发展、公共服务保障、乡土文化复兴等多内容的城乡整体发展策略[14]。2019年6月,《关于加强村庄规划促进乡村振兴的通知》也提出,要按照“先规划后建设”的原则,通盘考虑土地利用、产业发展、居民点布局、人居环境整治、生态保护和历史文化传承的多项内容,并提出“8项统筹”和“1个明确”的规划任务。“8项统筹”强调了多规合一,“1个明确”则突出了对近期急需事项的关注,对实施的资金和主体的重视。不难看出,村庄规划具有麻雀虽小五脏俱全的特点,为了提高实用性,就需要规划更加注重不同地域条件下因地制宜的应对,更加注重近期安排的可实施性。

3.4 实用性村庄规划的特点

综上,通过要素和关系拆解,为了实现村庄规划从“可用”到“有用、好用、管用”的转变,“实用性”凸显四个方面的关键特点(图2)。

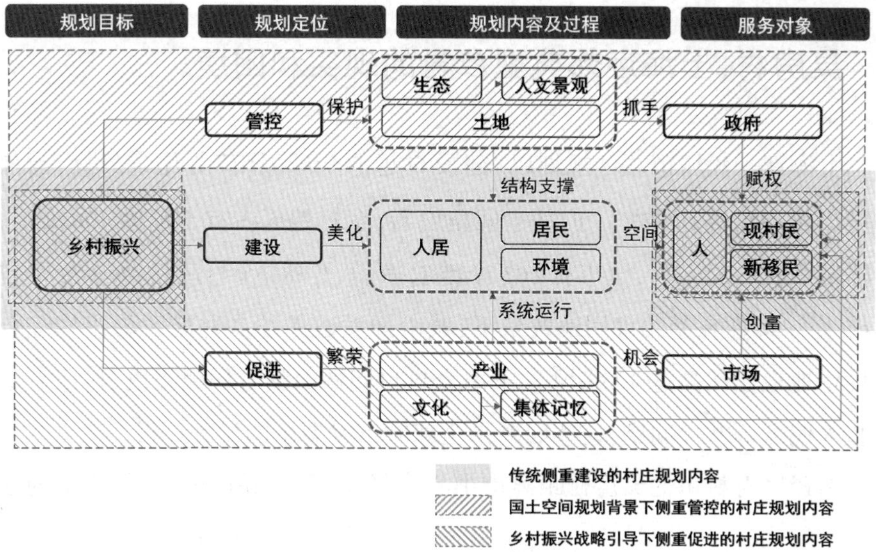

图 2　实用性村庄规划的要素和关系示意图

一是规划目标上,务必围绕“振兴发展”的战略导向来开展各项具体规划工作。二是规划定位上,凸显因地制宜的规划目标择定,如土地整治及生态修复方面以管控型规划为导向,产业培育和文化繁荣方面以促进型规划为导向,而人居设施和环境改善方面则以建设型规划为导向,处理好不同导向的规划取舍与有机融合。三是服务对象上,强调规划应具体面向村民主体,鼓励村党组织、村民委员会的有序组织,实现村庄和村民的资源保障和权益提升。四是规划过程上,不应囿于法定规划条目[9],应当允许“分步编制,分步报批”,甚至在治理水平跟上后,建立短周期性的编制、报批的随动机制。

多年来,村庄规划弥补了城乡发展中的诸多不平衡和不充分的短板。新时代背景下,实用性村庄规划应当是一组“三位一体”的立体结构:位于中层的是强调物质环境的建设规划(construction planning),位于上层的是自上而下纳入国土空间规划体系的管控规划(regulatory planning),位于下层的是自下而上落实乡村振兴战略的促进规划(promotion planning)。三者相互融合,缺一不可。村庄规划的常规技术部分并非难点,其真正的难点在于针对每个村庄的不同现实环境和条件,破题乡村振兴。

4 吴房村,上海远郊典型乡村的现实和困境

上海新一轮城市总体规划以“建设卓越的全球城市”为愿景目标,当前的城市化率已高达88%。但从空间角度看,乡村地区占有土地达4047km^2,占陆域面积的59.2%,全市有103个涉农乡镇、1 585个行政村、3.3万个自然村[15]。即便在紧约束用地背景下,城市开发边界外乡村地区的户均综合建设用地也依然高达495m^{2}①。上海乡村也同样面临着用地粗放、村庄衰退和收入偏低等共性问题,这些问题是全球城市发展中的显著短板。

奉贤区青村镇的吴房村距离市中心直线距离40km(图3),是典型的远

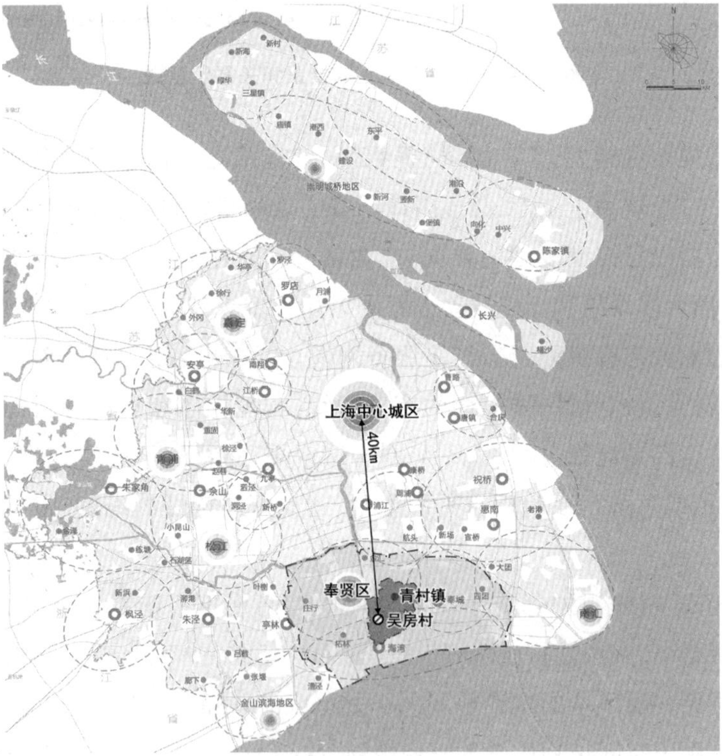

图3 吴房村区位图

---

① 上海城市开发边界外乡村地区的农户总数约68万户,农村居民点用地规模约336.6km^2。

郊农业贫困村。《奉贤区青村镇总体规划(2014—2040)》和《青村镇村庄布点规划(2016—2040)》中,均将其规划为“远期撤并村”。2017 年,随着乡村振兴战略推进,吴房村的现实得到重新审视,在多方规划、建设、协调的基础上,吴房村成为上海市首批 9 个乡村振兴示范村之一。它的转变,对于乡村振兴和村庄规划编制都有较强的借鉴意义。

4.1 人、树、产业全面老化

和普通乡村一样,吴房村呈现老龄化、空心化特点,常住人口持续减少,对外吸引力较弱。2018 年,吴房村户籍人口 1 343 人,60 岁以上老人 435 人,占比 32.8%[16]。村庄成为老年人的社会。现状建设用地总量 0.249km^2,其中宅基地 0.195km^2,占比近八成(图 4)。这些住房中老人独居现象普遍,空置破旧的房屋较多。

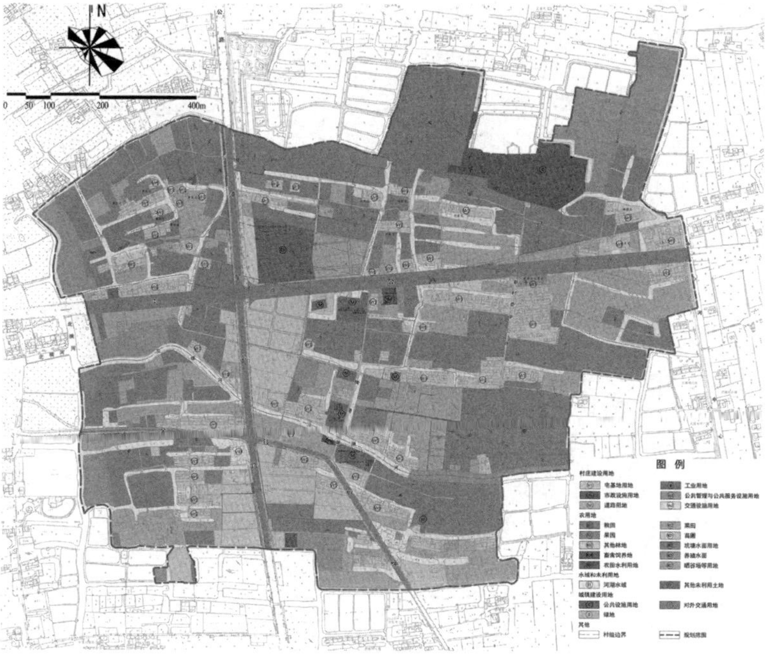

图 4　吴房村土地使用现状图

图片来源:俞静、顾玄渊

吴房村位于奉贤黄桃①产区，以黄桃种植业为主营农业，但经济体量极小，传统模式已走到尽头。"树老、地老"，经营分散，村集体经济薄弱，家庭务农收入低。村域 1.98km^2 范围内，一半为农用地（约 0.965km^2），而农用地中的一半为桃林（约 0.466km^2）。2017 年，全村农民年人均纯收入 9 600 元，仅为上海平均水平的 35%左右②。

4.2　内部物质环境不佳，设施条件落后

深入研究吴房村的物质环境，发现由于长期缺少工业，吴房村较完整地保留了杭嘉湖平原舒缓开敞的自然河道形态，以及未被破坏的田园天际线。村庄未经大规模改造，保留了傍水而居、簇状成组的聚落特点（图 5），民宅朴素，由宅、院、菜地形成的半围合院落特征突出（图 6）。

图 5　吴房村影像图

图片来源：俞静、顾玄渊

① 奉贤黄桃是中国国家地理标志产品，青村镇被农业部命名为"中国黄桃之乡"，吴房村是黄桃主产区。

② 根据《上海统计年鉴 2017 年》，2017 年度上海农村常住居民人均可支配收入 27 825 元。

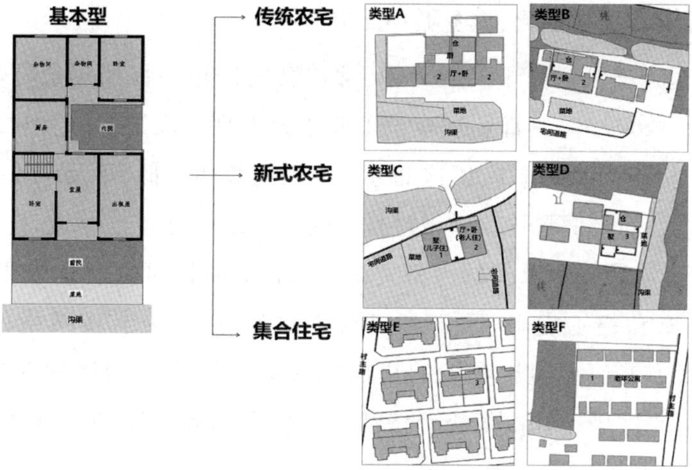

图 6　吴房村宅基地建房情况示意图

图片来源：俞静、顾玄渊

吴房村的环境问题主要集中在耕地、林地功能减弱，河道污染和淤塞严重，村庄被外部道路分割严重，内部交通不成系统（图 7），以及燃气、污水等基础设施管网的缺乏所带来的糟糕人居环境。

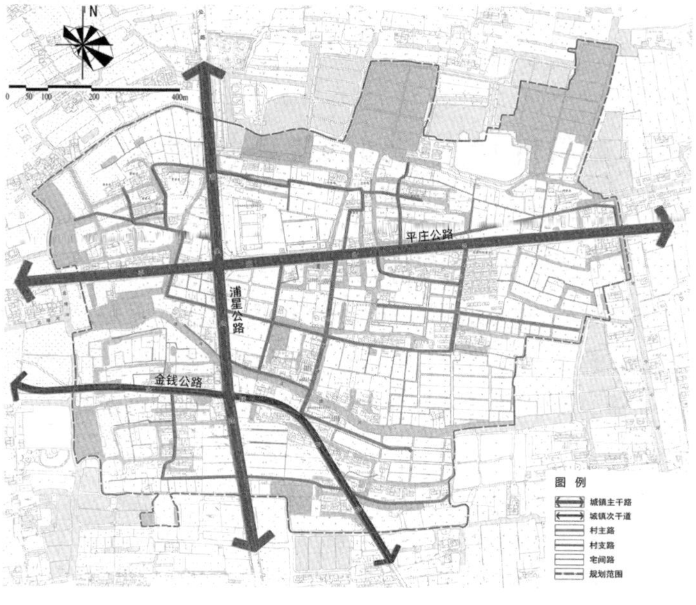

图 7　吴房村道路交通现状图

图片来源：俞静、顾玄渊

4.3 外部资源环境匮乏,城乡循环乏力

上海远郊的乡村由于发展乏力,常常会引进很多低质量的零星工业来扩充 GDP。2009 年,上海梳理全市工业用地发现开发边界外乡村地区零星工业用地总量达 198km^{2}①,但这部分工业用地效能极低,不及全市平均水平的 5%②[17]。而吴房村连这样得过且过的工业也没有。

开发区是另一个重要的经济资源。张江高科园区在农地中拔地而起,在政策保障和精心建设下,已“成为中国链接全球创新网络的重要桥梁”[18],直接带动了周边乡镇的全面发展。而吴房村周边缺乏这样的园区,因此基本被排斥在高等级经济活动和城乡循环之外,处于衰败的边缘。

4.4 老化、落后、封闭的吴房村

吴房村是超大城市远郊乡村发展困境的缩影。对于上海而言,尽管乡村和城市的边界日益模糊,但乡村地区依然明显“处于一个次生的、非优先序的城镇地位中”[19]。上海乡村普遍面临着另一种承压,即长期作为大都市市政、交通和生态保育责任的承载空间,如因铁路、机场、高速公路建设带来的空间分割和干扰,因水源地、山林地生态保护带来的空间管控和限制。2017 年,“上海 2035”总规提出了用地“零增长”目标[20],使乡村减量化压力愈发沉重。

5 吴房村,实用性村庄规划的代表性探索

5.1 开放:以外力推动内外双循环

吴房村基础薄弱,仅仅依靠内循环实现振兴显然无解。而上海城市中心具有丰富的金融、科研、创意、文化和工程建设等资源。因此,吴房村规划中,首先强调“开放”,对接外部资源,以外力加快带动高附加值的稀缺资源

① 2016 年,上海市工业用地中,集建区内集中布局工业 104 个区块约 764km^2,集建区内零星布局的工业用地 195km^2,集建区外零星布局的工业用地 198km^2。

② 以松江区小昆山镇为例,该镇 2013 年工业用地效能为 1.935 亿/km^2,2012 年上海全市平均值 45 亿元/km^2。数据源于《上海市“198”区域工业用地减量化对镇村利益的影响分析及对策研究》。

导入。

资本方面,引入市属国有资本①。依托奉贤区位特点,纳入"长三角乡村振兴产业基金"试点对象。智力方面,依托黄桃农业基础,对接市农科院等机构,组建黄桃研发中心,开展"黄桃产业提升关键技术"研究,制定奉贤黄桃种植和品质标准,引导全国行业标杆;创意方面,邀请知名乡村运营团队展开全过程陪伴式创意设计,提出"桃文化""桃源里"创意,提出建筑改造方案,融合"粉墙黛瓦"和海派语言,提炼"三分灰、七分白"的新江南水乡的建筑特色,改善乡村风貌;文化方面,邀请国画大师创作《桃源吴房十景图》作为景观建设意向(图 8),与美术学院等专业高校合作发展乡村文创,提升村庄文化魅力;工程方面,引进市级企业集成施工建设,围绕水系梳理和截污纳管等市政工程,将环境改造和风貌营造有机结合,保证了建设速度和质量[21]。

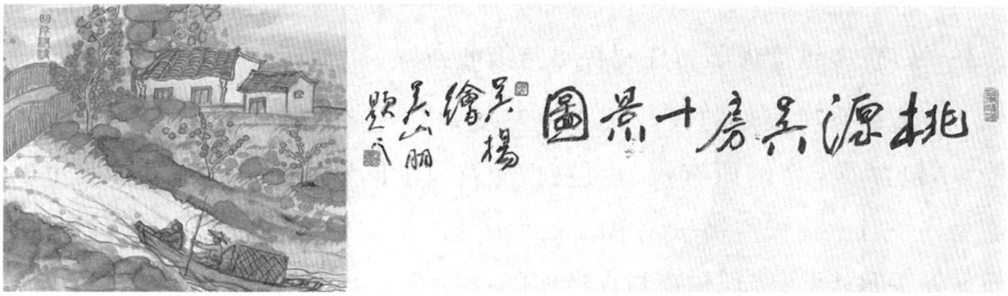

图 8 《桃源吴房十景图》七米长卷局部

图片来源:吴扬、吴山明

5.2 创新:全面贯彻现代化产业逻辑

吴房村规划的第二个重点就是找到自身在上海的区域角色,建构一个符合现代化市场经济的产业逻辑。

创新产业连接方面,以"桃花源"塑造品牌,以"青春无妨,世界吴房"为愿景,以"工作日是园区,节假日是景区"为理念,依托现有宅基地,塑造低成本、小而精美的产业空间。导入餐饮、办公、工作室等业态内容,塑造一个在

① 上海国盛(集团)有限公司是市政府批准成立的大型国有资本投资运营平台公司,以资本运营实现资产增值。

上海市域范围内独具乡野田园风光的产业村庄,为周边乡镇、园区等城市和产业空间提供差异化的高品质消费空间,提升村庄产业能级。

原有农业提升方面,构建"黄桃+"产业链。全面优化种植技术,拓展深加工及衍生品制造,创新销售渠道,提升附加值。以规模化、标准化和科学化优化种植管理,提升产品品质。引进高校食品研究中心开展研发,引入植物工厂,自动化整厂设计,推进酵素、果酱、果酒等衍生类产品加工。以销带农,探索"农超对接""农商对接""农社对接",引进"中央厨房基地",依托互联网,实现黄桃"田间—工厂—餐桌"的全产业链。

运营机制方面,由国有资本、社会资本和镇级公司三方共同组建吴房村专业运营公司①,采用 PPP 模式,塑造多元业态集群,形成农旅观光、农产种植、精品民宿等多种细分的专业化业态。

资金链方面,试点"村集体平台长租赁模式"和"宅基地活化利用模式",解决大量资本前期投入的困难[17]。

5.3 增值:多维度保障村庄村民可持续收益

土地是乡村振兴的权益核心,"三块地"(宅基地、承包地、集体建设用地)中包含了丰富的所有权、承包权、经营权的问题。一刀切的村庄撤并其实是一种对土地权益粗暴简单的处置方法。吴房村规划试图探索分层次的权益保留和让渡,实现村庄村民的实际增收。

首先,宅基地"双租"增益。建立"农户—村民经济合作社—镇级运营公司"两级租赁合作机制。根据村民意愿,将分散的宅基地长租予村集体,委托专业公司运营,保障了村集体经济无风险收益,以及村民稳定长期的租金收入。2018 年,吴房村一期项目共与 3 个村民小组、61 户村民签订租赁合约,村民经济合作社获得年总租金收入约 300 余万元,其中 200 余万元按市场价拨付给签约农户,盈余部分作为村庄可持续发展的重要财力支撑。

其次,承包地专业化运营。全村现有承包地及林地共计约 0.687km^2,统

① 社会资本即思画投资(浙江思画投资管理有限公司);青村镇镇级公司即上海胤腾建设发展有限公司下属全资子公司上海桃源里建设发展有限公司;吴房村专业运营公司即上海思尔腾科技服务有限公司。

一流转至村民经济合作社，通过与专业市场主体合作，由运营公司进行现代化农业经营，提高土地效益。

再次，村集体用地入股分红。全村现有集体经营性及公共服务设施用地共计约 0.35km^2，通过入股形式获得项目运营红利，并可以按比例向农户分红，成为农户资产收入。同时，在“土地”以外引导新业态带来新的薪金收入。吴房村通过推动“守护家园”计划，优先安排村民就业，提供物业管理等公益性岗位 40 个，实现本村全职就业 25 人、计次就业 45 人。村民人均月收入达 2 500 元，高于上海全市平均水平。

综上，通过盘活宅基地获得租金、通过集体经济入股项目获得分红股金、通过园区就业获得薪金，实现每户增收约 10 万元[16]。促进城乡居民收入在结构和总值上的差异程度减小，逐步实现均衡发展（图 9）。

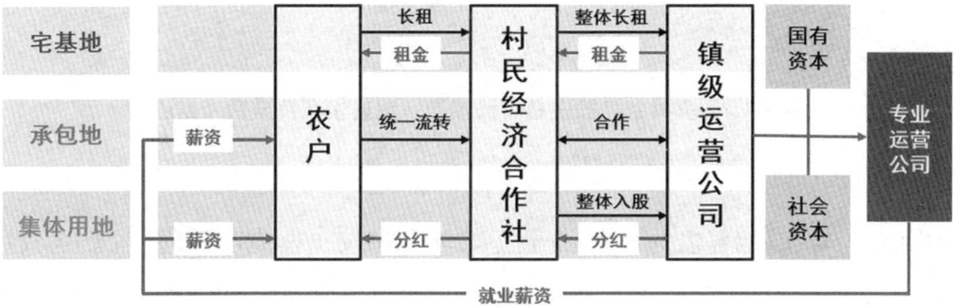

图 9　吴房村村庄村民增值模式图

5.4　示范：以高质量的近期项目促进后续发展

2018 年，吴房村率先启动位于村域西北角的一期项目（图 10），并于 2019 年 6 月正式投入运营。一期项目范围约 0.239km^2，涉及农户宅基地 75 户，其中保留居住 14 户，签约流转 61 户。

首先，一期项目在市政建设、社会服务方面保障物质和社会环境底线。市政建设方面，创新“一次投入，多线并进”方式，整合河道疏浚、路桥改造、截污纳管、景观绿化等多个子工程项目，实现多部门分头实施的重复建设减少和乡村建设负担降低。社会服务方面，重点解决乡村养老问题。借鉴日

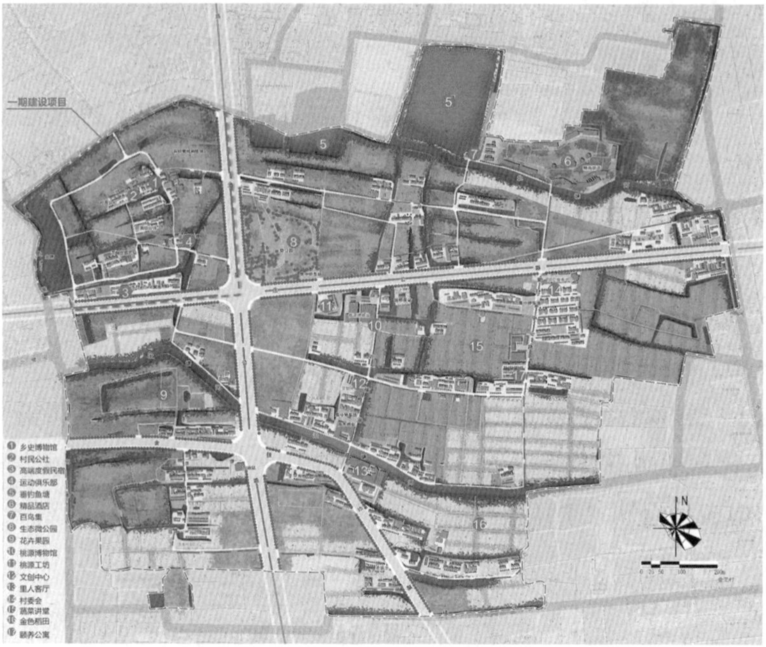

图 10　吴房村乡村振兴总平面图和一期建设项目范围示意图

图片来源:俞静、顾玄渊

本优先为老、就地养老的理念和做法①,配套建设 1 所老年日间照护中心以及 55 间颐养公寓,通过老人所获宅基地租金及政府养老补贴,覆盖养老公寓的开支,实现不离乡土、不离乡邻、不离乡音的就地养老目标。

其次,一期项目在产业导入、景观营造和社会治理方面形成诸多亮点。作为产业基金试点项目,已吸引近 30 家企业进驻。风貌营造方面,保留全部桃林约 0.2km^2,新建 15 个景观节点,通过“宅、院、街、桥、场”“田、水、路、林、社”等多种要素,强化“桃花源”文化韵味。社区治理方面,改造百年老宅为村民“三治堂”,推进建设“法治、德治、自治”融合的乡村文化场所和村民活动中心,提高社区凝聚力(图 11)。

① 日本针对老龄化地区的乡村提出合理规划配套便利的为老设施,通过鼓励老年人参与服务和经营的公众参与方式弥补乡村建设资金不足。

图 11　吴房村一期建设项目实景图

图片来源：乡伴朱胜萱工作室、上海时代建筑设计院，

上海市奉贤区吴房村乡村振兴示范村规划设计项目

5.5 吴房村实用性规划经验

吴房村三年多来的发展，努力摆脱了传统相对简单的整体撤并、集中安置的方案①，探索了一条保持农地不变、保留农宅不拆、保护村民不离的“三权分置”的特色发展之路，这是有代表意义的。从吴房村的案例中，我们看到，村庄要发展，必须跳出以村庄看村庄，从内循环走向双循环。吴房村没有采用上海市原来设计的五大类型乡村振兴模式②，而是走出了一条自己的道路。上海的村庄是上海的“菜篮子”和“后花园”，也是长三角的“试验田”和“微细胞”，村庄规划要从这一角度来重新评估乡村的权利和资源，探索一条“流量激活存量，并产生增量”的人地新关系的新道路（图 12）。

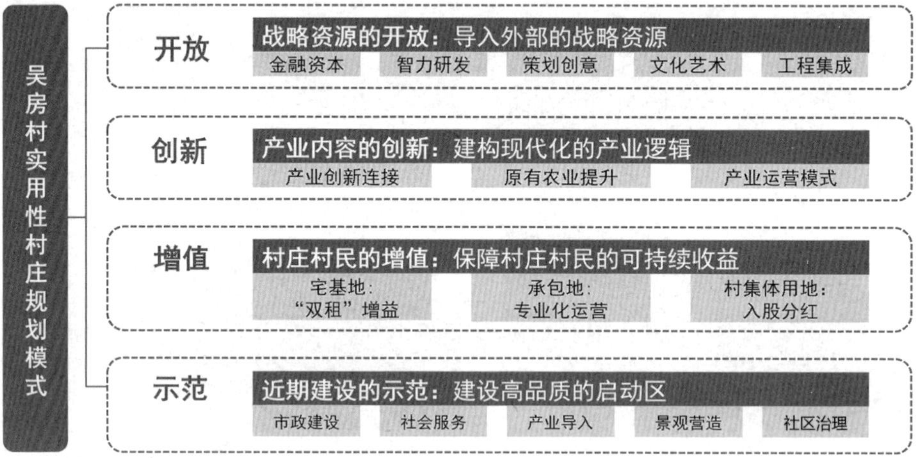

图 12　吴房村实用性村庄规划模式图

在吴房村规划编制和实践中，我们也看到村委会和镇政府在被评为“示范村”之前，对本村的现实困难、发展目标、村民权益、近期项目等方面都已有了丰富的思考和积极的探讨。镇运营公司负责人对村、镇两级资源和产业情况了然于胸，对项目建设能有效把控，并积极促成了市政跨部门的联合

---

① 上海市 2035 总体规划中提出，市开发边界外农村居民点用地减量 70%（至 190km²），数量从现状 3.3 万个自然村撤并至 2.42 万个。

② 上海乡村振兴示范村的五大类型包括休闲旅游型、特色农业型、区域联动型、生态保护型和产业融合型。

建设,极大节省了施工时间和投资规模。村民委员会主任作为吴房子弟,熟悉村民情况,关注留守老人,保证了村民知情权、选择权和决策权。他们身上充满了“我要振兴”的主动性,而不是“要我振兴”的被动性,为村庄规划营造了易于介入的高感应的环境,这是村庄规划最终得以产生实效的重要原因。

6 结语

上海有着相对完备和较为严密、谨慎的规划体系。乡村国土空间层面,已构建“村庄布局规划—郊野单元(村庄)规划—村庄规划设计”三级乡村国土空间规划体系,对农民集中居住、乡村产业发展、基础设施配套、耕地保护和自然资源管控、近期行动计划等内容形成综合指导。2018 年,上海全面开展“郊野单元规划”(3.0 版),进一步强化对乡镇全域全地类进行统筹布局和用途管制[22]。同时,上海又陆续出台了 20 项推进乡村振兴的配套政策文件,包括土地管理改革、产业发展引导、涉农资金扶持等内容。2018 年 11 月,《上海市乡村振兴战略规划(2018—2022 年)》《上海市乡村振兴战略实施方案(2018—2022 年)》陆续推出,探索“美在生态,富在产业,根在文化”的乡村振兴模式,实施层面聚焦于农村土地流转、产业结构调整、美丽乡村建设和推动示范村试点四项核心工作。

村庄作为城乡行政体系中最基层的单元,麻雀虽小但五脏俱全。从建设和管控角度看,村庄规划编制和实施有着充足的体制和机制工具,而从活力和价值角度看,村庄规划编制和实施存在巨大的资源短缺和市场风险,更需要村庄规划的编制者、管理者和主导者有所为而有所不为。就这一点而言,吴房村发展是一种幸运,吴房村规划难以复制。

参考文献

[1] 大辞海编辑委员会. 大辞海[M]. 夏征农,陈至立,主编. 上海:上海辞书出版社,2011.

[2] 霍恩比. 牛津高阶英汉双解词典[M]. 北京:商务印书馆 牛津大学出版社,2009.

[3] 陈思凯. 乡村振兴背景下的村庄规划与人居环境优化提升分析[J]. 住宅与房地产,2019(6):205.

[4] 中华人民共和国住房和城乡建设部. 住房城乡建设部关于改革创新、全面有效推进乡村规划工作的指导意见[EB/OL]. http://www.mohurd.gov.cn/wjfb/201512/t20151203_225842.html.

[5] 中共中央,国务院. 乡村振兴战略规划(2018—2022年)[M]. 北京:人民出版社,2018.

[6] 中华人民共和国自然资源部. 自然资源部办公厅关于加强村庄规划促进乡村振兴的通知[EB/OL]. http://gi.mnr.gov.cn/201906/t20190606_2440234.html.

[7] 吴珂,杨志远. 实用性村庄规划路径探析[A]//中国城市规划学会,重庆市人民政府. 活力城乡 美好人居——2019中国城市规划年会论文集. 北京:中国城市规划学会,2019.

[8] 中华人民共和国自然资源部. 自然资源部关于全面开展国土空间规划工作的通知[EB/OL]. http://www.gov.cn/xinwen/2019-06/02/content_5396857.htm.

[9] 温锋华. 中国村庄规划理论与实践[M]. 北京:社会科学文献出版社,2017.

[10] 张京祥,张尚武,段德罡,等. 多规合一的实用性村庄规划[J]. 城市规划,2020,44(3):74-83.

[11] 温铁军. 半个世纪的农村制度变迁[J]. 战略与管理,1999(6):3-5.

[12] 孙莹,张尚武. 我国乡村规划研究评述与展望[J]. 城市规划学刊,2017(4):74-80.

[13] 菅泓博,段德罡,张兵. 如何做好实用性村庄规划——基于非正规流转现象的观察与启示[J]. 城市规划,2019,43(11):103-111.

[14] 谢霏雰,吴蓉,李志刚. "十三五"时期乡村规划的发展与变革[J]. 规划师,2016,32(3):24-28.

[15] 周晓娟. 资源紧约束背景下超大城市乡村振兴战略和规划策略的思考——以上海为例[J]. 上海城市规划,2018(6):22-29.

[16] 俞静,顾玄渊,等. 奉贤区青村镇吴房村村庄规划(2017—2035)[R]. 上海:奉贤区规划和土地管理局,2018.

[17] 刘静,陆靖慧,叶子,等. 上海市"198"区域工业用地减量化对镇村利益的影响分析及对策研究[J]. 上海国土资源,2015,36(4):39-42.

[18] 张绪英. 基于全球创新网络的张江生物医药产业发展研究[D]. 上海:华东师范大学,2013.

[19] 承晨.上海特色小城镇发展:大都市郊区转型的再辨析[A]//中国城市规划学会,重庆市人民政府.活力城乡 美好人居——2019 中国城市规划年会论文集.北京:中国城市规划学会,2019.

[20] 上海市人民政府.上海市城市总体规划(2017—2035 年)[M].上海:上海科学技术出版社,2018.

[21] 张静,杨漾.上海奉贤黄桃之乡转型样本:从“三老”困境到自我造血新桃源[EB/OL].澎湃新闻,https://www.thepaper.cn/newsDetail_forward_3154125.

[22] 林坚,陈雪梅.郊野单元规划:高度城市化地区国土整治和用途管制的重要抓手[J].上海城市规划,2020(2):99-103.

特色风貌营造导向下的整治完善型村庄规划探索

——以北京市苑南村为例

庞　磊　任利剑　运迎霞

（天津大学建筑学院）

【摘要】　乡村振兴战略背景下，北京市开展了美丽乡村建设行动，村庄规划在这一时期面临着从蓝图式规划到实施型规划转型的新要求。新时代背景下的村庄规划以提高村民生活水平、促进农村经济可持续高质量发展为目标，立足于改善农村人居环境。本文以大兴区苑南村为例，通过多次乡村现场踏勘、驻村调研与座谈交流等方式，深入了解地区发展实际与诉求，充分尊重村民的主体地位，在村庄特色风貌营造方面进行了深入探索，以改造村庄公共活动空间、提升村庄绿化美化、提升公共服务设施配套等一系列规划措施来激发村庄活力，营造富有特色的"苑景文化"风貌村落，引导整治完善型村庄高品质可持续发展。

【关键词】　远郊村落　整治完善型　特色风貌营造　乡村振兴

1　引言

2018 年年初，《中共中央 国务院关于实施乡村振兴战略的意见》将乡村振兴上升到国家战略层面。随后北京市出台《关于开展"实施乡村振兴战略、推进美丽乡村建设"专项行动（2017—2020 年）的实施意见》；2019 年 1 月北京市政府又发布了《北京市乡村振兴战略规划（2018—2022 年）》，其总体要求指出，要准确把握北京"大城市小农业""大京郊小城区"的市情和乡村发展规律，切实把实施乡村振兴战略摆在优先位置，统筹推进农村经济建设、政治建设、文化建设、社会建设、生态文明建设和党的建设；北京市规划和国土资源管理委员会为落实两线三区、两规合一、分区分类引导、传承村庄文化、用地减量、激发村庄活力等目标，于2019年12月颁布《北京市村庄规划导则》，其要求指出，市域分区引导以“因地制宜，差异引导，分类施策”为原则，落实北京城市总体规划提出的“两线三区”的市域空间分区管控要求，按照集中建设区、限制建设区和生态控制区对村庄进行控制引导[1]；北京市大兴区政府也印发了《关于落实乡村振兴战略的实施意见》，落实了北京市乡村振兴的目标，提出美丽乡村建设的相关要求、提升农业发展的方式、落实生态优先和民生福祉等多个方面，同时编制了《大兴区美丽乡村规划建设整治导则》，结合大兴区平原地区乡村的特殊性，通过对大兴区集体产业用地试点、宅基地试点研究，推进村庄规划规范性，指导美丽乡村规划切实体现大兴本土特色和具体问题，提供美丽乡村建设整治的实施落地引导。

随着北京市美丽乡村建设的大力推进，越来越多的规划设计师参与北京市村庄规划的编制过程中，例如高宜程、王凡等基于国土空间规划的视角对北京市门头沟马栏村村庄规划进行了探索，从制定技术路线、实践多规融合、落实减量规划、强化“底线”空间管控、加强历史保护和村庄风貌引导、推进乡村建设信息化管理六个方面展开分析[2]；刘悦忻、高阳等从建设用地布局、基础设施、公共服务设施、文化保护四个维度进行参与式需求调研，构建了“以人为本”村庄规划框架，为北京典型城郊型村庄规划建设提供经验借鉴[3]；荣玥芳、高溪以北京巴园子少数民族村庄规划为例，对村庄文化资源深入挖潜，从产业发展、设施配套、空间环境等方面，探讨村庄文化保护与传承的相应策略[4]；刘佳以北京市片上村为例，基于产业与空间双路径的发展思考，制定了适宜策略与实施举措推动乡村振兴[5]。本文以大兴区礼贤镇苑南村为例，通过多次实地踏勘调研与座谈交流，深入了解村庄的社会与产业发展、空间环境、设施配套等情况以及村民发展诉求，充分尊重村民的主体地位，以村庄特色风貌营造为导向，通过相应的空间规划措施来改善人居环境、打造特色村容村貌，在实际规划中探索共同谋划、共同建设、共同管理、共同评估和共同享受的“四方五共”新模式。

2 村庄基本概况

2.1 村庄发展现状

苑南村属于北京市大兴区美丽乡村建设专项行动第二批村庄，位于礼贤镇镇域西部，距离北京市区约 40km，距离礼贤镇中心区约 7km，距离大兴国际机场约 9km，是一个典型的远郊村落（图 1）。村庄内部通过南北向贺梁路与苑南路连接对外交通，南邻大礼路（S307），向西邻近大广高速，距离大礼路高速收费站仅 4km，总体来看交通便捷，区位优势明显（图 2）。

图 1　苑南村区位图

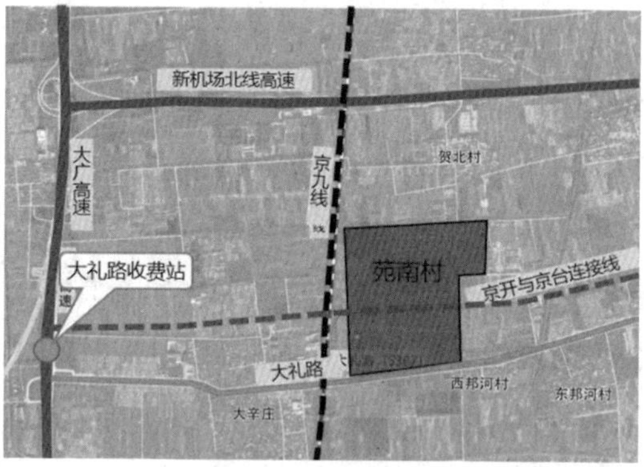

图 2　苑南村交通现状

通过实地调研及数据收集了解到，苑南村村域面积 1.3km^2，户籍人口 479 人，124 户，属于中型村庄，现状产业以种植业为主，2019 年村庄总产值 575 万元，村民年人均纯收入约 12 000 元。苑南村 60%～70% 的人不在本村从事农业工作，而是选择进城打工，村庄空心化现象严重，剩余青壮年劳动力严重不足，闲置宅基地较多，影响了村庄的良性发展。农村人口远离乡村涌入城市，是为了谋求更好的工作岗位和生活便利，究其原因主要是原区域公共服务、基础设施不完善，村庄产业发展落后，区域内公共教育、医疗卫生、工作机会等不能满足人们更高的需要，呈现区域结构性缺失。就苑南村庄内部而言，公共服务设施仅有村委会以及一处篮球场，村民休闲娱乐场所空间缺失;村庄住宅与街巷空间肌理较好,但道路硬化及两旁绿化情况较差,村庄绿化环境有待提升;村庄内荒废的空闲用地较多,杂物堆放、杂草丛生,影响村容村貌(图 3,图 4)。

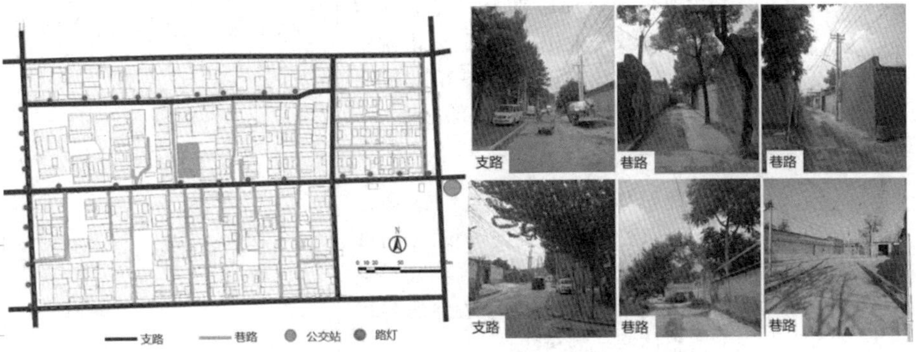

图 3　村庄现状道路交通

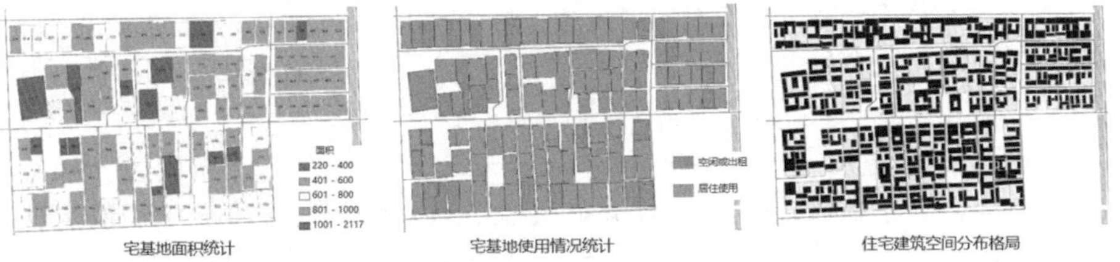

图 4　村庄现状宅基地情况

2.2　村庄规划导引

根据《北京市村庄规划导则》的要求,针对全市 3 000 多个村庄类型多样、发展要求各异的特点,采取分区分类、因地制宜的规划引导策略,全市行政村庄划分为四种类型:城镇集建型、整体搬迁型、特色提升型、整治完善型[6](表 1)。

根据分类要求划分,苑南村属于整治完善型村庄。整治完善型村庄的发展重点是改善环境、拆除违章建筑和完善公共服务设施。鼓励充分发挥村庄资源优势,结合住宅用地整理与集体工业用地集约腾退的方式,实现村庄人居环境质量提高、服务设施配置完善、产业升级与更新。村庄房屋更新可以结合产业发展特点,根据村庄的自然环境、地形地貌和施工控制要求,控制和引导建筑强度和建筑风格。

表1　北京村庄分类引导

村庄类型	划分依据	引导方向
城镇集建型村庄	主要包括全部或部分村庄居住组团位于或临近中心城区、城市副中心、新城、镇中心区及城市功能组团的集中建设区范围内的村庄	在城市集中建设区内实施集中安置或“村庄保留原形态”的弹性引导方式
整体搬迁型村庄	主要包括受地质灾害、水库、高压走廊、污水厂、垃圾处理场、不可移动文物保护、河道蓝线影响需要整体搬迁的村庄和生存条件恶劣确需整体搬迁的村庄	科学选址并明确村庄的迁建方案、实施时序和安置标准
特色提升型村庄	主要包括全市在录的各类特色保留村庄	结合村庄的特色要素,提升村庄产业发展活力,集约节约用地,控制村庄建设用地无序扩张
整治完善型村庄	在全市范围内广泛分布、不受各类要素影响的一般村庄,以及受灾害、高压走廊、污水厂、垃圾处理场影响小的村庄	积极开展集体产业用地整理; 鼓励村庄原地微循环整理; 村庄集并的相关要求; 落实村庄局部整治的要求

3　村庄特色风貌发展指引

3.1　村庄风貌规划定位引导

通过对村庄现状的梳理,可以看出苑南村的风貌、文化、产业等村庄特色资源并不突出。苑南村主要有四个方面的特征:村庄闲置用地较多,可建设用地资源充足;现状公共活动空间缺失,村民需求强烈;道路路面及两侧绿化较差,缺乏系统规划;人口外流严重,村内产业单一落后。

综合考虑以上因素,从村庄风貌营造视角切入,制定村庄可实施性规划引导方案。首先是确定村庄特色风貌主题,创意性地提出了打造“苑景文化”特色村的构想。深入挖掘“苑”文化含义,“苑”表示“敞开式植物园”“没有篱笆门禁的苑囿”。宋代诗人王谠在《唐语林·雅量》中写道“会幸苑中”,“苑”指园林、花园。结合村庄闲置用地较多与公共场地缺乏状况来规划打造村庄微景观“苑景游园”,通过打造微景观游园、整治主要街道绿化景观,提升村民居住环境质量,营造宜居家园,吸引村民返乡居住。村容村貌特色提升的同时,也为后期乡村旅游的发展提供优势资源,刺激村庄产业升级,抓住机遇打造“苑景文化”特色村庄,使游客陶醉于乡情乡景之中。苑南村庄整体风貌规划定位为:苑中闲居地,南城醉乡情。

3.2 营造乡村特色风貌

3.2.1 公共空间提质规划

对于村庄公共空间特色风貌的精细化设计,主要通过打造“两街四苑八景”来引导村庄规划。“两街”指的是两条东西向的主街:村委会前的文苑街与后面的雅苑街;“四苑”指的是利用闲置空地打造的“苑景花园”;“八景”指的是结合村庄风貌以及产业规划打造的观光旅游景点(图5)。

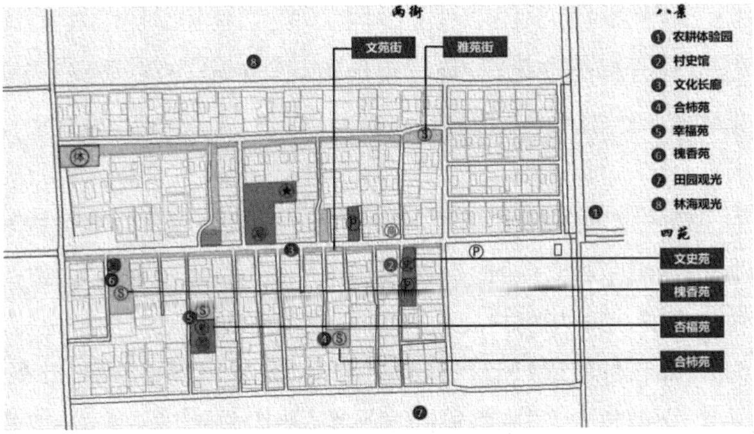

图5 特色风貌空间导引

文苑街,作为苑南村的东西向主街,位于村委会南侧,道路两侧绿化较差、多杂物堆积,南侧的空闲用地比较宽裕,拟规划沿街的绿带走廊。街道的设计要体现村落风貌,将文化墙沿走廊设置,通过绘制相关主题内容宣传传统优良文化;为了增加村民的参与性与互动性,沿绿廊设置部分健身器材，弥补现状健身设施的不足；规划的绿带走廊能够提供友好的步行和非机动车环境，沿文苑街建设生态型海绵停车场，解决停车问题。雅苑街，是位于文苑街以北的一条东西向次街，道路南侧的空闲用地同样比较宽裕，拟规划沿街的绿带走廊，以景观小品打造为主，鼓励村民参与其中，将家里的不用的老物件以及多余的盆栽贡献出来，共同打造微花园，真正形成共同谋划、共同建设、共同管理、共同评估和共同享受的“四方五共”新模式[7]（图 6）。

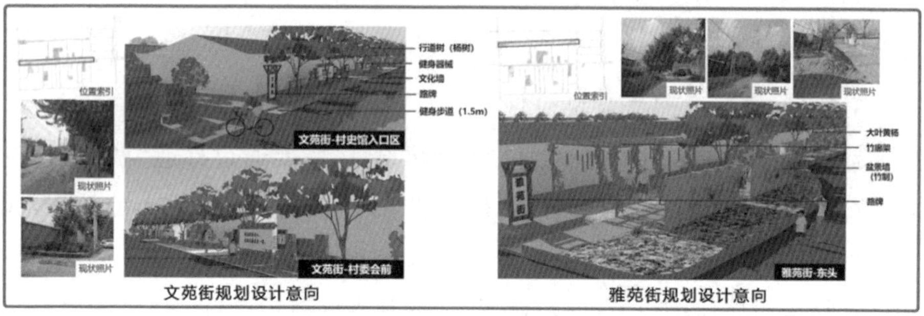

图 6 “两街”规划设计意向

文史苑，设立村史文化馆，规划用地面积 400m²，追根求源，不忘历史。根据文化渊源布置相关产业内容，通过图片宣传、实景展示、影片播放、亲身体验等方式，多方位展示苑南村传统的农耕文化、民俗文化。槐香苑，村内种植有大量洋槐树，遮阴乘凉效果好，整理广场绿化，丰富园林植物种类，新增景观小品和休憩设施，同时“槐香”又与“怀乡”谐音，能够唤起村民对出生之地的怀念之情，同时增强村庄居民的归属感。杏福苑，村内种植有大量杏树，以此为主要树种打造“苑景”，同时“杏福”又与“幸福”谐音，旨在鼓励村民关爱老人、孝敬长辈，家家都能阖家幸福，苑内并新建公共浴室和老年活动中心 1 处，占地面积约 700m²。合柿苑，村内部分村民院内种有柿子树，以此为主要树种打造“苑景”，同时“合柿”又与“和事”谐音，旨在鼓励村民相互关爱，家家都能阖家幸福（图 7）。

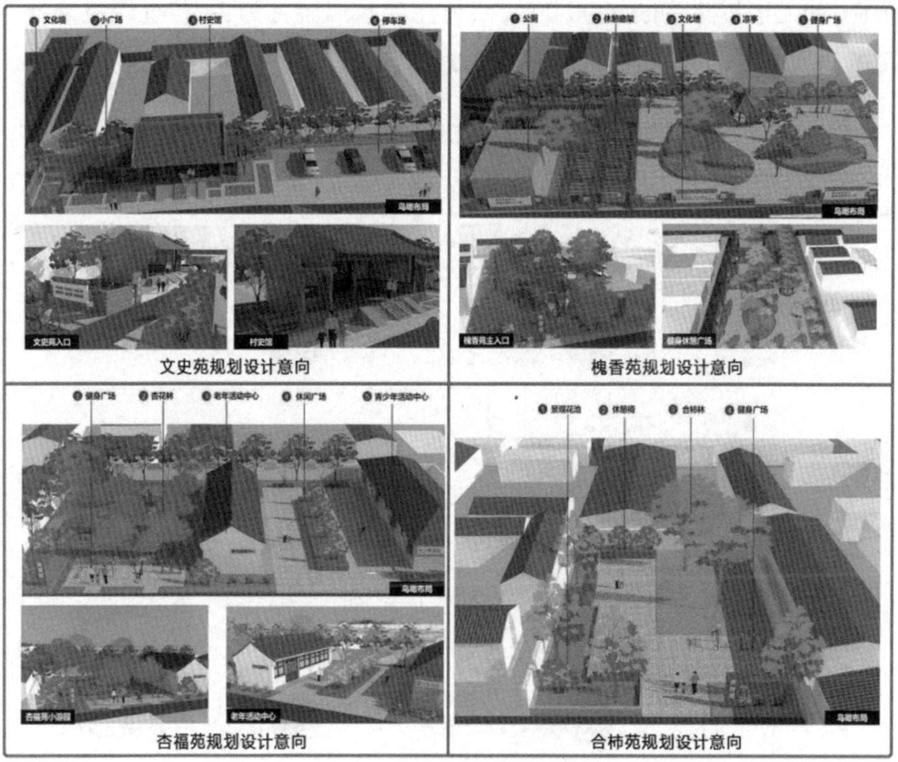

图 7 “四苑”规划设计意向

3.2.2 建筑风貌精细化设计引导

苑南村民居定位为北方平原庭院布局模式，对宅基地进行规模控制，建筑风貌建设应延续这一特色。在现行制度下，对村民住宅建筑高度、建筑体量等进行控制引导，使其与宅基地的审查审批流程和控制标准相统一[8]。

整体格局方面，村落整体格局呈规则的拼接矩形，规划应紧凑布局，进一步梳理村庄路网，突出村庄网格状街巷肌理。

建筑风貌方面，村庄建筑风格以北方建筑为主，部分建筑为传统元素与现代元素相结合的新中式建筑，避免建设不符合地域特色的建筑；统一建筑风格，对不协调的建筑，建议拆除改建，如无法拆除改建，可利用绿化进行遮挡；统一建筑色彩，村庄整体选取白、灰为主色调，延续村庄固有色彩体系，保留传统特点，可适当运用相近色对色彩跳脱的建筑重新粉刷，拆除彩钢板顶棚,如无法拆除,可进行重新喷涂;村庄建筑以砖瓦为主,传统建筑修补使用的材质应当与原有材质相同[9](图8)。

要素	颜色		材料
	引导	不引导	
屋顶	橙红色 浅灰色	红色 蓝色	砖瓦
大门	铁红色 棕色	黑色 白色	木材、金属
窗	橘红色 棕色 白色	黑色	木材、金属
门头	橘红色 白色 浅灰色	蓝色 粉色	砖瓦、石材、水泥、瓷砖、油漆
围墙	白色 青黑色 浅灰色	黑色 粉色	砖瓦、石材、水泥、油漆
			建筑风貌要素参考

图8　村庄建筑颜色与材料引导

建筑高度与建筑体量方面,严格控制村庄内建筑层数,应符合大兴区宅基地建设管理的相关规定;建筑体量不宜过大,应与周边建筑相协调;较大规模建筑应化整为零,分散布置;宅基地内建筑密度不宜超过70%。

民居院落功能改造方面,村民住宅按照使用功能分为自住、经营、自住与经营混合三类(表2)。根据建筑质量,空闲宅基地可分为建筑老旧型、建筑较好型两类,其中建筑老旧型宅基地是改造的重点对象,对于较大院落的居住宅基地也可以采取自住与经营混合的模式(图9)。民居院落功能改造的目标是提升村民居住空间,让村民参与产业发展,实现环境改善、收入增长[10]。

表 2　民居院落功能改造引导

宅基地类型		经营方式	经营对象	基本功能	建设模式
自住		个人	–	居住	原宅基地改造、提质
产业经营	文化展示	企业或合作社	幼儿园、学校、有孩子的家庭、普通游客	文化展示、体验	原宅基地改造
	餐饮服务	企业或合作社		餐饮、体验	原宅基地改造
	民宿服务	企业或合作社		居住、体验	原宅基地改造
自住与经营混合		个人		居住和经营	原宅基地改造、提质

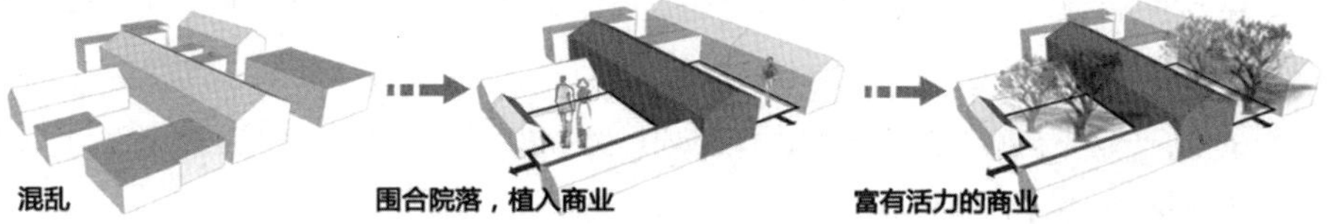

图 9　村庄民居院落改造引导

3.3　发展时序

近期规划主要是完善公共服务设施，配建广场绿地等活动场所；更换老旧电力管线及处理设施；整治宅前屋后环境，清理街道乱堆乱放的杂物；美化道路环境，硬化路面。远期规划是对闲置宅基地开发利用，全面提升村庄环境，完成公共空间、街道绿化美化改造，营造田园风光；条件成熟可进行电力电信管线入地改造；产业方面打造旅游观光村庄。

4　结语

乡村振兴战略背景下村庄规划面临着蓝图式规划向实施型规划的转变。作者通过多次深入苑南村实地踏勘调研，综合分析村庄现状条件，并充分尊重村民的主体地位，以改造村庄公共活动空间、提升村庄绿化美化、提升公共服务设施配套等一系列规划措施来激发村庄活力，营造富有特色的“苑景文化”风貌村落，引导整治完善型村庄高品质可持续发展，以期推动苑南村美丽乡村建设进程，实现农民安居乐业。

参考文献

[1] 北京市发展和改革委员会. 未来的“新北京富有活力的地区”——《促进城市南部地区加快发展行动计划》解读.

[2] 高宜程,王凡,裴欣. 国土空间规划背景下北京市门头沟马栏村村庄规划探索[J]. 小城镇建设,2020,38(5):107-114.

[3] 刘悦忻,高阳,刘路路,等. “以人为本”的村庄规划理念探索及其实践——以北京市大兴区朱脑村为例[J]. 中国土地科学,2020,34(10):18-27+68.

[4] 荣玥芳,高溪. 乡村振兴背景下少数民族村庄文化保护与传承策略研究——以北京巴园子村庄规划为例[J]. 小城镇建设,2019,37(10):76-82.

[5] 刘佳. 产业与空间双路径下的村庄规划思路探索——以北京市片上村为例[J]. 城市建筑,2019,16(36):38-39.

[6] 刘洋. 乡村振兴战略背景下城郊融合类村庄空间发展策略研究[D]. 北京:北京建筑大学,2020.

[7] 孟浩伟. 北京市提升改造型村庄建设用地整理潜力及整理策略研究[D]. 北京:北京建筑大学,2020.

[8] 高宜程,董浩,王凡. 基于共同缔造的村庄规划实践探索——以北京市顺义区沮沟村为例[J]. 城乡建设,2020(9):60-62.

[9] 杨琮. 乡村责任规划师制度实践探索——以北京市大兴区长子营镇为例[J]. 城市住宅,2020,27(4):9-12.

[10] 刘扬,吕佳. 村庄规划视角下全域土地综合整治探讨[J]. 小城镇建设,2021,39(1):32-37.

三、新时期乡镇服务功能建设与规划

面向县域可持续发展的公共产品供给研究

——以浙江省为例

楼佳飞　陈前虎
（浙江工业大学设计与建筑学院）

【摘要】 高质量发展背景下，县域公共产品供需矛盾日显尖锐，严重制约其持续发展，而解决问题的关键在于准确把握两者间的内在规律与作用机理。为此，运用灰色关联分析和地理探测器方法，分析2017年浙江省52个县（市）公共产品供给与可持续发展之间的关联关系和作用差异，结果表明：①县域公共产品供给与可持续发展之间存在较强的关联关系，其中，经济性公共产品与县域可持续发展关联更为密切；②两系统各分项呈现为"经济性公共产品与经济可持续关联最强、社会性公共产品与社会可持续关联最强，以及生态性公共产品与资源环境可持续关联最强"的对应特征；③伴随县域可持续发展水平的不断提升，生态性和社会性设施与县域可持续发展的关联度逐渐反超经济性公共产品；④就全省而言，县域可持续发展主要受到交通运输、生态及通信设施等因素的影响；⑤不同类型县域，影响其可持续发展的核心因素存在显著差异，其中，工业强县为改变粗放增长模式，实现地区转型升级，受生态性公共产品的影响更为明显，而道路交通及通信设施则在更大程度上决定了旅游强县的可持续发展水平。基于此，提出了整体协同、对症下药、与时俱进、因地制宜的县域公共产品供给策略。

【关键词】 县域　可持续发展　公共产品供给　机理分析　浙江省

1 引言

公共产品通常是指具有非排他性或非竞争性的产品与服务[1],其旨在满足公共需求,与经济稳步增长、社会福祉增进密切相关,是国家和地区正常运行与持续发展的物质基础和重要保障。对此,《中共中央关于制定国民经济和社会发展第十四个五年规划和二〇三五年远景目标的建议》予以高度重视,强调了统筹推进基础设施建设、建立健全公共服务体系的重要性。然而,伴随我国发展步入新阶段,公共产品供需矛盾不断显现并日益尖锐:一刀切的供给模式造成公共产品短缺与过量建设现象并存,配置不完善、不协调、不匹配等问题突出[2],严重制约了地区的可持续发展。

县域作为我国推进城乡融合发展的基本单元,在高质量发展的时代背景下,实现其持续成长具有独特的重要意义。因此,破解县域地区公共产品供需困境,推进县域公共产品的供给侧结构性改革迫在眉睫。县域公共产品与社会经济发展之间的作用关系研究也成为了热点[3-6]。直面县域持续发展需求,审视已有研究,以下探索仍待跟进:一是对公共产品与可持续发展之间的关联关系探究;二是对公共产品影响可持续发展作用的分类检视。

为此,本文通过构建公共产品供给与县域可持续发展两套指标体系,对浙江省 52 个县(市)开展评价,并在此基础上探究两系统之间的关联关系,分类探测造成可持续发展现有分异格局的公共产品影响因素,深入把握公共产品作用于县域可持续发展的内在规律与作用机理,为破解公共产品供需困境、提供县域可持续发展策略提供一定参考。

2 研究方法与数据来源

2.1 研究区概况

浙江省地处东南沿海,自然地理条件颇为丰富,包括山地、丘陵、平原及海岛等多种地形地貌,县域经济发达,是我国几十年县域发展实践的典范与缩影。作为区域发展水平和公共产品供给现代化水平均较高的重要地区,浙江省县域的持续发展相较其他地区更具前瞻性与典型性。因此,选取2017年浙江省52个县(市)单位为研究样本,其中包括19个县级市、33个县(含自治县),样本内部社会经济发展水平的非均衡性突出,如慈溪市常住人口高达150.2万人,而嵊泗县仅7.1万人;景宁县实现生产总值53.81亿元,而慈溪市生产总值可高达1 532.57亿元等。

2.2 指标体系与数据来源

立足县域发展现状,系统把握公共产品定义及可持续发展理论内涵,在借鉴相关研究的基础上,根据指标选取的科学性、系统性及数据可获得性,构建了县域公共产品供给和可持续发展评价指标体系。其中,县域公共产品供给评价指标体系(表1)结合世界银行的基础设施分类标准,将公共产品划分为经济性公共产品、社会性公共产品和生态性公共产品三大子系统;县域可持续发展评价指标体系(表2)则由经济可持续发展、社会可持续发展与资源环境可持续发展组成。

表1 县域公共产品供给评价指标体系

子系统层	指标层	单位
经济性公共产品	X1 互联网宽带接入用户覆盖率(0.093 3)	
	X2 每万人拥有公共汽车数量(0.092 5)	标台
	X3 公路密度(0.082 4)	km/km^2
	X4 每百人移动电话数(0.065 9)	部/每百人
	X5 建成区排水管道密度(0.052 6)	km/km^2
	X6 人均道路面积(0.079 3)	m^2
社会性公共产品	X7 每万人拥有图书馆藏书量(0.056 6)	册
	X8 每万人拥有医院床位数(0.084 0)	张
	X9 每万人拥有养老机构床位数(0.034 9)	张
	X10 每万人拥有剧场、影剧院及体育场馆数量(0.082 7)	个
	X11 中学教育生师比(0.047 7)	个
生态性公共产品	X12 建成区绿化覆盖率(0.044 6)	
	X13 人均公园绿地面积(0.074 9)	m^2
	X14 每万人拥有省级及以上湿地、森林公园数量(0.088 4)	个
	X15 污水厂集中处理率(0.020 4)	

表2　县域可持续发展评价指标体系

子系统层	指标层	性质	单位
经济可持续发展	人均 GDP(0.087 0)	+	元
	人均固定资产投资(0.149 4)	+	元
	人均社会零售品总额(0.072 1)	+	元
	人均财政总收入(0.118 5)	+	元
	第三产业占 GDP 比重(0.072 7)	+	
	GDP 增长率(0.012 3)	+	
社会可持续发展	城镇居民人均可支配收入(0.069 9)	+	元
	城镇居民人均住房建筑面积(0.062 3)	+	m^2
	贫困率(0.035 7)	−	
	城镇居民恩格尔系数(0.059 5)	−	/
	人口平均期望寿命(0.041 0)	+	岁
	城乡人均可支配收入比(0.045 4)	−	/
资源环境可持续发展	人均日生活用水量(0.035 5)	−	升
	单位 GDP 耗电量(0.049 2)	−	(kW·h)/万元
	万元 GDP 工业废水排放量(0.025 4)	−	吨
	万元 GDP 工业二氧化硫排放量(0.026 9)	−	吨
	城市空气质量优良比(0.038 1)	+	

各类社会经济数据主要源于2018年《浙江省统计年鉴》、各地级市统计年鉴以及各县(市)国民经济和社会发展统计公报;各类公共产品数据主要源于2017年《中国城市建设统计年鉴》《中国县城建设统计年鉴》;部分资源环境数据来自各地级市环境状况公报。其余未列来源数据则由林业厅、疾控部门等政府工作网站发布信息整理所得。对于少量的数据缺失,本文采用2016年同比数据推算补齐。

2.3　研究方法

2.3.1　主客观组合赋权法

客观权重:熵值法通过衡量数据的离散程度确定指标权重,可以有效克服信息重叠问题。本文在对原始数据进行标准化处理的基础上,采用熵值法计算指标的客观权重。

主观权重:层次分析法是将与决策有关的元素分解为目标、准则、方案等层次,并在此基础上进行定性与定量分析的决策方法。其思想在于通过对同一层次各元素之间的两两比较,计算各元素对上层元素的相对重要性,进而确定每个元素对总目标的权重系数。

主客观组合权重:为保证评价结果与实际情况的相对一致性,并克服主观因素对权重的过度影响,采用主客观组合赋权法确定各项指标权重w_j。w_j由主观权重 w_{1j} 与客观权重 w_{2j} 计算所得,具体步骤如下[7]:

$$w_j = \frac{\sqrt{w_{1j}w_{2j}}}{\sum_{j=1}^{n}\sqrt{w_{1j}w_{2j}}}$$

最后得到样本县域的综合评价指数:

$$Z_j = \sum_{j=1}^{n} x_{ij} \cdot w_j$$

2.3.2 灰色关联分析方法

灰色关联分析法的基本思想是根据序列曲线几何形状的相似程度来判断不同序列之间的联系紧密程度,曲线越接近则序列之间关联度越大,反之则越小。该方法利用关联度顺序描述各因素之间关系的强弱、大小及次序,具备计算简便、量化结果与定性分析相对一致等优点[8],且同样适用于截面数据。因此,本文采用灰色关联度分析方法,验证公共产品供给与县域可持续发展之间的关联关系。具步骤主要如下。

对序列数据进行标准化:

$$X'_i(k) = \frac{X_i(k) - \bar{X}_i}{s_i}$$

式中:$X_i(k)$为第 k 个县(市)第 i 项指标的得分;$X'_i(k)$为标准化后的得分;$\bar{X}$为该项指标得分的平均值;s_i 为该项得分的标准差。

计算关联系数:

$$\xi_i(k) = \frac{min_i min_k |y(k) - x_i(k)| + \rho max_i max_k |y(k) - x_i(k)|}{|y(k) - x_i(k)| + \rho max_i max_k |y(k) - x_i(k)|}$$

式中：$\xi_i(k)$ 为第 k 个县(市)第 i 项指标的关联系数；$\gamma(k)$ 为第 k 个小县(市)参考指标的得分；$\rho \in [0,1]$ 为判别系数，用来削弱最大值过大而失真的影响，提高关联系数间的差异显著性，相关研究表明为达到最好分辨率，通常取 $\rho=0.5$。

计算关联度：

$$r_i = \frac{1}{n}\sum_{k=1}^{n}\xi_i(k)$$

式中：当 $0<r_i\leqslant 0.35$ 时，两系统关联度较弱；$0.35<r_i\leqslant 0.65$ 时，关联度中等；$0.65<r_i\leqslant 0.85$ 时，关联度较强；当 $0.85<r_i\leqslant 1$ 时，关联度极强。

2.3.3 地理探测器

地理探测器是探测空间分异性，并揭示其背后驱动力的一组统计学方法。该方法的核心思想基于如下假设：若某一自变量对某一因变量有重要影响，则二者的空间分布应具备相似性[9]。地理探测器可以探测单个影响因子的驱动力大小，也可以探测两个因子的交互作用大小，具备对多个变量的共线性免疫等特点。因子驱动力 q 的计算模型如下：

$$q = 1 - \frac{1}{n\sigma^2}\sum_{h=1}^{n} n_h\sigma_h^2$$

式中：n 和 σ^2 分别为研究样本的总量与方差；n_h、σ_h^2 为层 h 内的样本量与方差。q 取值范围为[0,1]，数值越大表明自变量对因变量的驱动力越大。本文采用地理探测器，分别探测各类公共产品对县域可持续发展水平空间格局的影响作用。

3 评价结果分析

结合原始数据与组合权重，计算得到浙江省 52 个县(市)的公共产品供给与县域可持续发展水平评价指标体系的各项指数。利用 ArcGIS10.2 中的 Jenks 自然断裂法，按照综合指数从低到高依次界定样本为 Ⅰ ~ Ⅴ级，并对各项指数进行可视化处理。

3.1 浙江省县域公共产品供给水平分布特征

由表 3 可知，浙江省 52 个县域单元中，公共产品供给综合指数为Ⅰ级的县市合计有 8 个，Ⅱ级县市 12 个，Ⅲ级县市 13 个，Ⅳ级县市 8 个，Ⅴ级县市 11 个；超 60% 的县域单元公共产品供给综合指数达到中等（Ⅲ级）及以上水平。

表 3　2017 年浙江省县域公共产品供给综合指数分级表

等级	地区	综合指数	等级	地区	综合指数	等级	地区	综合指数	等级	地区	综合指数
Ⅰ级	平阳县	0.069	Ⅱ级	江山市	0.113	Ⅲ级	永康市	0.143	Ⅳ级	岱山县	0.159
	永嘉县	0.078		开化县	0.114		景宁县	0.144		玉环市	0.163
	乐清市	0.082		庆元县	0.115		东阳市	0.149		云和县	0.169
	青田县	0.083		龙游县	0.117		新昌县	0.149		嵊泗县	0.169
	泰顺县	0.084		松阳县	0.121	Ⅳ级	仙居县	0.151		长兴县	0.171
	苍南县	0.094		建德市	0.122		温岭市	0.152		海盐县	0.172
	缙云县	0.096		诸暨市	0.123		天台县	0.154	Ⅴ级	嘉善县	0.181
	兰溪市	0.098		常山县	0.126		余姚市	0.154		安吉县	0.183
	瑞安市	0.099		三门县	0.127		淳安县	0.154		桐乡市	0.191
Ⅱ级	文成县	0.107	Ⅲ级	武义县	0.132		平湖市	0.156		象山县	0.193
	嵊州市	0.109		磐安县	0.133		浦江县	0.156		海宁市	0.198
	遂昌县	0.111		临海市	0.138		宁海县	0.156		德清县	0.203
	龙泉市	0.112		慈溪市	0.141		桐庐县	0.157		义乌市	0.213

从空间上看（图 1），浙江省县域公共产品供给综合指数大致呈现北高南低的空间分异格局，同时也存在部分高低值分散布局。其中浙北嘉兴、湖州地区以Ⅳ、Ⅴ级县（市）为主，浙南温州地区则主要以Ⅰ级县（市）为主。公共产品供给各分项指数水平及空间分布特征存在显著差异（图 2）：经济性公共产品指数同样呈现北高南低特征，县域之间非均衡性更为明显；云和县、仙居县、天台县等地常住人口较少，万人拥有公共产品更为充足，从而表现出较高的社会性公共产品供给指数；生态性公共产品供给指数位于中等及以上水平的县域单元显著增加。其中，泰顺县、文成县、云和县等高水平县具有得天独厚的自然生态禀赋，为森林、湿地公园等设施的建设提供了良好的资源本底。

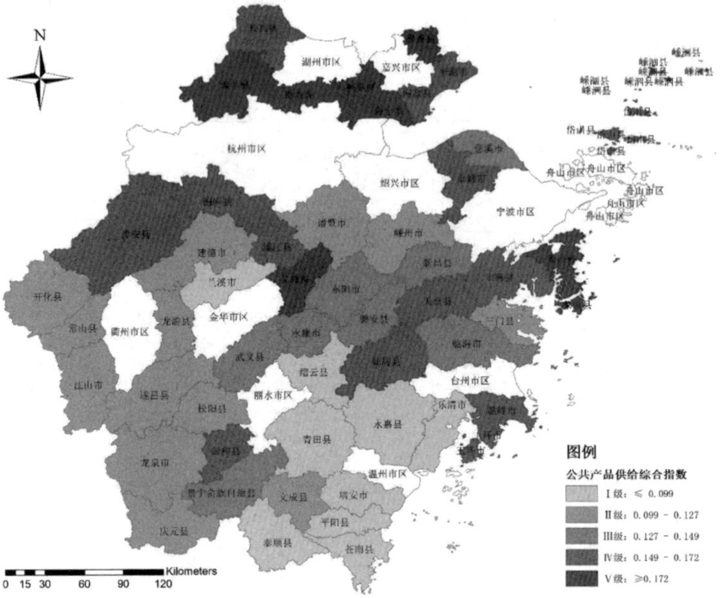

图 1　2017 年浙江省县域公共产品供给综合指数空间分布图

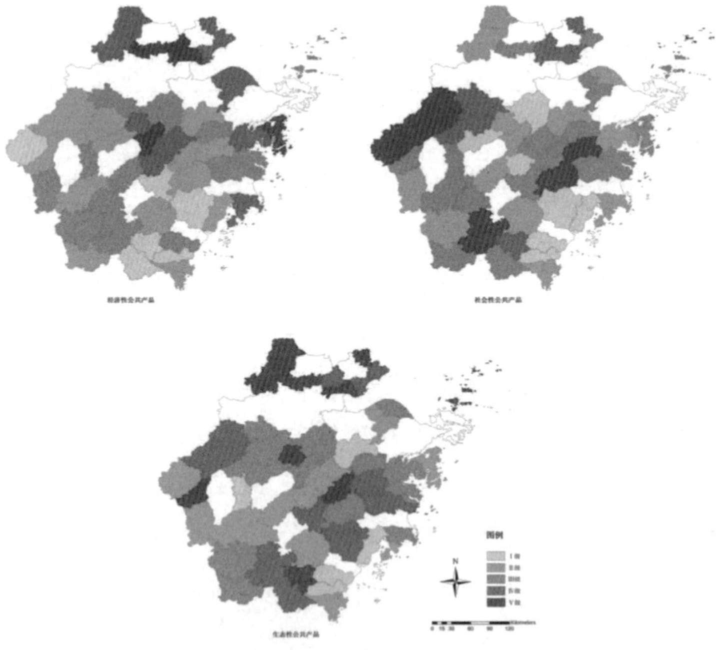

图 2　2017 年浙江省县域公共产品供给分项指数空间分布图

3.2 浙江省县域可持续发展水平分布特征

将52个县域的可持续发展综合指数划分为5级(表4)。各级包含的县域单元数量从低到高分别为11、13、10、11、8,约四分之三的县(市)可持续发展水平达到了中等及以上水平。空间分布上,可持续发展综合指数呈现出北高南低的显著特征(图3),与公共产品供给综合指数分布具有明显的一致性。同时,各个分项指数间差异明显(图4),具体如下:经济与社会可持续发展水平整体空间布局与县域可持续发展综合指数趋于一致,高值主要集中于北部地区,而资源环境可持续发展分项指数则呈现出西南高、北部低的特征。这反映出,浙江省部分县域在追求社会经济发展之时,或多或少地忽略了对资源环境的同比补偿,导致社会经济发展高水平状态下,资源环境可持续发展状况堪忧;而部分县域或因尚未在资源集约、生境保护与社会经济发展之间实现有效平衡,虽然资源环境状况保持优良,但经济与社会发展水平尚显薄弱[10]。

表4 2017年浙江省县域可持续发展综合指数分级表

等级	地区	综合指数	等级	地区	综合指数	等级	地区	综合指数	等级	地区	综合指数
Ⅰ级	浦江县	0.092	Ⅱ级	龙泉市	0.115	Ⅲ级	天台县	0.141	Ⅳ级	东阳市	0.183
	兰溪市	0.093		龙游县	0.116		瑞安市	0.144		长兴县	0.184
	松阳县	0.096		开化县	0.118		玉环市	0.148		桐乡市	0.197
	缙云县	0.097		淳安县	0.118		景宁县	0.156		嘉善县	0.198
	苍南县	0.101		遂昌县	0.122		温岭市	0.159	Ⅴ级	新昌县	0.203
	江山市	0.104		青田县	0.122		嵊州市	0.161		海盐县	0.204
	云和县	0.104		临海市	0.128	Ⅳ级	象山县	0.166		诸暨市	0.204
	磐安县	0.105		武义县	0.128		桐庐县	0.166		德清县	0.206
	庆元县	0.105		平阳县	0.130		乐清市	0.167		慈溪市	0.222
	常山县	0.106		建德市	0.130		安吉县	0.173		海宁市	0.224
	永嘉县	0.107		三门县	0.131		宁海县	0.174		岱山县	0.227
	泰顺县	0.109	Ⅲ级	仙居县	0.138		平湖市	0.180		义乌市	0.227
	文成县	0.112		永康市	0.141		余姚市	0.180		嵊泗县	0.282

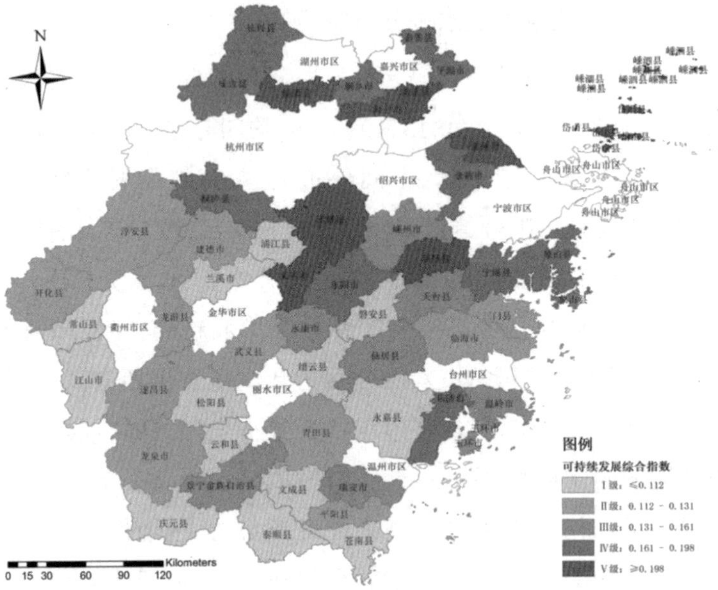

图 3　2017 年浙江省县域可持续发展综合指数空间分布图

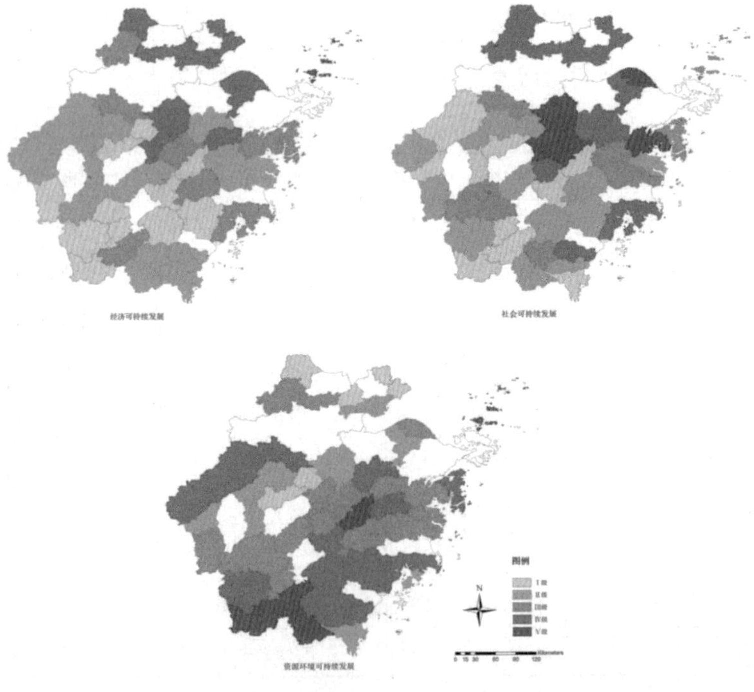

图 4　2017 年浙江省县域可持续发展分项指数空间分布图

4 浙江省县域公共产品供给与可持续发展的机理探究

4.1 县域公共产品供给与可持续发展的关联分析

县域可持续发展水平的空间分异是多种因素共同作用的结果,其中公共产品作为区域发展差异的一大影响因素,其作用已得到学界的广泛检验与普遍认同,即公共产品的合理供给有利于实现社会经济的平稳运行、资源要素的高效共享、生存环境的持续优化以及人的全面发展[11]。但是,与区域特性不相适应的公共产品供给必将对社会经济的平稳运行与持续发展产生负面影响,把握县域公共产品供给与可持续发展之间的关联关系,有利于厘清二者间作用机理。

4.1.1 整体关联分析

利用灰色关联分析方法,得到如下关联矩阵(表5),结果显示浙江省县域公共产品供给与可持续发展两系统间关联度均在0.6以上,达到较强关联水平。其中,公共产品供给综合指数与资源环境、社会及经济可持续指数的关联度均超过0.7,意味着公共产品供给与可持续发展三大子系统之间的相互作用均十分显著。

表5 县域公共产品供给与可持续发展关联矩阵

关联矩阵	生态性公共产品	社会性公共产品	经济性公共产品	公共产品综合指数
资源环境可持续	0.726 2	0.687 0	0.637 9	0.711 4
社会可持续	0.716 8	0.735 9	0.783 8	0.807 6
经济可持续	0.678 1	0.697 2	0.786 8	0.782 3
可持续发展综合	0.664 1	0.699 7	0.754 6	0.801 3

着眼公共产品供给分项,可以发现,经济性公共产品与县域可持续发展关联最为紧密(0.754 6),远远超过社会性公共产品(0.699 7)与生态性公共产品(0.664 1),这一结果反映了不同公共产品促进县域可持续发展的内在机理与顺序规律:经济性公共产品主要服务于经济增长目标,通过为生产部

门提供基础支撑与必要保障，直接作用于社会生产活动的正常开展与持续运行，在县域经济发展过程中居于主要地位[12]。而社会性公共产品及生态性公共产品则主要以实现社会进步与人类发展为直接目标，旨在为人类满足自身基本生存和发展需求、改善生存状态、提高生活质量、提升个体身心健康与社会公平和谐提供主要支撑[13]。此类设施通过营造优越的社会环境、积累高素质的人力资本、强化社会科技创新能力来提升劳动效率，从而对生产活动的开展产生间接影响。鉴于经济可持续发展是县域可持续发展的基础，因此经济公共产品与县域可持续发展之间关联最为密切；此外，各子系统之间关联性存在对应关系，即经济可持续发展与经济性公共产品之间关联最为紧密，社会可持续发展则与社会性公共产品最强关联，资源环境可持续发展与生态性公共产品之间关联度最高。

4.1.2 分阶段关联分析

县域发展是一个持续的演进过程，由于不同阶段的发展特性差异，公共产品与县域可持续发展之间的关联关系也同样有所变化。为此，以县域可持续发展综合指数为依据，采用自然断裂法将县域划分为低、中与高水平三级，分别考察两系统之间的关联度，结果显示（表6）：由低水平向高水平迈进的过程中，在与县域可持续发展的关联度上，呈现出“经济性公共产品（0.680 8）>社会性公共产品（0.671 0）>生态性公共产品（0.606 1）”向“生态性公共产品（0.686 7）>社会性公共产品（0.672 0）>经济性公共产品（0.641 0）”的转变特征，即可持续发展水平越高的县域单元，社会性、生态性公共产品与可持续发展之间存在更为显著的关联关系，而这一变化趋势恰是城市发展与人的需求重点转变的规律体现，与马斯洛需求理论的内涵具有高度一致性。

表6 不同发展阶段县域公共产品供给与可持续发展关联矩阵

可持续发展水平	经济性公共产品	社会性公共产品	生态性公共产品	公共产品综合指数
低水平	0.680 8	0.671 0	0.606 1	0.675 6
中水平	0.651 5	0.678 9	0.651 2	0.645 1
高水平	0.641 0	0.672 0	0.686 7	0.640 1

4.2 县域可持续发展的公共产品驱动因素分析

4.2.1 整体驱动因素分析

运用地理探测器模型，计算各项公共产品因子对浙江省县域单元可持续发展综合指数驱动作用的q值，其分析结果显示见表7。

就全省县(市)而言，公路密度对县域可持续发展水平的空间分异具有最强解释力，q值达到了0.555，并在1%水平上显著。其余核心因素依次为每万人拥有公共汽车数量，每万人拥有省级及以上湿地、森林公园数量，互联网宽带接入用户覆盖率，每百人移动电话数等指标，对应q值为0.415、0.399、0.391、0.305，且均通过显著性检验。上述结果表明，浙江省县域可持续发展的地域分异主要受道路交通、生态公园及通信设施建设等因素影响。

1. 道路交通设施的驱动力

道路交通设施作为区域内各类要素流动的主要通道，对于地区发展具有不容小觑的重要作用。进入社会大生产阶段以来，该类设施作为一种社会先行资本，既为人民生活水平的提升提供重要保障，更成为了县域实现可持续发展的重要先决条件[14]。伴随城镇化水平持续向纵深推进，区域要素流动规模不断增大，道路交通设施的建设水平愈发显著地影响到地区间要素的自由流动。因此，对任何县域单元而言，道路交通的建设完善与否都深刻影响其可持续发展。

2. 生态公园设施的驱动力

浙江省湿地资源丰富，但却面临着围垦等不合理开发问题。为保护自然资源、维持生态系统稳定，各县(市)响应地方号召，积极推进湿地公园建设。近年来，通过建设湿地名录等举措，湿地生态红线管控得到进一步落实，湿地生态效益持续发挥的同时，也满足了公众对于休闲游憩的需求与社会经济发展的要求，县域可持续发展水平由此不断提高。未来，各类生态公园设施建设对于推动县域可持续发展水平提升的影响或进一步增强。

3. 通信设施的驱动力

网络化、信息化的巨大浪潮孕育了信息经济，无论经济发展还是社会文化进步均受到了信息技术的重大影响，从信息化到智能化再到智慧化，区域发展的智慧程度不断加深已是大势所趋。从经济发展来看，信息技术可以有效促进区域经济管理职能进一步集中，促进多方即时信息的互动，并在电子空间上补充区域的服务供给与产品流动，有利于经济高效运转；着眼社会文化生活，当前互联网已成为人们获取各类资讯、相互交往、工作学习乃至日常生活的必需工具，电子流的影响已深入大众生活的各方各面。而上述种种，均有赖于通信设施的完备建设。未来，县域智慧化发展水平持续加深，通信网络设施的高质量建设在实现县域地区可持续发展的过程中将发挥着愈益重要的作用。

表 7　浙江省县域可持续发展水平地域分异因子探测结果

影响因子	q 值	影响因子	q 值	影响因子	q 值
X1	0.391***	X6	0.143	X11	0.205**
X2	0.415**	X7	0.139	X12	0.028
X3	0.555***	X8	0.126	X13	0.156
X4	0.305*	X9	0.024	X14	0.399**
X5	0.037	X10	0.068	X15	0.045

注：***、**、*分别表示为 1%、5%、10%水平下显著。

4.2.2　分类驱动因素分析

在参考国内权威机构发布的《中国工业百强县(市)、百强区发展报告》、“中国县域旅游竞争力百强县(市)”及“浙江省旅游经济强县”等名单的基础上，选取若干工业强县、旅游强县典型地区，进行驱动因素的分类探测，发现可持续发展空间分异的驱动因子在不同经济职能偏好的县域中差异显著。分析结果如下。

1. 工业强县

工业强县包括了慈溪市、诸暨市、义乌市、乐清市、温岭市、余姚市、永康市、海宁市等在内的近 20 个县域单元。因子探测结果显示，人均公园绿地面积，每万人拥有公共汽车数量及每万人拥有省级及以上湿地、森林公园数量对工业强县可持续发展的驱动力较强，q 值分别达到 0.757、0.723 和 0.561，且均在 10%水平下显著。这表明，生态性公共产品建设对于工业强县的持续发展意义重大。进入 21 世纪，原先过度依赖资源要素投入的粗放经济增长模式遭遇严峻挑战，实现县域发展转型升级迫在眉睫。以工业强市诸暨市为例,面临产业快速发展带来的生态恶化问题,该市自觉推进“五水共治”“811”美丽诸暨建设等生态文明建设实践,通过环境污染治理、园林绿化美化等重要工程实现了经济社会及生态统一发展。当前,受生境恶化的桎梏,浙江省工业县(市)普遍面临着转型的重大挑战,而实施污染治理与生态建设则成为其跨越发展障碍的必由之路,推进生态性公共产品建设刻不容缓。

2. 旅游强县

旅游强县涵盖了安吉县、嘉善县、天台县、淳安县、武义县、德清县、桐庐县、桐乡市等共 20 个县(市)。该类县域的可持续发展主要受到每万人拥有公共汽车数量(0.784),每百人移动电话数(0.604),互联网宽带接入用户覆盖率(0.541),公路密度(0.427),每万人拥有省级及以上湿地、森林公园数量(0.336)的影响,且各因子分别在 1%、5%、5%、10%、10%水平下显著。道路交通与通信设施表现出对县域可持续发展的强烈驱动作用,由此反映了旅游强县的实际发展需求。一方面,现代旅游业的产生和发展与道路交通密切关联,交通不仅是实现游客流动的必要环节,并逐渐显现出了满足游客游览、娱乐、体验等多元需求的新兴功能。便捷的交通不仅成了旅游活动的一部分,同时也决定了其他旅游产品价值的实现程度,对旅游目的地的持续发展起到了重要基础影响[15]。另一方面,当前旅游发展也出现了新的势头——旅游与互联网通信技术深入融合,智慧旅游引领产业转型。旅游业是信息高度集中并对信息高度依赖的行业,信息化对旅游业的影响日益深远,成了衡量旅游目的地竞争力、发展水平的重要标志之一。网络购票、3D全景地图、实施停车位等各项功能逐步融入智慧景区建设,游客对旅游体验的需求日益多元,通信设施建设水平也在更高程度上影响了县域旅游产业的发展,从而对地区持续发展产生重要影响。

5 结论与建议

5.1 主要结论

我国县域公共产品供需矛盾突出,严重桎梏了其持续发展,把握二者间关联关系及作用机理是解决矛盾的关键所在。为此,本文构建了县域公共产品供给与可持续发展的评价指标体系,并基于评价结果,进一步探讨了系统间关联程度及作用机理差异,得出如下结论。

1. 公共产品供给与可持续发展及其各项子系统之间均存在较强关联;两系统各分项之间的关联关系存在"经济可持续与经济性公共产品最强关联、社会可持续与社会性公共产品最强关联,以及资源环境可持续与生态性公共产品最强关联"的对应特征;随着县域发展水平提升,社会性与生态性公共产品逐渐反超经济性公共产品,表现出与县域可持续发展之间的更强关联。

2. 公路密度,每万人拥有公共汽车数量,每万人拥有省级及以上湿地、森林公园数量,互联网宽带接入用户覆盖率,每百人移动电话数五项指标对于浙江省县域整体可持续发展具有较强的驱动力;影响县域可持续发展的核心要素在不同类型县域间存在差异:工业强县受到人均公园绿地面积,每万人拥有省级及以上湿地、森林公园数等生态性公共产品影响更大,而交通运输、通信设施建设作为旅游产业发展的关键基础与转型必需,则对旅游强县发展影响显著。

5.2 策略建议

根据上述结论,从系统、分类的视角为不同县域可持续发展提出差别化、针对性的公共产品供给策略十分必要。

1. 遵循公共产品促进县域发展的顺序规律,注重县域公共产品的系统供给,发挥不同公共产品组合供给的叠加优势。此外,注重经济性公共产品,尤其是道路交通、通信设施的全周期供给十分必要。

2. 对症下药,弥补县域可持续发展短板。可持续发展旨在实现地区经济、社会及生态的协调统一,而任一者的滞后都会导致整体实力的落后。为此,要破解县域可持续发展困境,必须抓住主要矛盾,针对性强化公共产品短板供给,即经济弱者以强化经济性公共产品为主,社会弱者重点强化社会性公共产品,等等。

3. 按照与时俱进原则,适时转变公共产品供给重点。针对可持续发展水平较低的县(市),弥补经济性公共产品——尤其是水、路、网等设施的供给短板,促进其经济增长起飞,是十分必要且有效的;而对于发展水平较高的城镇，针对性地提高社会性公共产品及生态性公共产品的供给水平，则有利于进一步满足居民更高层次的美好生活需要，推动县域可持续发展水平不断深化。

4. 因地制宜，实现不同职能县域公共产品差异化供给。针对工业职能突出的县（市），在满足经济性公共产品充足供给的基础上，着力提升公园绿地、污染治理等生态性公共产品建设，构建"高品质人居环境建设—人才吸引力增强—科技创新动力提升—产业转型升级"的发展路径，实现其提质升级；对于旅游型县（市），进一步夯实交通基础，强化通信设施建设十分必要，应加强移动互联网、大数据、云服务、5G 等通信设施建设，提升旅游目的地综合实力，实现旅游县（市）智慧化可持续发展。

参考文献

[1] 沈满洪，谢慧明. 公共物品问题及其解决思路——公共物品理论文献综述[J]. 浙江大学学报（人文社会科学版），2009，39（6）：133-144.

[2] 邓卫. 关于小城镇发展问题的思考[J]. 城市规划汇刊，2000（1）：67-70+80.

[3] 熊兴，余兴厚，王宇昕. 基本公共服务与县域经济发展关系研究——来自三峡库区重庆段区县的例证[J]. 西部论坛，2019，29（6）：110-121.

[4] 董晓芳，刘逸凡. 交通基础设施建设能带动县域经济发展么？——基于2004—2013年国家级高速公路建设和县级经济面板数据的分析[J]. 南开经济研究，2018（4）：3-20.

[5] 迟瑶，王艳慧，房娜. 连片特困区贫困县农村基本公共服务与县域经济时空格局演变关系研究[J]. 地理研究，2016，35（7）：1243-1258.

[6] 周欣. 县域基础设施对县域经济发展的作用机制研究——以辽宁省为例[J]. 农业技术经济，2006（6）：70-75.

[7] 韩增林，朱珺，钟敬秋，等. 中国海岛县基本公共服务均等化时空特征及其演化机理[J]. 经济地理，2021，41（2）：11-22.

[8] 刘思峰，党耀国，方志耕. 灰色系统理论及其应用[M]. 北京：科学出版社，2004：49-50.

[9] 王劲峰，徐成东. 地理探测器：原理与展望[J]. 地理学报，2017，72（1）：116-134.

[10] 杨建辉，任建兰，程钰，等. 我国沿海经济区可持续发展能力综合评价[J]. 经济地

理,2013,33(9):13-18.

[11] 金凤君.基础设施与人类生存环境之关系研究[J].地理科学进展,2001(3):275-284.

[12] 赵鹏军,刘迪.中国小城镇基础设施与社会经济发展的关联分析[J].地理科学进展,2018,37(9):1245-1256.

[13] 赖金良.作为社会基础设施的民生保障体系建设[J].浙江社会科学,2012(5):65-72+156-157.

[14] 于江霞,海猛,韩少华.公路交通与经济发展空间相关性及收敛性分析[J].交通运输系统工程与信息,2015,15(4):31-37.

[15] 李如友,黄常州.中国交通基础设施对区域旅游发展的影响研究——基于门槛回归模型的证据[J].旅游科学,2015,29(2):1-13+27.

双层逻辑作用下的乡镇自建社区“微更新”探索与实践

——以井冈山市龙市镇无物业小区更新改造实践为例

徐愉凯
（上海交通大学设计研究总院有限公司）

【摘要】 在宏观经济进入新旧动能转换的环境下，中国城镇化的模式也从“盲目扩张”向“精明增长”转变，城市更新成为了未来城镇发展的重要空间处理方式。随着城市生产网络体系的重构，乡镇所处的城市网络分工注定其资源获得能力将逐步减弱，减量发展成为一般乡镇的空间发展常规路径，城镇内部的存量社区将更多以精细化、渐进式的“微更新”处理范式为主。居民作为社区微更新的主角，具有“生产者”和“消费者”双重属性，而双重属性也形成了在微更新过程中以“生产者”视角所形成的过程导向型逻辑和以“消费者”视角所形成的结果呈现型逻辑并存，双层逻辑融合共生，形成支撑乡镇社区更新的内在运作动力。本文以井冈山市龙市镇无物业小区微更新项目为案例，解读双重逻辑在乡镇这一特定空间单元中的运行路径。

【关键词】 乡村自建社区　微更新　生产者　消费者　社会逻辑　空间逻辑

1　背景研究

习近平总书记在党的十九大报告中明确提出我党的根本奋斗目标是

不断创造人民美好生活。随着多要素交叠作用下中国宏观经济进入新旧动能转换期,中国城镇化逻辑由“城市规模论”转变为“网络联系论”。在双循环新格局下,立足实际分析城市所处的生产网络位置和城市网络分工,在精明增长的前提下高效优质地挖掘存量资源。社区作为城市建设与发展的基本单元,其建设好坏是人民评价生活是否美好的重要标准。作为城市更新的有机组成部分,微更新已成为实现城市内涵式发展的主要路径,是促进城市均衡性和公平性发展的重要催化剂、预防社区衰败的重要举措。

2 概念解析

2.1 “微更新”的概念

随着 2016 年城市工作会议提出“有序实施城市修补和有机更新,解决老城区环境品质下降、空间秩序混乱等问题”的明确要求,目前的城市更新工作按照更新对象与更新方式可分为三种类型。

第一,自上而下的政策导向推动的城市更新,即整体化、颠覆式改进。目前较常见的像“三旧改造”,在设施状态相对较滞后的城市片区做整体拆除,然后再做全新建设。

第二,与保留相结合。更新和保留应是一对相生相伴的概念,有保留就有更新。在某种程度上或在一定时间维度上,它是一种有意识的、渐进式的过程。

第三,微更新。在既有物质空间框架下,进行环境、设施提升或空间修复等,目的是让现有物质空间环境和使用者在不做大变化的前提下,让更新对象有更好的状态[1]。

2.2 “社区微更新”的特点

社区是指由聚在一定范围内的人民所组成的社会生活共同体,社区的概念是自下而上的自发形成要素,暗含了政府权力在社区中的弱化,某种程度上也跳脱出了行政区划的范畴[2]。因而,同大尺度的城市更新相比,社区微更新具有以下几方面的显著特点。

第一,主要发生在居民区这一相对独立和简单的空间之中,与市民的居住和日常生活紧密相关,其产出会直接影响居民的幸福感、获得感和安全感,所以居民是重要的利益相关方。

第二,相较于城市新旧区域的大拆大建与基础设施层面的规模性建造或改造,微更新主要是通过局部甚至微小部位的修补和完善,挖掘闲散资源、培育社区文化,来提升社区环境和品质,因此工作量和变动规模有限,这就为居民的亲身参与提供了行动上的可能。

2.3 “社区微更新”中“人”的双重属性

“社区微更新”的实践要靠“政府—社会—居民”,三方共同协作方可实现多方共赢[3],其架构多为核心主体:社区居民、社区居委会、社区代表;激发主体:社会组织、专业人士和企业;平台支撑主体:街镇、政府部门。三个主体共同作用,推动一个“社区微更新”工作的推进。

在三个主体中,社区居民作为社会人的角色既明确又模糊。社区作为以人为主体形成的一定范围内的社会生活共同体,人在其中起到了至关重要的作用,居民既是更新后空间再造和环境改善的“消费者”,也可能因为主动参与而成为直接的“生产者”,因而具有双重的社会功能属性。

在中国的具体环境中,不同性质的主体在社区共同生产过程中的互动与关系千差万别。在公共力量强势区域,由于社会力量不足,公共部门或者居民自治组织在共同生产中起到关键性甚至决定性作用,但导致的后果即是社会参与力量必然有限,居民在共同生产中的作用受到抑制,人的“生产者”属性被弱化,单一体现“消费者”属性。在社区力量强势区域,居民的主动参与提高了服务满意度和社区归属感,但过度依赖居民的自发行动,又往往难以形成有效的集体行动;在此过程中人的“生产者”属性被放大,但是“消费者”红利被弱化或延迟。因而如何有效把握人的双重属性在“社区微更新”的行动过程中的作用,超越简单的政府中心论和社会中心论,在更微观的视角上分析中国语境中的产生机理,才能更为高效地协调“政府—社会—居民”等多方力量,推动高效高质的社区微更新进程。

2.4 双重属性导向下的双层逻辑

基于居民作为社会人在社区微更新工作推进过程中的“生产者”与“消费者”双重属性，在规划编制过程中形成两个既相区别又有联系的双层逻辑。

“社会逻辑”，以“生产者”的视角所形成的过程导向型逻辑。社会逻辑关注社区更新背后的人文关怀和社会互动，是社区不同利益得以调和并采取联合行动推进社区发展的持续过程。在这个过程中，项目设计仅仅是治理的一个环节，脱离治理环境和社区背景来谈项目设计无疑是无源之水、无本之木。因此，微更新的发生和展开就不仅仅是技术实现的过程，而对有关社会政策和各主体之间的行动相关性和结构化提出了更高的要求[4]。

“空间逻辑”，以“消费者”的视角所形成的结果呈现型逻辑。空间逻辑关注的是社区空间规划与改造的理念、方法和路径，如依据社区现有的历史、文化、地理、人情资源，通过创造性挖掘和外部性连接，展现新的社区景观和风貌，或者通过项目运作吸引社会力量广泛参与，激发社区升级、生长与发展的动力，实现对社区形态和内在活力的重塑[5]。

双层逻辑既相互独立又相互融合，社会逻辑侧重“微更新何以产生并持续”，空间逻辑则侧重“如何实现更新”。它们并不摒弃“生产者”或者“消费者”的任意一种属性，只是看在具体微观层面哪种属性的作用更加突出对于其导向下的逻辑产生的效能更加明显。

3 乡镇自建社区的特征分析

3.1 乡镇发展的趋势

习近平总书记指出：“我国经济发展的空间结构正在发生深刻变化，中心城市和城市群正在成为承载发展要素的主要空间形式。”“产业和人口向优势区域集中，形成以城市群为主要形态的增长动力源，进而带动经济总体效率提升。”这种深刻的变化将带来我国乡镇发展模式的巨变。全国大量的镇区空心率一般在50%，乡村人口大部分只剩下30%，乡镇衰败是不可避免的自然规律。加速把乡镇人口、产业集聚到县城,把全县乡镇集中统筹安排,也成为下阶段县域经济发展的主基调。这就决定了除去产业基础雄厚、区位条件优越的乡镇,其余乡镇的外部发展助力将相对减少,因而对于此类乡镇,减量发展和精致差异化、实现品质优化成为了必然的发展路径,而大量的存量空间资产的微更新也成为乡镇必须面对的命题。

3.2 乡镇自建社区的特征

3.2.1 “空间逻辑”视角下的特征分析

1. 长期无序发展导致的模糊权属空间

不同利益主体在社区中以各自的利益作为其行动的基础,而各方利益的交集之一是社区中的可支配空间[6]。各个主体通过对社区中空间的占用及支配,构成了社区的基本秩序,决定了社区居民们的利益分配。乡镇自建社区由于用地权属分散,发展周期漫长,从建设之初就难以从较高的发展目标和整体目标上规划社区发展。由于缺乏系统性规划,必然出现各私域侵占公域现象,在没有长期确权的前提下,造成自建社区原本稀缺的公共空间被进一步压缩,同时在未来的微更新过程中由于权属的争议成为改造过程的掣肘。

2. 自发生长所产生的公共服务功能缺位

自建社区与其他区段的老旧小区存在一个共性问题,即原有设施与当代生活方式、居民需求的不匹配,甚至情况更为严重。一方面,是自建小区发始之初就是自发建设,这种粗放式的开发模式导致了社区内市政配套设施不健全、公共服务设施缺失等情况比比皆是。随着年轻人口大量外流,社区人口结构向老龄化、低收入化转变[7],这也决定了这些老旧小区对于适老性设施、基础性服务等方面配套有着更为强烈的需求。另一方面,是新的生活方式带来的需求转变。小汽车与电瓶车的普及、网络购物的兴起、现代物流配送行业的建立、垃圾分类政策的推广以及居民健康生活意识的觉醒,这些都对自建社区的空间提出了重新配置的要求。

自建社区并没有相对完善的住区物业管理体系,但在建成后的很长一段时间内,物业管理缺失带来的诸多问题并没有成为社区的主要矛盾。究其原因,在于自建社区背后依然是以村落为单位的“熟人社区”,互相熟悉的邻里间通过大量的自治自理工作完成了社区的自我管理，而村委也在一定程度上承担了物业公司的部分职能。但随着城镇化进程的进一步推进，原来基于“熟人社区”的小区自治机制也逐渐瓦解。街道办事处、居委会等机构取代了原来村委的部分职责，承担了大量的基层工作，但也无法实现物业管理工作的全覆盖。自建社区与新建小区的差距被进一步拉大，居民的生活、安全缺乏保障，无形中也降低了自建社区的空间品质与居民幸福感[8]。

3. 地域文化基因带来的文化场景空间

乡镇自建社区由于其建设周期往往伴随城镇发展，因而其中保留了许多城镇的历史文化记忆，老楼、老街、老牌坊……它们是社区空间的灵魂，是地方群体生活的记忆，更是在唤起地方集体记忆的同时重建生活共同体。注重本土化、在地性的社区营造模式，在社区历史文化保育、生态环境可持续性开发以及形成社区文化认同上具有重要意义[9]。

3.2.2 “社会逻辑”视角下的特征分析

1. 较为相似的社会群像图谱

乡镇自建社区的人员组成结构相对稳定且同质，拥有较为相似的生活生产经历以及社会认知，本质上相对同质化的社会人群群像图谱有利于寻找群体之间的共同利益点，营造邻里互助的社区文化，以“文”促“人”，通过社区之间的居民互助协商，打造社区共同体。

2. 较为紧密的社会网络与社会结构

乡村自建社区的社会网络体系本质上脱胎于传统村落的“熟人社会”，同学、亲属、同事、邻里的人际关系有效地维系了整个社区的社会网络体系，也构建了相对稳定的社会结构层次。除了整体拆迁改造等特定影响，这种稳定的社会结构难以从根本上被打破。相对成熟稳定的社区结构有利于在社区微更新过程中形成群体观念。这种既有的紧密关系所形成的社区信任在有效引导的基础上能够较城市社区更快地形成社区意识并反哺空间营造。

3. 居民经济水平与认知水平相对低下

熟人社会带来的稳定的社会结构与情感认知使得自建社区具有天然的

情感优势,但是源自所处乡镇的经济发展水平与整体认知水平,居民在涉及自身利益下就会更加的实际。如一些社区微更新将增加停车位作为主要目标,却没有考虑停车位也将挤占社区其他有限的空间资源,现实中也出现了由此而引发的有车居民和无车居民、有车位居民和无车位居民、受影响居民和项目实施者的矛盾。

4. 政府财力的落差以及社会资源的匮乏

社区微更新通常是由“政府—社会—居民”三方力量共同协调、相互匹配、相互作用的结果。在三者的职能中,政府更多起到平台配套和资金保障的作用,社会群体包括企业、专业人士等第三方力量,在更新过程起到激发作用。在城市中,政府的财力相对充裕,社会资源相对充足,对于微更新的实施可提供更多的保障。在乡镇,由于地方财政紧张,社会资源相对匮乏,导致在乡镇社区的微更新项目中外部保障体系相对薄弱,在特定条件下还需要承担一定的政治、经济或展示职能。

4 井冈山市龙市镇无物业小区“微更新”的社区实践

4.1 项目背景

本规划位于著名的会师圣地井冈山市龙市镇。龙市镇是中国革命的摇篮,是朱毛胜利会师的圣地。由于红色文化要素的不可替代性,龙市镇作为大井冈山红色旅游的重要节点,在规划将城镇定位为“以革命星火源为核心IP的中国红色文化休闲旅游第一小镇”,并以此为总体定位统筹镇域所有开发项目的打造。

项目所在地无物业小区位于龙市镇老镇区城北下街巷居住区域(图1),属于老镇区核心区域,本次微更新区域面积约 $6hm^2$,街巷长度约1 050m。片区内以宅基地自建房为主,是典型的自建社区。

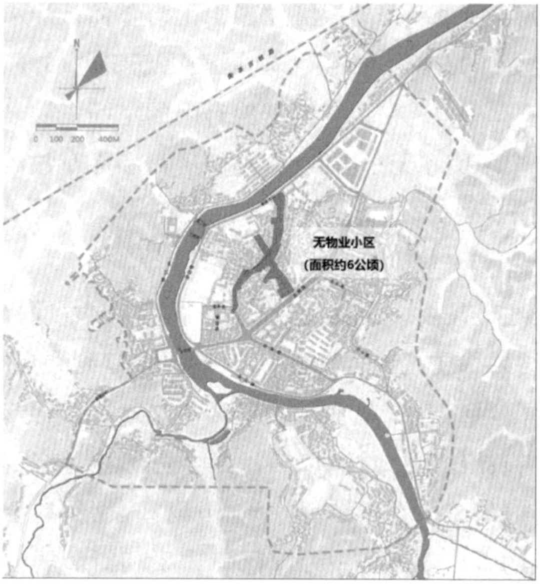

图 1　无物业小区区位图

4.2　自建社区微更新的动力机制

4.2.1　民生改善诉求动力

由于社会经济的发展和时间推移，该小区公共设施陈旧，缺少集中绿地；市政设施配套落后，街巷污水明沟堵塞，缺少必要的排水、排污等市政工程设施，电线杆老化，电信电缆管线纵横交错，杂乱无章；现状部分道路无法通车，无固定车位，存在乱停车现象；街巷两侧院墙陈旧，缺少绿化空间；建筑风格多样，且部分建筑立面老旧不堪。低品质的生活环境使得居民十分关注空间环境的更新和设施品质的提升。

4.2.2　城镇发展动力

社区微更新作为改善人居环境的政府行为或社区自发行为，有着深厚的社会经济背景和时代色彩。该片区从传统意义上龙市镇的核心区域逐渐转变为龙市镇生活配套设施最为落后的区域，政府在难以进行片区一体化改造的前提下更关注如何关注零星地块、闲置地块、小微空间的内涵提升建设，改善社区空间环境，缩小市民生活环境品质差异，是社会人文关怀提升的表现。

4.3 “社会逻辑”视角下的痛点选择

以“人”为重点的营造是指满足居民生活需求、保持公共产品供给，打造和谐邻里关系，建构社会支持网络，鼓励居民参与公共事务、实现社区自治。居民是社区营造的核心主体，在稳定社区结构作为情感支撑的保障之下，深入了解居民的社区需求，将居民组织起来开展营造活动来实现自我管理、自我服务，才是将居民“消费者”与“生产者”两种属性有效统筹一致的关键。因而在项目踏勘和社区走访过程中，我们重点关注在居民消费端按照“空间逻辑”的产品供给痛点，通过痛点的梳理与解决来启动社区微更新的渐进式工作。

基于踏勘走访，梳理出无物业小区居民消费端的五大痛点。

·道路通而不畅。目前道路只是3~4m宽的巷道，难以达到通车要求。

·下水排而不流。目前片区的雨污水设施都是明渠混排形式，环境恶劣。

·设施有而无用。目前的休闲游憩设施排布混杂，难以使用。

·院墙私搭乱建。由于历史原因导致的院墙侵占公共空间的现象比比皆是。

·环境乱而无序。片区内各自建房无章可循，前期建设管控相对宽松，导致建筑风格迥异。

4.4 “空间逻辑”视角下的路径探索

4.4.1 系统性走访摸底

更新工作不应只是关注小区内部问题的“补丁式”单项工程，更应看作是一项综合的社会空间规划。既要“补短板”来弥补发展的历史欠账，又要“抓特色”来挖掘小区的未来价值；既要打破空间阻隔来厘清社区发展与城市发展的关系，又要存量挖潜培育社区内生发展动力。本项目在改造前期对项目进行区段分类，通过建筑、环境划分单元编号，对各划分单元进行细致踏勘和居民走访，了解第一手居民痛点（图2，图3）。

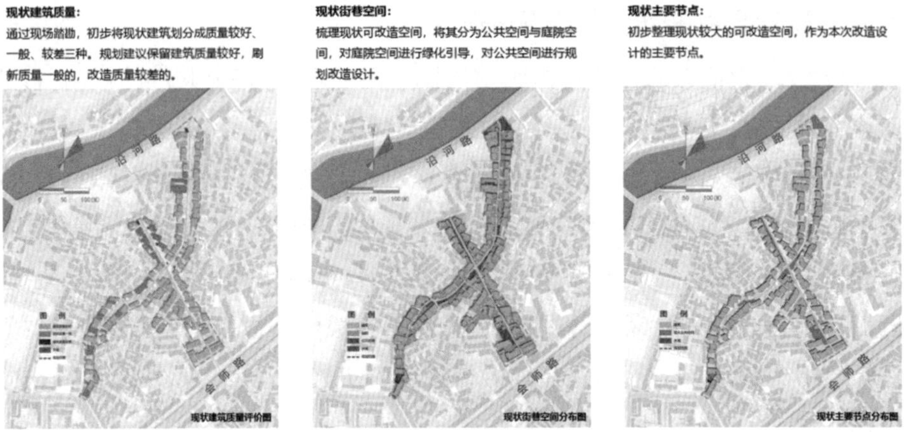

图 2　建筑、街巷、开放空间现状图

图 3　现状踏勘走访汇总图

4.4.2　全过程多专业融合

从项目开始，就建立了包含规划、建筑、市政、交通、景观等多个专业的工作小组，以工作营的方式共同开展设计工作。设计中明确专业工作面的切割，重点关注校核专业交界面的处理，做到专业图纸间的无缝对接。实施阶段，以建立旧改项目行动支部、旧改项目工作小组的形式进行施工统筹，并通过一定的制度创新，在保障项目质量的基础上，简化项目流程、加快项目推进速度。

4.4.3 居民逐步介入

居民对于更新改造的参与不是一蹴而就的过程,通过初期采用问卷调查、现场访谈与部门座谈结合的方式进行意见征询,充分了解小区内住户、租户、管理者等不同利益群体对改造工作的认知与诉求。设计过程中,则采用居民意见征集会、方案草案公示等方式,深入社区沟通设计想法并收集意见反馈,确保设计方案的可操作性和可实施性(图4)。在实施阶段,邀请居民进行第三方监督,逐步激发居民作为一个微更新的"生产者"的属性,并有效保证项目的适用性。

图4 居民座谈、现场走访、入户调研

4.4.4 空间精细化利用

无物业小区的微更新就是在存量空间中进行精细化的改造,使得公共空间在秩序与活力、多样的功能需求与有限的物质空间内得到一种动态平衡。

1. 通行问题——道路拓宽改造

腾挪空间归还路权,对妨碍交通的道路两侧构筑物、堆放物进行集中清理。在部分尽端路及节点空隙设置回车场,方便车辆调头及临时停放。将目前十字路东西、南北两侧道路统一拓宽至8m,满足住区基本道路主干路的通车、会车、停车基本要求。对改造难度较大地段,保证5m的最小距离。改造后95%以上道路宽度达到8m,对疏导老城区交通压力发挥重大作用(图5)。

2. 停车问题——院墙拆除、增加固定及临时停车位

在保证基本车辆通行的情况下,局部拆除院落的民众,可以相应补偿固定停车位。即拆除院子腾挪出的空间一部分用于拓宽道路,一部分用作居民自家的停车位。以A区段一户人家为例,拆除后院落空间仅减少5~8m^2,还得到了一个固定停车位。本次方案改造成功后,整体新增加固定生态停

图 5　道路拓宽方案示意图

车位 55 个、临时停车位 15 个(可作共享车位)。并且考虑到绿色出行,在节点处增加 4 处共享单车停车位(图 6)。

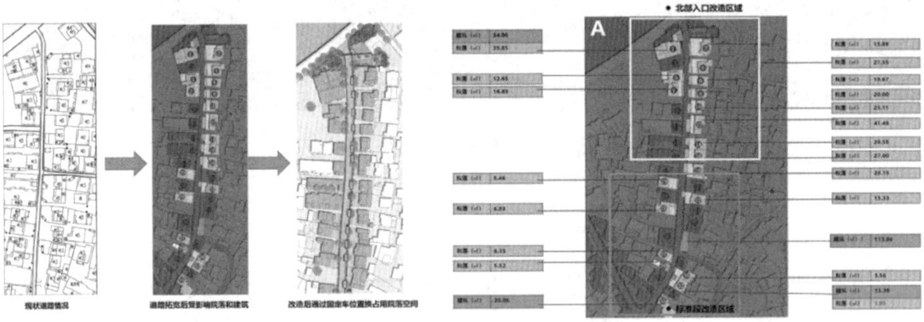

图 6　院墙拆除方案示意图

3. 给排水问题——管道地下处理,改变直排污水

由于无物业小区属老小区,内部市政管网复杂,年久失修,存在用水安全和用水卫生等多重隐患。远期规划改造,给水外网改造主要用 DN300 球墨铸铁管,该管接出配水管接入接户管,水位经水泵房后送至各幢建筑,消防栓采用室外地上式,间距不大于 120m。增加一处临时取水点,配备储水设施,以便应急使用。

此区域内雨水由铺设于街区内支路、干路下的 DN300-600 雨水支管收集后,排入沿河路的 DN800-1000 污水干管中。规划地块高程比周边道路的最低路段高程高出 0.3m 以上,地面排水坡度不小于 0.2%。地块内雨水通过雨水管道收集,结合地形,统一排入管道,进入主干管网。考虑到目前无物业小区有一处直排口，近期建设中予以保留，作为备用雨水排水口。

4.4.5　地域文化特色展示

无物业小区的改造不仅是对居住、生活、交往、服务等城市“显性功能”的满足，也是对城市历史文化、人文精神等“隐性价值”的挖潜与传承。考虑到龙市镇红色文化基因以及陶瓷产业要素，在无物业小区的片区景观中融入红色与陶瓷两大要素，形成“一带一轴四节点”的空间结构。

“一带”：讲述井冈山革命故事、宣扬红色文化为主题的特色街巷；“一轴”：表现陶瓷技艺和龙市镇特有文化脉络的禅意街道；“四节点”：南北两处入口节点景观以打造红色文化、服务周边居民日常活动为主，中心区两处节点以展现陶瓷技艺和禅意生活为主。将社区文化展示、文化营造纳入老旧小区改造工作（图7），既是化解“千城一面”现象、展现城市特色的有效方法，更是发挥居民共建积极性、增强居民自豪感、强化社区凝聚力与归属感的重要手段，是共同缔造理念中“发展共建、建设共管”内容的重要组成部分。

图7　北入口节点更新方案

5 结语

在收缩精致发展的新形势下，社区的微更新将更多关注“人”这一主体要素。在居民作为“消费者”与“生产者”双重属性的作用下，应当从空间愿景的角度抓住“消费者”的产品痛点，通过远景引导与渐进式导入来推进双重属性的有效融合。龙市镇无物业小区的微更新从居民痛点角度出发，围绕社区停车通勤难、市政配套设施不健全等问题开展公共空间的重构以及自我管理、自我服务，逐渐形成了本社区的自治组织，并以“人”的营造为切入点。其行为的驱动力来自社区居民之间的共同利益，通过对社区内停车空间的再造，重新分割社区内居民的利益，达到居民之间利益的一致。在重构利益格局的基础上，居民由于得到了实惠，进而愿意反哺社区；通过对社区景观的保护、社区文化的传承等方式，唤起社区居民对社区公共事务的参与及对新河浦社区的认同，建立起邻里间的互信互助关系，最终形成社区共同体。

参考文献

[1] 阳建强. 用有机更新和内生发展理论整体推动老旧小区改造[N]. 中国建设报，2019-12-05.

[2] 蓝宇蕴. 社会生活共同体与社区文化建设——以广州幸福社区创建为例[J]. 学术研究，2017(12)：66-76.

[3] 吴莹. 空间变革下的治理策略——“村改居”社区基层治理转型研究[J]. 社会学研究，2017(6)：94-116.

[4] 张媛. 适度与包容理念下的老社区街道微更新策略——以天门市天门街道为例[J]. 规划师，2019(Z2)：53-57.

[5] 仇保兴. 城市老旧小区改造要“整体设计先行”[J]. 城乡建设，2019(18).

[6] 陈建胜. 农村社区文化营造何以可能与何以可为——以杭州农村文化礼堂建设为例[J]. 山东社会科学，2015(9)：72-78.

[7] 衣霄翔. “危机”抑或“契机”？——应对收缩城市空置问题的国际经验研究[J]. 城市规划学刊，2020(2)：95-101.

[8] 王承华,李智伟.城市更新背景下的老旧小区更新改造实践与探索——以昆山市中华北村更新改造为例[J].现代城市研究,2019(11):104-112.
[9] 倪冶.从工程改造走向社区复兴——以昆山为例的社区微更新路径初探[J].江苏城市规划,2020(11).

绕城生态地带村庄统筹保护和开发利用规划研究
——以宁波市鄞州区石家村等村为例

励春丽　王彬彬　刘颖奇
(宁波市鄞州区规划设计院)

【摘要】 近郊绕城生态地带是宁波市控制城区蔓延的重要生态防线所在,过去在多规不合一的规划背景下,主要以被动保护的生态农业地区形式存在。近郊区位致使该地区承接部分城镇溢出功能,成为整体风貌失控的边缘地带。身处其中的村庄受城镇化引力影响原住民流失严重,加之村庄建设受限,逐步走向衰败。近年来,国土空间规划体系的建立和土地制度改革的推进,给该地区乡村发展破题提供了新机遇。本文以宁波市鄞州区石家村等村村庄规划研究为基础,以国土空间规划和土地制度改革背景为新起点,探索近郊绕城生态地带以特色村为引擎,多村庄联动进行全要素空间管控、特色资源开发引导和项目实施运营的新路径,为该地区村庄保护和开发利用从消极走向积极、从单一走向统筹发展提供有意义的探索。
【关键词】 近郊绕城生态地带　多规合一村庄规划　村庄统筹保护和开发利用

1　引言

近郊绕城生态地带的村庄,在生态保护的条件约束下,多以撤并整合、建设控制引导为主,特色村庄以保留为主。在过去多规不合一、旧土地管理制度限制集体土地流转的政策背景下,加之村庄孤立发展的传统思路影响,村庄即使富含历史、文化、生态资源价值，由于长期未能破解地区统筹发展、土地要素保障、集体用地流转等难题，而难以实现有效发展。部分村庄自然点撤并退出后，受城市辐射影响，开始承接部分城市溢出功能，成为边缘化的邻避设施和低效产业、市场用地的滋生地，与周边城市风貌形成强烈反差，带来许多负面影响。保留下来的特色村庄人口逐渐流失，村庄走向衰败，历史繁华和人才辈出的盛况不再。绕城生态控制地带的生态保护、村庄发展和风貌管控问题亟须找到一条有效的路径进行破解。

2019 年 5 月，中共中央、国务院发布《关于建立国土空间规划体系并监督实施的若干意见》，作出“建立国土空间规划体系并监督实施，实现多规合一”的重要部署[1]。2020 年 1 月，《中华人民共和国土地管理法》(2019 修正版)开始正式施行，把农村“三块地”改革的重要经验纳入土地管理法中，在土地管理方面作出了多项重大创新，其中最重要的一条就是提出“集体经营性建设用地可以通过出让、出租等方式交由单位或者个人使用”[2]。集体土地流转带给农村地区更宽广的发展前景，为乡村振兴战略的有效实施打下坚实基础。

本文以宁波市鄞州区石家村等村村庄规划研究为基础，以国土空间规划和土地制度改革背景为新起点，探索近郊绕城生态地带以特色村为引擎，多村庄联动进行全要素空间管控、特色资源开发引导和项目实施运营的新路径，为该地区村庄保护和开发利用从消极走向积极、从单一走向统筹发展提供有意义的探索。

2　新发展背景下近郊绕城生态地带村庄规划思路研究

2.1　积极的生态价值导向

习近平总书记“两山”理念的提出，将生态价值观导向自然环境与社会经济和谐共生的良性互动模式，引领了社会主义生态文明新时代。事实证明，过去认为注重保护就要以牺牲甚至放弃发展为代价的消极生态保护价值观，不仅降低了生态保护的积极性，未能有效保护生态环境，还割裂了人与自然的和谐共生关系，抑制了村庄的发展。需更全面地认识到生态地区既承担了保护城市生态格局、防止城镇无序蔓延的功能，也承担着农村居民生产生活持续健康开展、城镇居民休闲游憩、历史文化传承等功能[3]。新时期应转变消极保护的观念，促进生态村庄地区从被动保护向人与自然和谐共生的生态魅力地区转变，实现生态保护与乡村振兴发展的共赢[4]。在底线管控基础上，探索“增减挂钩”用地策略适度保障农村新业态的发展，通过“弹性规划”策略为村庄发展预留“留白”指标，为村庄未来发展的不确定性机遇预留发展空间[5]。

2.2 村庄转型与生态品质特色

绕城生态地带紧邻城市边界，接受城市核心产业、配套服务功能的辐射，加之其稀缺的生态资源环境和历史人文资源禀赋，更有利于打造出生态品质型功能，与城市一般功能形成互补[6]。新时期城乡融合、生态文明建设和高质量发展背景下，该地区需转变传统边缘化、消极化、无序化发展状态，以城市产业转型升级、创新平台网络化布局、人居环境全面高质量提升等为契机，主动寻求城乡联动发展、空间格局开放共享、产业平台链接互动的转型发展模式。由于接受城市溢出功能辐射，区域性市政、交通设施等功能布局难以避免，需控制建设规模和空间风貌形态，通过打造生态风景大道、高架桥下创意空间、绿色市政设施等进行创新化、生态化引导。力求达到城乡功能和谐共生、产业深度融合、设施共享、景观风貌协调共融的高质量发展状态[7]。

2.3 要素统筹、精明发展的思维导向

“多规合一”“全域全要素”空间规划体系全面构建的背景下，要求村庄规划编制过程中将生产、生活、生态空间进行“三生”融合统筹谋划。管控要素不仅需要全域全覆盖，更要加强要素之间的统筹协调发展[8]。在此基础上，空间要素实现统筹协调保护、集聚集约建设和精明发展变得更具可操作性。上海“郊野单元”规划确立“总量锁定、内涵增长”的实施发展路径，突破村级行政界限，扩大空间统筹范围，通过建设用地指标的空间转移，促进乡村地区土地集约使用和生态环境的改善[9]。武汉“田园功能单元”从重建空间秩序的角度出发，将村庄规划由单个建设行为转向面向区域的系统规划，在规模控制的情况下，合理引导特色产业空间选址布局，可多村统筹划定田

园功能单元。在生态保护基础上,注重网络化功能布局,助推乡村全面振兴发展[10]。

2.4 土地制度改革与项目实施路径探索

近年来,国家和地区正陆续推进“集体经营性建设用地入市”“宅基地‘三权分置’制度”等土地制度改革创新工作,试点地区不断扩大,试点经验也得到了广泛应用。“全域土地综合整治”等土地管理政策工具在全国范围内推广,为促进农业规模经营、土地集约利用、产业用地保障提供了新的路径。这些都为富有生态资源价值和历史人文资源禀赋的村庄发展提供了实施保障。村庄发展的项目谋划要充分利用好政策工具,因地制宜结合地区发展实际,提出存量空间盘活、产业供地保障、农用地整理的实施路径探索[11],为村庄规划的实施明晰方向,也为政府部门的土地制度改革创新工作推进提供有意义的研究探索。

3 宁波市鄞州区石家村等村保护和开发利用路径探索

3.1 村庄基本概况

宁波市鄞州区首南街道绕城生态控制地区是一处相对独立的村庄片区,总用地面积约为 4.237km^2。片区北邻鄞州区南部新城,南邻姜山镇核心镇区,近郊区位优势显著(图 1)。

片区共涉及 7 个村,以石家村、三里村和高塘桥村为主(图 2)。其中,石家村义乡人文特色显著:以石姓为主的村人相传是北宋开国功将石守信的后人,村庄历史上名人辈出,在社会、科学、音乐、舞蹈等领域皆取得较高成就;石家村秉持石氏祖训,邻里相助,办义学,设义田,孝义文化远播。石家村内历史文化资源丰富,历史建筑、桥梁、古树等都极富保护价值。

3.2 村庄发展困境

片区范围内现状建设用地占比达 31.92%,除区域基础设施用地、道路与交通设施用地外,以宅基地、工业用地为主(图 3)。

由于受周边城镇发展区高强度开发建设影响,该地区居住环境趋于恶

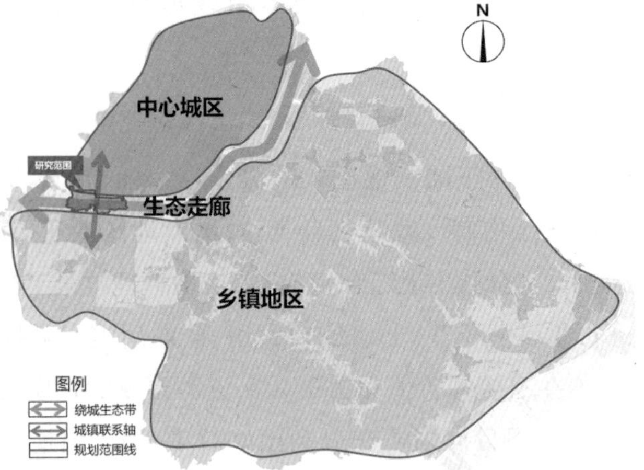

图 1　规划范围区位示意图

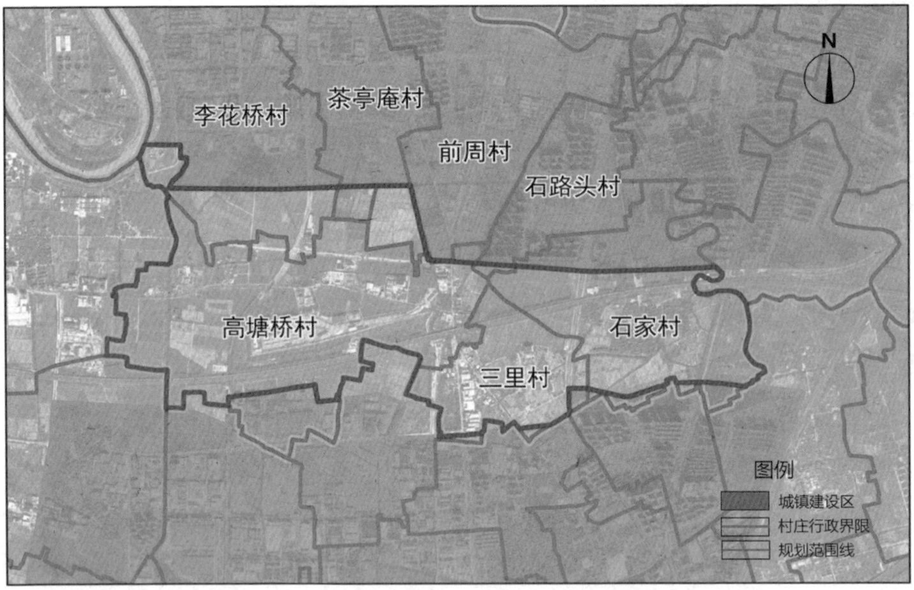

图 2　规划范围内村庄分布示意图

化，台风天易受水涝灾害。在城镇化不断推进过程中，村庄人口流失严重，居住人群趋于老龄化、非农化，宅基地闲置现象愈发普遍。石家村作为历史建筑遗存丰富的特色村庄，也因为建筑年久失修、无人问津而走向衰败。

各村经济主要依赖低效村级工业发展，工业用地零星散布于村域范围内，

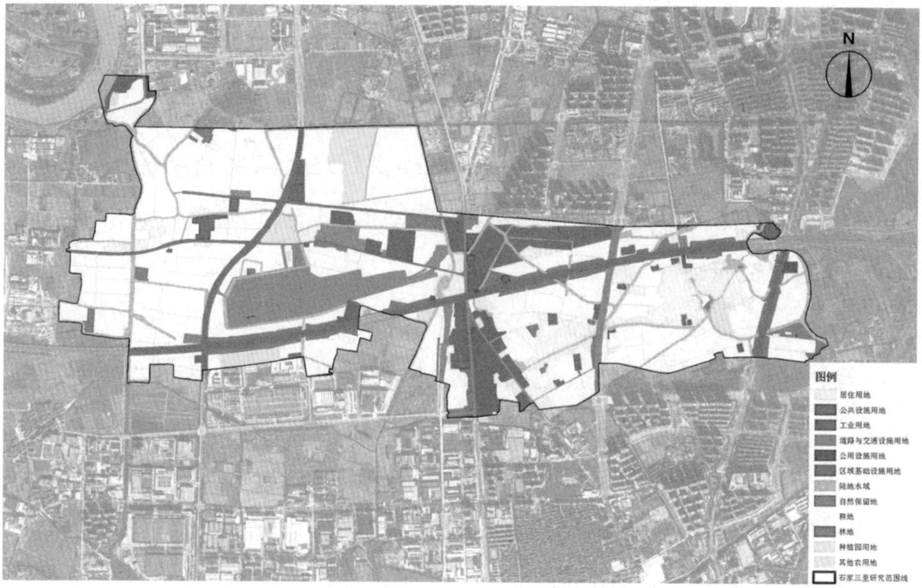

图 3　现状土地利用示意图

用地规模占比 11.43%,其中规上企业仅 4 家。工业类型以加工制造、服装生产等为主,产业能级不高,对生态环境有污染。农用地受建设用地分割影响,碎片化分布情况较为普遍,村庄周边多以小规模零星耕种为主,效率较低。

整体村庄人口不断流失,居住环境趋于恶化,产业发展低效,自然生态环境破坏严重。村庄发展要素趋于衰退,“三生”空间关系紊乱,发展模式亟待转型。

3.3　项目研究目的和思路

在新时期生态和粮食安全保护要求升级、土地资源要素紧张的大背景下,国土空间全域全要素、多规合一规划体系正在逐步建立。该片区村庄应突破传统各自无序发展、建设用地产能低效的单一发展模式,以统筹和协调发展思维进行跨村跨界限谋划,在全域范围内进行全要素综合统筹安排。各村联动,通过土地综合整治改善整体生态环境,实现用地集约高效发展,保障新经济发展供地支撑。依托生态价值和历史价值带动地区产业转型升级,走上乡村振兴的可持续发展道路。

项目研究以“统筹推进片区土地综合整治,优化整体生态环境;盘活历史人文资源,弘扬义乡文化精神;提升生态环境综合效益,带动产业整体转型,助力乡村振兴发展”为规划目标,收集政府、开发商、村民等多方利益主体的诉求,衔接全域土地综合整治和土地制度改革等相关政策,力求规划策略与实施路径进行有效衔接,为片区发展提供行之有效的新路径探索,也为新时期乡村规划编制和地方土地制度改革创新提供新思路。

3.4 规划研究策略

3.4.1 城乡融合,明确品质定位

规划立足区域战略视角,把握片区“位于城市生态走廊上,拥有城市稀缺绿色生态资源”“北邻中心城区、南邻卫星镇,拥有城镇空间辐射带动效应”的两大核心优势条件,挖掘石家村义乡人文特色、历史空间特色,片区“曲水环绕、稻香连绵”的生态资源特色,外围省级工业园制造产业平台、南部商务区商务信息平台、南部高教园区产业孵化研究平台相近的产能辐射优势,提出该片区打造一处鄞州特色水乡文化汇聚的网红文旅型村落,构建一处助力鄞州产业转型发展的生态品质型创新产业园,走出一条生态保护与活力品质建设融合发展的创新路径,并确定片区“大义鄞州展示窗口、生态科创发展示范、最美人文生态走廊”的规划定位。

3.4.2 做好统筹,实现联动发展

探索“城乡统筹+生态统筹+跨村统筹”的规划方式解决基地现状城乡功能和风貌不协调、生态保护失控、片区村庄亟待整体转型发展的现实困境。“城乡统筹”方面,要求结合片区特色,具体发展综合服务、展示交流、文化旅游、创新研发等功能,融入周边城市产业关系中实现联动发展(图4)。鼓励片区发展依托城镇南北两大生活圈的公服设施配套供给,同时周边城镇住区共享片区的生态人文和创新产业功能,实现城乡之间资源共享的良性互动。“生态统筹”方面,要求片区生态管控衔接宁波市绕城生态带整体管控要求,严格控制征占用生态空间,不突破生态带建设用地控制规模,针对片区具体情况,明确管控分类,做好准入控制。“跨村统筹”方面,要求突破行政界限,实现各村资源整合谋划和精明发展。有序退出片区内散布的低效产业用地,通过增减挂钩腾挪出建设指标(图5),经片区统筹植入高能级科创产业、综合配套等功能进行集中布局,带动石家村历史村落活化。村庄联

动推进片区土地综合整治工作,实现耕地集中连片和高质量发展。

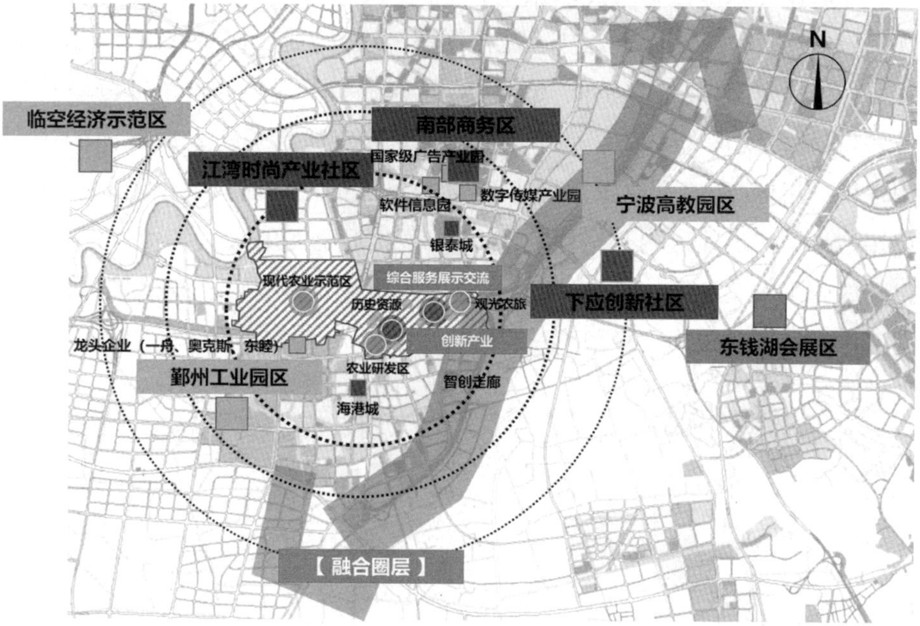

图 4　城乡产业融合联系示意图

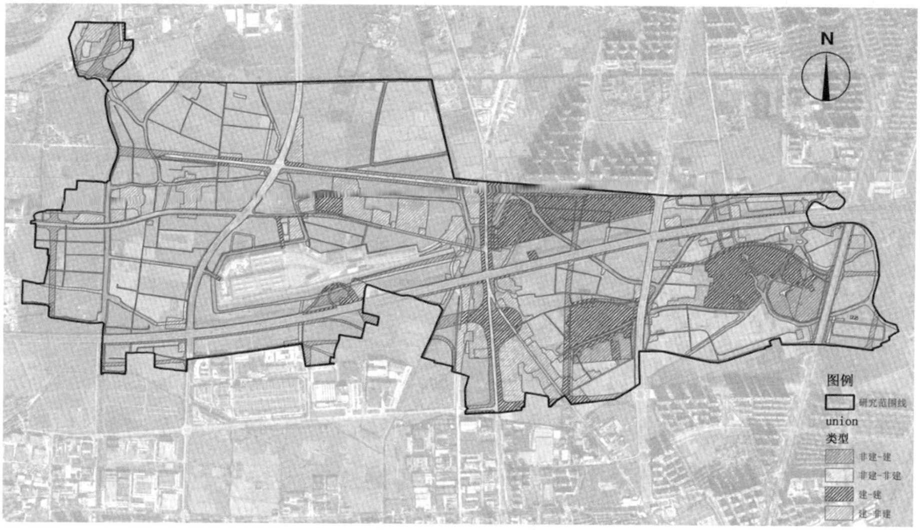

图 5　全域土地整理示意图

3.4.3 多规合一，构建管控体系

片区作为城市生态功能的重要担当，建设用地总规模控制导向为减量规划(图 6)。除石家村历史村落进行保留改造外，适度保障农旅、科创产业发展的增量空间，其他零星低效建设空间逐步引导退出。预留部分农业研发、科普教育或农产品加工等符合农业配套和农村新业态发展方向的建设用地留白指标，不超过建设用地总量的 5%，以点状供地形式供给。整体建设用地指标实现片区内部减量化发展。建设用地占用永久基本农田的，通过片区内永农储备区补足，保证永久基本农田保有量、耕地保有量通过片区内部占补平衡实现规模只增不减(图 7)。

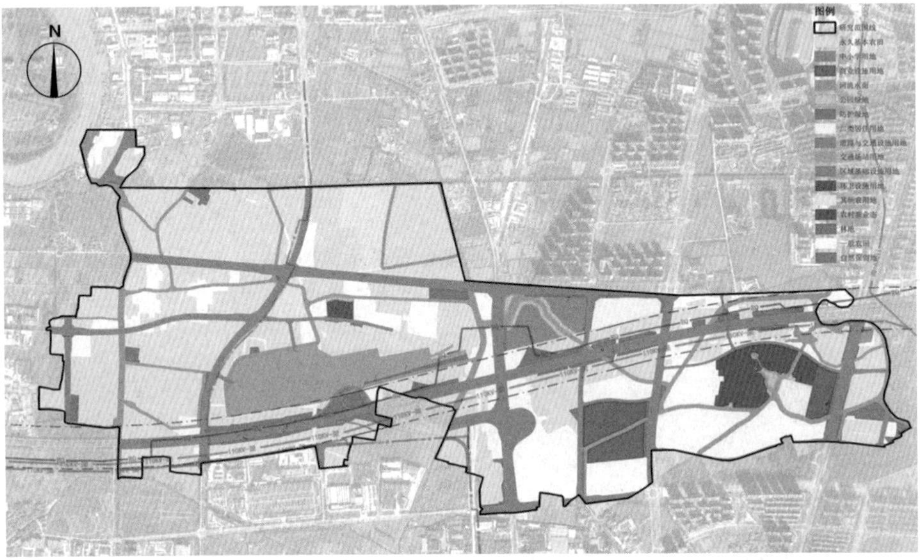

图 6　用地规划示意图

细化片区“生态管控+建设管控”的空间管控体系，整体通过“用途管制、准入控制、生态修复”勾勒基地生态本底，通过“底线划定、集约管控、弹性供地”保障基地精明发展。“生态管控”方面，限制人为活动的过度集聚与生态破坏。绕城生态控制线范围内用地除农业生产、生态绿化、应急避难、基础设施等配套建设之外，严控其他建设用途的占用。其他生态空间在准入控制的条件下允许乡村居住、一二三产业融合发展项目、公共服

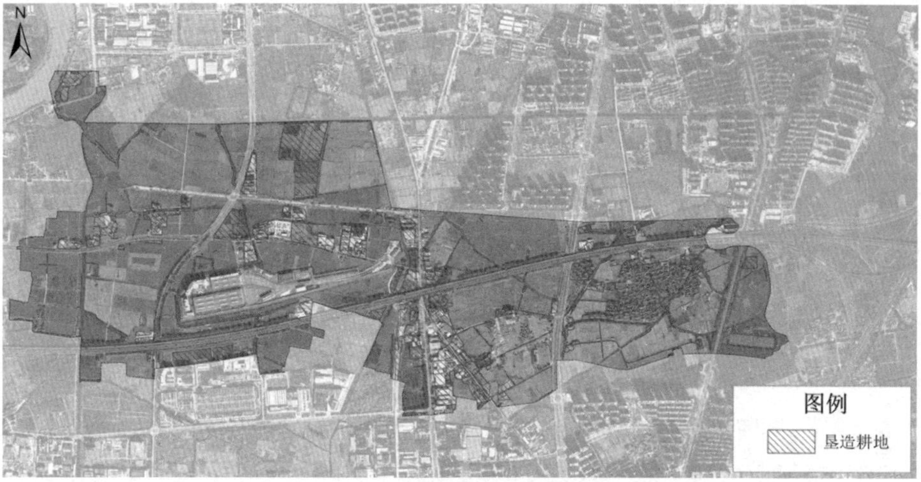

图 7　农用地补充分布示意图

务配套等对生态功能影响较小的人为活动适度进入。“建设管控”方面，划定建设用地增长边界，在古村保护、生态管控要求的基础上，对建设用地开发强度进行管控，引导用地集约高效利用和内涵式增长。机动指标点状供地进行单宗供地和多宗供地差异化管控，并细化实施范围管控和负面清单管控。

3.4.4　差异引导，彰显地方特色

重视片区以石家村为引擎的特色差异化空间打造。建设“讲好鄞州故事，助力鄞商回归，做活鄞州人经济”的义乡品牌，打造鄞州故事传承空间、乡贤文化展示空间、创新产业体验空间、合作洽谈会议空间；架构“驱动智造发展、创新文旅融合、统筹农业综合”的产创格局，打造特色文旅融合空间、生态创新产业空间、产创融合触媒空间、产业服务配套空间；创建“风貌协调保护、空间肌理传承、乡愁基因织补”的情怀空间，打造古村保护协调空间、水乡记忆延展空间、街巷院落特色空间、乡愁基因织补空间。划定核心保护区、建设控制区、环境协调区，进行古村保护和空间建设风貌协调性引导。新增建筑群体空间肌理要求传承古村“倚水而居、水田渗透”“廊道贯通、景观对话”的特色空间格局（图 8）。

3.4.5　政策衔接，保障项目实施

统筹安排用地开发时序，注重近期项目指标供应与现有全域土地综合

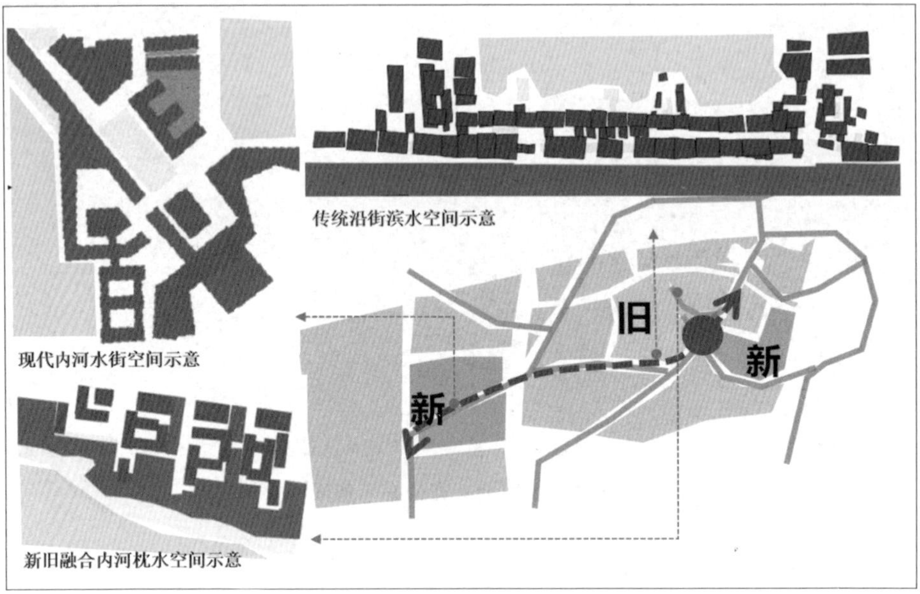

图 8　滨水空间肌理新旧传承示意图

整治规划的衔接，协调建设用地增减挂钩规划方案和具体项目空间布局，并满足农用地整治后“耕地和永久基本农田双5%新增”的政策要求，确保近期项目能尽快落地实施。远期项目开发注重土地开发经营模式的探索研究，在集体经营性建设用地入市、宅基地制度改革等土地新政试点推行背景下，梳理浙江德清、北京大兴、上海松江、广州佛山等各试点地区实践经验，结合地方实际，收集政府、开发商、村集体的相关建议，提出具体开发策略。

建议借助政府资金催化投资环境建设，将石家村纳入历史文化保护村和“美丽乡村精品村”等建设范畴，利用相关政策的整治和建设资金，催化产业发展环境建设，加强村庄知名度，吸引社会资本介入和乡贤回归；建议引进社会资本投资开发村庄产业建设，依托村庄生态和历史等资源禀赋，通过集体土地入市、出租、入股合作，国有土地出让等方式获得土地开发经营权，自主经营或招商合作经营引进项目，实现乡村振兴，稳定村集体收入和分红，增加村民就业机会；建议村集体全面参与乡村振兴建设，入股项目开发，村集体通过跨村合作成立经济合作社，入股与政府、开发商合作的项目事宜和利益分配，并配合政府和开发商推进土地综合整治工作，保障项目顺利推进。

4 规划经验总结

4.1 量体裁衣，综合运用多规合一规划方法破除发展困境

针对片区空间要素类型多、权属关系复杂等特征，规划研究对片区进行全方位的评估，精准把脉发展问题后，统筹综合发展要素，进行多规合一的全域全要素空间布局谋划。刚弹结合保护生态本底，精明规划支撑适度发展，探索出一条针对近郊生态控制地区的城乡统筹发展路径，并为生态保护和乡村振兴共赢发展谋出路。

4.2 增存联动，以潜力谋发展，以存量价值彰显地方特色

针对片区新增指标受限、存量用地难以盘活的发展困境，规划研究分析片区低效、违法等建设用地减量潜力，补充耕地和永农补划潜力，探索以潜力支撑适度建设的发展路径，分类引导低效用地退出和存量价值用地转型发展（表 1）。低效用地退出保证适度新增建设，以增量空间激活存量保留空间，探索基地转型发展背景下的新旧功能融合和特色价值彰显。存量潜力用地，结合农用地整治和现代农业发展，鼓励联动农业进行有机更新，转型为农旅、农创等创新产业功能。转型成功的，通过相关评估审查，可以申请留白部分建设用地指标。

表 1 存量用地再利用潜力评估分类表

分类	存量用地评估	面积（$hm^2=0.01km^2$）
减量退出	违法用地	7.82
	面积<0.5hm^2 小散用地或实地基本已拆迁	47.06
	用地集约度较差的低效用地	11.40
潜力更新	用地较为集约，但建筑环境不佳	13.50
	用地较为集约，建筑环境相对较好	0.53
保留改造	古村保护	10.04
	高架桥下空间	–
总计		90.34

4.3 统筹规划,衔接政策,保障规划实施和近期项目开发建设

近郊绕城生态地带在过去消极保护限制发展和单一村庄建设思路的影响下,乡村走向衰败、空间环境趋于恶化,发展诉求强烈和生态管控要求升级的矛盾日益凸显。需运用统筹规划思维,突破行政界限、城乡二元体制等相关因素的桎梏,充分衔接国家土地制度改革背景和乡村振兴战略发展要求,优化乡村土地资源的配置方式,保障规划实施和近期项目开发建设,推进乡村地区高效集约、高质量品质建设,实现全面可持续的乡村振兴发展。

5 结语

近郊绕城生态地带是控制城镇蔓延粘连的重要生态控制区,也是村庄生活、生产开展和历史文化底蕴深藏的生态人文价值保有区。简单划定生态控制区、限制片区建设的消极生态保护方式,不但降低了村庄保护生态的积极性,未能真正有效保护生态环境,还限制了乡村的振兴发展。

参考文献

[1] 中共中央,国务院. 关于建立国土空间规划体系并监督实施的若干意见[Z]. 2019.

[2] 全国人大常委会. 中华人民共和国土地管理法(2019 修正版)[Z]. 2020.

[3] 唐婷,吕斌,张文新. 城市生态隔离区规划管理对策[J]. 规划师,2016,32(7):45-51.

[4] 杜瑞宏,黄晓芳,胡冬冬. 国土空间规划视角下非集中建设区规划体系构建[J]. 规划师,2020(19):47-51.

[5] 宋晓璐,程艺,王皓宇,等. 底线思维在村庄规划中的应用探索——以北京市门头沟区马栏村为例[J]. 小城镇建设,2019,37(5):33-39.

[6] 徐斌,周晓宇,刘雷. 大城市近郊乡村更新策略——以杭州西湖区绕城村为例[J]. 中国园林,2018,34(12):63-67.

[7] 余建忠,江勇. 城乡融合视角下乡村地区郊野单元规划编制实践探索——以杭州郊野单元规划编制为例[J]. 上海城市规划,2020,2(2):109-114.

[8] 陈小卉,闾海. 国土空间规划体系构建下乡村空间规划探索——以江苏为例[J]. 城市规划学刊,2021(1):74-81.

[9] 耿慧志,李开明.国土空间规划体系下乡村地区全域空间管控策略——基于上海市的经验分析[J].城市规划学刊,2020(4):58-66.

[10] 熊威."田园功能单元"模式下的乡村规划创新——以武汉市为例[J].中国土地,2020(2):45-46.

[11] 刘健,左妮莎,周筱芳.农村土地制度改革的地方实践与政策完善——以绍兴为例[J].小城镇建设,2020,38(10):91-98.

“乡村振兴热”背后的美丽乡村“冷思考”

——浙北平原的嘉兴探索

韩锡菲　陈志平　林　冰　马　行
(嘉兴市规划设计研究院有限公司)

【摘要】 从“城乡二元结构”到“统筹城乡发展”“城乡发展一体化”“城乡融合发展”,再到“乡村振兴战略”和《乡村振兴法》的出台,反映出国家对于发展乡村的决心,乡村振兴的热度将会持续。与此同时,浙江嘉兴,在浙江经验、城乡融合示范区的光环下,在“十四五”开局和建党百年的关键节点,美丽乡村作为其重要的实践形式和载体,该如何推进?本文通过剖析美丽乡村“十三五”建设历程,结合当下乡村发展背景,对嘉兴美丽乡村发展进行了冷静的回顾和思考,并从统群体、统要素、统格局、统发展、统管理等方面提出一些建议和探索。谨以此文,望嘉兴在建党百年后,城乡的发展更加融合;望嘉兴的乡村,能吸引更多要素汇聚到此,变得更加热血和充满活力!

【关键词】 乡村振兴　美丽乡村　嘉兴

1　概况

十九大报告提出实施乡村振兴战略,并将其上升为国家战略,这是乡村发展的强力助推剂。而作为乡村振兴战略中的重要环节和抓手,美丽乡村建设在全国如火如荼地开展,各地区以不一样的路径与方式追求着同一个梦想。这其中,浙江的美丽乡村工作贡献了“浙江经验”,并推广至全国。

在这样的背景下,也激发了关于浙北平原地区美丽乡村与乡村发展的"冷思考":"十三五"美丽乡村,存在哪些不足和问题?如何解读"新时代美丽乡村"?新背景下,对于美丽乡村,参与者和使用者,各方有怎样的要求和诉求?"十四五"规划元年,浙北平原地区的美丽乡村该如何持续推进?这些事关乡村建设基本价值观与方法论的问题值得深入思考。

为此,有必要在总结嘉兴美丽乡村发展经验与面临困境的基础上,从治理、规划、管理建、引导等视角解读美丽乡村政策背后的改革导向,并以浙江嘉兴为例,探索浙北平原的发展思路。

2 嘉兴美丽乡村发展背景

2.1 从国家宏观导向看乡村发展前景

通过分析近六年中央农村工作会议中的关键词,得出乡村发展始终围绕"人、地、产、钱"四要素,并结合时代需求,有了更丰富的内涵和深度(图1)。而伴随着乡村振兴,近来国家频频发布的有关"乡村"文件政策中,明确了资金、用地、技术、人才等加大力度持续向"三农"倾斜。可以判断,未来乡村将有更多国家层面的要素支撑和保障,美丽乡村建设,也必定会加大投入力度。

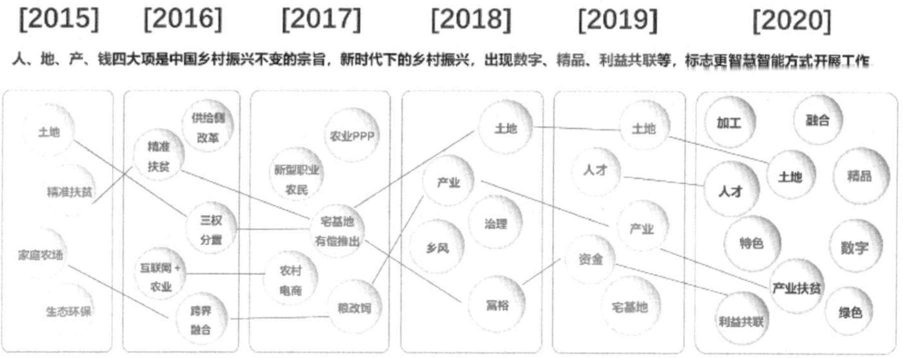

图1 近六年中央农村工作会议中的关键词

2.2 从乡村振兴看新时代美丽乡村的新要求

乡村振兴战略的核心内涵,是将乡村的地位提升到与城市一样,将乡村作为一个有机整体,发挥乡村发展的主体性,并促进其与城市要素之间的互动。总体要求包括:产业兴旺、生态宜居、乡风文明、治理有效和生活富裕。而浙江省新时代美丽乡村,则以习近平新时代中国特色社会主义思想为指导,贯彻高质量发展要求,全面对接《浙江省乡村振兴战略规划(2018—2022年)》,提出了"生态优良、村庄宜居、经济发展、服务配套、乡风文明、治理有效"六方面的建设内容,可以理解为,美丽乡村建设在乡村振兴战略总要求下,有了多方位的深化要求,以此实现乡村的全域振兴。

2.3 从浙江省美丽乡村建设历程看嘉兴模式

2003年,"千万工程"拉开了浙江乡村建设的帷幕,主要以基础设施整治和人居环境改善为主,为"美丽乡村"打下了前期基础。嘉兴结合全市"四百一千"乡村格局(433个城乡一体新社区、1102个保留的传统自然村落),积极推进"两新"建设(新市镇社区和城乡一体新社区)、保护特色生态村。2010年后,美丽乡村建设站上历史舞台,主要以生态文明建设为主要目标,开展了五水共治、四美三边、生猪减量等活动,同时期,住建部门的农房改造开始推进,在叠加效应下,嘉兴市从开始的生活垃圾收集处理,逐步向沿路沿线整治、生活污水治理、农房外立面粉刷等重点难点问题突破,一些村的环境得到很大提升,为后面美丽乡村创建奠定了基础。2016年,随着《浙江省深化美丽乡村建设行动计划(2016—2020年)》,标志着浙江美丽乡村进入深化结合,建设内容从环境整治提升向乡村全面发展的方向转变,开始注重全域美丽建设。嘉兴在省的号召下,积极开展美丽点(乡村)、线(风景线)、面(示范县、示范镇)的创建和建设工作,并制定了相关的考评办法、资金管理办法。同时期,各部门的涉农工作出现大量交集,美丽宜居示范村、历史文化村落、景区村庄等,呈现多部门多方向建设乡村的百花齐放态势。2021年后,全省将美丽乡村升级为"新时代美丽乡村",嘉兴也开展了更多关于乡村建设的探索,丰富了关于美丽乡村工作的理解(图2)。

图 2　浙江、嘉兴美丽乡村建设历程

2.4　当前嘉兴美丽乡村建设的总体态势

2.4.1　城乡融合有基础

嘉兴素有“鱼米之乡、浙北粮仓”美誉,农业发展稳定,乡村经济活跃。农村居民人均可支配收入已连续 16 年居浙江省首位,是浙江乃至全中国最均衡的地方之一。早在 2004 年习近平总书记就统筹城乡发展来嘉兴调研时,就曾指出嘉兴要“成为全省乃至全国统筹城乡发展的典范”。2020 年,嘉兴被列入国家城乡融合发展试验区。

在这样的背景下,嘉兴一直坚定不移推动城乡深度融合发展,持续深化“千村示范、万村整治”工程,通过让乡村建设得更加美丽,让村民的物质和精神更加丰富,让乡村发展获得更多资源与机会,让城与乡之间要素流动更加畅通。

2.4.2　平原水乡有差异

嘉兴市位于杭嘉湖平原,其“六田一水三分地”的地貌条件,决定了乡村多点分散布局的特征,而不同形态的水,也塑造了嘉兴不一样的水乡特质。北面湖荡湿地资源丰富,村落被湖荡包围呈大规模簇状分布,孕育了发达的渔业;中部地区农田肥沃,河网密布,村落临水而居,呈小规模、点状分布,是传统水乡择址样板;东部地区水路、陆路纵横,村落临水临路条状布局;而南部地区集中了全市鲜少的山体资源,呈现出独特的湖光山色,同时发展了蚕桑、茶叶产业。如此,在平原水乡的特质下,因不同的地势地貌,乡村之间的自然环境、空间格局均有不同的特点,加之不同的地方习俗,也形成了风格迥异的乡村风貌,为美丽乡村提供了多种建设样本。

2.4.3　国土空间有约束

目前,全市国土空间规划正全面推进,通过撤并自然村落,节余用地指标集中用于城市开发是大趋势。嘉兴目前一万多个自然村落,未来可能缩减至不足一千个,而这将是美丽乡村工作的底图。这其中是否有值得保留但被生生抹去的村落,而规划保留的点,其数量和规模又是否合理?在减量发展背景下,美丽乡村需要在有限的空间中高质量发展。

3　嘉兴市美丽乡村的问题

回顾嘉兴市美丽乡村“十三五”工作,通过每年约20亿元资金的投入,共建设省级美丽乡村117个、美丽乡村风景线37条,创建美丽乡村示范县3个、示范镇36个,取得了较好的成绩,造福一方村民。一些村实现了从普通村变成明星村的逆袭,进而有了更多发展机会,促进招商引资,探索美丽经济。而结合笔者十多年的乡村规划工作,通过跟踪式的下村调研,长期与村民、基层、管理部门的访谈,发现一些共性问题,需要在美丽乡村“十四五”中引起重视或者提出解决策略。

3.1　顶层缺位,各自为政

3.1.1　涉农部门多头管理,刚性不足

涉农部门(主要指农业农村、住建、资规、文旅)基于工作职责,对于乡村的管理、建设,其侧重点和方向各有不同。例如资规更多以核定规模和落线为主进行刚性管控,并积极推动全域整治,而农业农村、住建和文旅部门则是以乡村建设为主要抓手推动乡村发展。一些村落前脚刚完成美丽乡村建设,村民还没开始使用,后脚就已经搬离;一些农业项目因需一定的建设用地指标而被扼杀在摇篮中;卫片执法工作让村委忙着拆除违法建设(其中不乏使用频率和需求较高的广场、停车场),同时又忌惮于新建项目再度被执法而迷茫困惑。如此,一方面形成面上的资源浪费,另一方面也招来基层、村民的不理解和误会。“乡村振兴为何频频受挫”?归根结底,这是规划未能合一且刚性不足、涉农工作未能合一且乡村认识不统一造成的(图3)。

图3　某村的变化

3.1.2　美丽乡村规划顶层缺位

“十三五”期间,各县市开展了不同层级的美丽乡村建设规划,但是普遍重设计轻规划,思考范畴停留在设计层面,规划视角局限于县市区范围内,缺少系统整体的考量和对周边资源的深入对接。一方面,出现设计同质化、均质化现象,另一方面,缺少区域层面配套设施、产业等要素的统筹谋划与布局。尤其是一些跨行政边界的美丽乡村点、美丽乡村风景线,因为没有打破行政壁垒,即使两个点之间只隔几百米,却因看不见的行政边界而无法融入大区域环境中。

3.2　代表稀缺,示范不显

嘉兴乡村虽然经济较为发达,政府对于乡村投入也较多,然而,能作为省级和国家级样本的美丽乡村点少之又少,浙北平原的特色乡村不被外人知晓,示范效应不明显。这与平原地貌造就的乡村在经济、风貌、特色等方面较为均值、发展扁平有一定的关系,同时,也是宏观层面未能干预指引的结果。

3.3　特色缺失,文化断层

美丽乡村建设主要包括农房改造、节点设计、配套供给、环境提升、道路整治等,囿于规划设计团队设计水平、施工技术、审美能力、思想认识等方面参差不齐,有一定数量的乡村不够独立化、特色化,面貌雷同,一些符号元素随意复制,建设标准照搬城市,同时,重物质表现,轻文化传承,最终导致在建设美丽乡村的同时切断了本村历史文脉,忘记了乡愁,丢失了乡土风貌。

3.4　村民空缺,为谁而建

现阶段美丽乡村建设中政府的主导+主体角色尤为突出,管创建考核、管资金补助、管规划编制、管项目论证、管实际建设、管乡村发展、管招商引资，这种自上而下的保姆式包揽，使原本是乡村主体的农民失去主动性。村民习惯于“集体失语”，在规划设计中的空缺导致一些建设没有切合村民的实际需求，或是不被村民认可；另外，村民持续强化了“等靠要”，一方面希望好的项目建到家门口，另一方面一旦涉及个人利益的损失便开口要钱。而随着年轻一代离乡进城，老人成为生活在乡村的主要群体，美丽乡村，为谁而建，又能够吸引谁来？只有回答好了“为谁建”，才知道应该建成什么样。

3.5　运维缺乏，难以长效

政府在美丽乡村“十三五”中开展了大量的建设项目，如今，这些乡村资产面临着如何维持使用、如何保值增值等现实问题。村集体普遍反映，每年五六十万甚至高达百万元的维护费用难以持续支付，而一旦停止维护，那就会变回原样，村民戏称为“一年新，两年黄，三年回到老路上”。同样，乡村变美后，如何带来可持续的人流、物流和资金流？一些示范村进行了委托第三方运营的探索，大部分村庄还在观望状态，期待政府能够给出帮助。

如果说城市的运维可以理解成依托财税体系的城市公共管理，那么在乡村，目前还缺乏相应的管理体系，缺乏专业的操盘手，去支撑这些乡村资产的可持续发展。

3.6　定位缺少，发展迷茫

在笔者调研的若干美丽乡村中，村支部书记们不约而同地表达出发展乡村旅游的渴望，即使是那些只有一二十户农户、仅开展了人居环境整治的美丽乡村，也急切希望分到乡村旅游红利的一杯羹。这种现象揭露了大家对美丽乡村的误解。美丽乡村≠乡村旅游，不是所有的美丽乡村都适合并能够开发旅游！美丽乡村作为建设专项规划，鲜少涉及对乡村发展定位的总体考虑，更多的是以项目库、方案设计、资金测算的方式告诉村委应该怎么建；而乡村应该怎么发展、朝哪个方向发展，更多需要在建设之前有所考量。

4 工作建议及探索

在现状“六缺”基础上，结合嘉兴市乡村层面的工作基础，笔者提出在未来美丽乡村工作中，要注意五方面的突破和统筹。

4.1 统群体——突破政府主导模式，加强村民为主体的共同缔造

4.1.1 政府引导

新一轮的美丽乡村，政府的角色定位应该有所调整。将乡村慢慢过渡给村委和村民，从“划桨者”转换为“掌舵人”。重点在宏观调控，包括政策引领、制度供给、民生保障、规划编制等，美丽乡村建设应该以村民为中心，在村民意愿、村民主体和成果检验面前退一步。

4.1.2 村民主体

习近平总书记在湖北考察时曾说，“乡村振兴不是坐享其成，等不来、也送不来，要靠广大农民奋斗”，要把村民从原先的“群众演员”转变为这场建设的“主角”，而这个过程，需要循序渐进，并采取不同的开展方式。面对一些不会表达的村民，通过观察村民的生活习性，从专业角度为村民进行建设改造；面对一些不懂村庄规划，以为规划即拆迁的村民，适时科普，并鼓励表达想法；面对一些有想法的村民，通过面对面访谈、问卷调查等方式直接了解村民需求。

从物质建设到精神建设，美丽乡村的使命之一是改变村民的思想和行为方式，让那些“伸手要、坐着等”的旁观者，变成一群热情主动和积极参与的主人翁。笔者及所在团队近年来尝试了多种活动强调村民的参与，寄希望于通过本地化的耕耘，不断向本地村民传达提高公共意识的思想(图 4)。

图4　多种村民参与方式

4.1.3　社会群体参与

而乡村的全面振兴也离不开社会群体的关注和投入。无论是专家学者对乡村发展的研究，抑或是乡贤对家乡的反哺，还是企业家对乡村的投入，这些多元化的社会群体，带来了资本、人才、技术和理念，推动了农业产业及其他乡村发展。

如此，通过共同缔造，让政府适当退一步，村民主动进一步，社会群体积极参与，美丽乡村建设的利益方各安其位。

4.2　统要素——突破单部门服务方式，组织四部门协同推进

4.2.1　农业农村部门牵头，多部门协同

嘉兴首次联合四部门（住建、农业农村、资规、文旅），开展了嘉兴市自然村落摸底调查工作，力争通过自下而上调研座谈及数据整合，自上而下解读政策文件、落实部门要求，最终提交基于四部门共识的村落价值挖潜报告，对一万多个村落进行分类，形成高价值保留村落、中价值村落和低价值撤并村落，并提供翔实的乡村去留名录反馈给国土空间规划。以此形成四大部

门涉农工作的一张底图,未来,在该底图上,可以深入推进美丽乡村、传统村落、美丽宜居示范村、村庄景区化等工作,并实现涉农工作、资金的统筹。

而农业农村部门肩负统筹“三农”工作、推动农村社会事业发展重任,理应成为涉农工作的总牵头单位,把控嘉兴乡村的主要发展方向、发展方式与实施手段,统筹推进部门协同。

4.2.2　坚持全域统筹,强调多规合一

首先,规划坚持全域统筹,结合国土空间规划、四部门自然村落摸底调查,明确城乡格局,确定乡村区域的国土空间管控;其次,规划以多规合一为原则,将国土空间规划、综合交通规划、历史文化名称规划、传统村落规划、水系及绿道专项规划等多种规划进行合一,形成本次工作基础,实现乡村资源统筹(图5)。

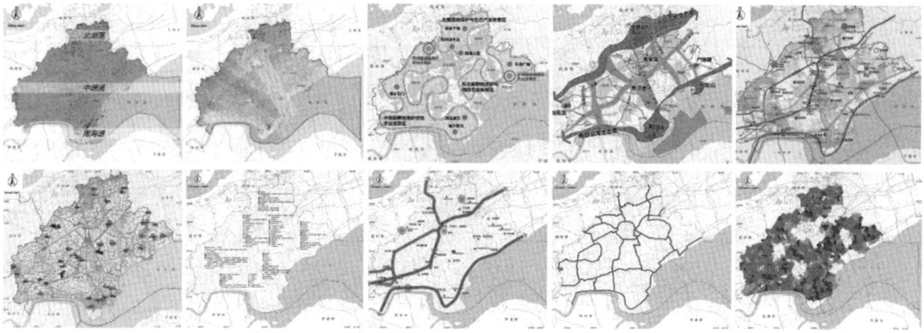

图5　多规划衔接

4.3　统格局——突破原有的散装规划,共绘全市美丽乡村版图

4.3.1　构建“3+1+N”美丽乡村规划体系

“3”指构建宏观—中观—微观三级规划体系。即在传统的美丽乡村点、风景线和以县市区为单位的美丽乡村规划基础上,增加市域层面美丽乡村总体规划,制定总体发展战略,并形成建设指导手册指导县市区工作,形成“宏观重统筹、中观有指引、微观促落地”三级体系,力争在不同层级做亮点。

“1”指年度评估报告。考虑到美丽乡村的长期可持续发展,建议以年度美丽乡村评估的形式开展回头看工作,通过总结经验教训,避免后续少走弯路,提供经典学习样本。

“N”指同步开展的若干特色研究。例如乡村产业、乡村风貌等(图 6)。

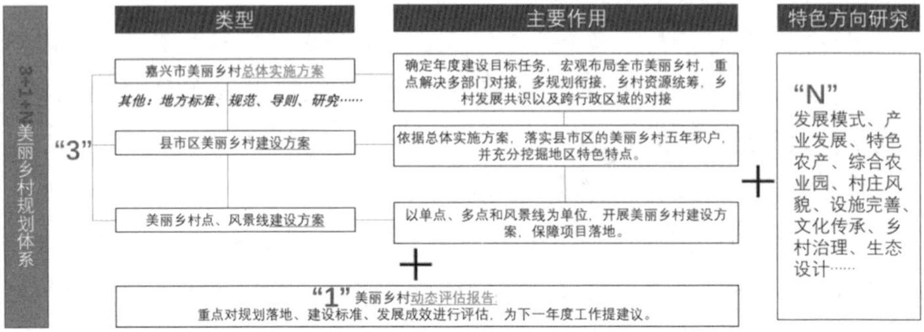

图 6　浙江、嘉兴美丽乡村建设历程

4.3.2　面上形成“禾兴六韵”乡村版图，点上争创全国平原水乡示范

打破行政壁垒，依据嘉兴乡村特色勾画“禾兴六韵”，提炼各板块不同的风貌、文化、产业、品牌，赋予六种主题颜色，并提供毗邻省、市美丽乡村的经验以供参考，确定板块的特色发展定位和方向，为下一层次的规划提供指引。强调资源集成化，在六大板块中，遴选出一批有资源禀赋、基层政府重视、村班子领导力强、村民参与度高、特色较为突出的村落，集中资源打造全国样板(图 7)。

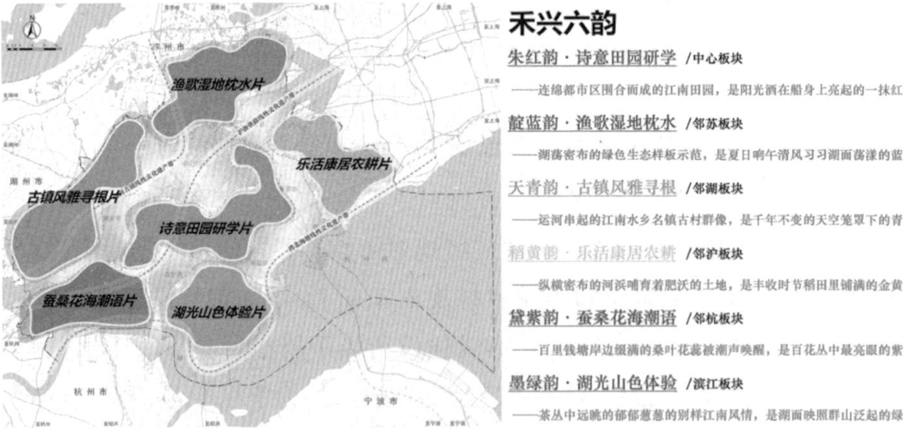

图 7　“禾兴六韵”

4.4　统发展——突破运动式美丽建设，提升“美丽乡村”内涵

4.4.1　坚持回归农业本色，促进一二三产融合

首先需明确农业生产是乡村的基本职能，必须把保障粮食生产安全放在突出位置，保护生产空间，保障农产品的综合生产供给能力；其次应根据不同片区的农业资源禀赋和农产品的市场需求特点，推动片区主导农业产业和特色产品，突出主导产业优势，并进一步培养特色品牌，通过改善农产品供给结构，确保农产品的品质和质量，促进高效生态农业发展。再次，基于一产，促进一二三产融合，实现农业产业向二、三产业的延伸。

4.4.2　坚持传统文化先行，促进乡风文明

红船精神和浙江精神始终贯彻着嘉兴美丽乡村建设，在此基础上，每个板块、每个村落，也都有自己的历史、人文、民俗和乡愁。应积极挖掘乡村自身文化内涵，形成村落精神内核，加强软实力建设。目前，嘉兴为统筹全市的历史文化村落、传统村落工作，首次联合农业农村和住建两大部门，共同推出全市历史文化传统村落实施意见，为美丽乡村中的历史文化发展提供有力的要素保障。

4.4.3　确定四大美丽乡村类型，引导抱团发展

结合乡村实际情况，为嘉兴梳理了四大美丽乡村发展类型，在夯实一产的基础上，形成特色产业、城郊后花园、乡愁承载和休闲旅游的四大类型。未来，美丽乡村的相关建设要求、配套标准，理应在四大类型的基础上，进行区别化配置（图8）。同时，在“禾兴六韵”基础上，进一步详细分解可以联动

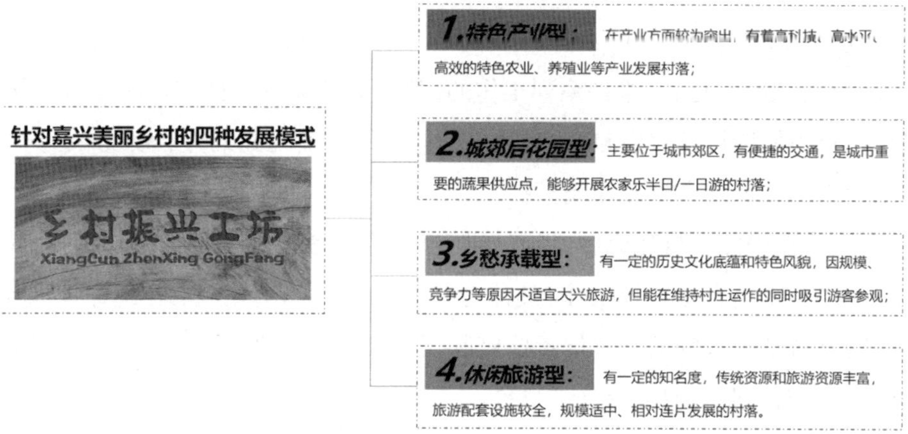

图8　四种发展模式

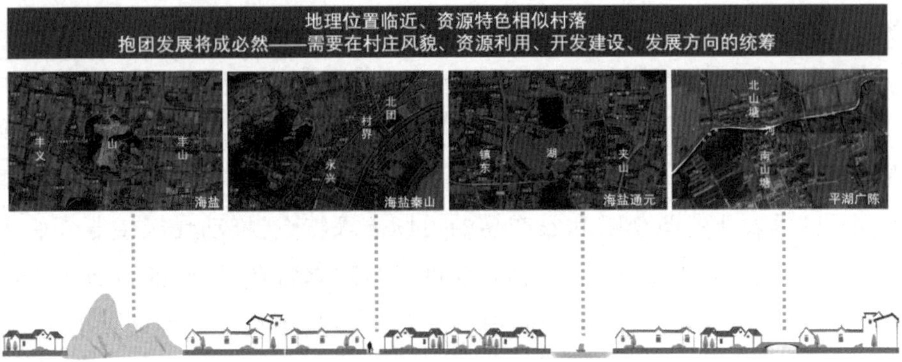

图 9　抱团发展示意

发展的村落组团,尤其强调同类型毗邻村落的连片发展(图 9)。

4.5　统管理——突破就规划而编规划,探索规建运维纵向到底

所谓“三分规划,七分管理”。一个“好的”美丽乡村最终能够形成“好的”人居环境,除了精心的设计、合理的空间布局、精准的施工落地,还需要有高质量、可持续的运营维护。

4.5.1　规划建设中将运营前置

不同类型的村落,需要不同的运营思路,尤其是乡愁展示型和乡村旅游型的村落,运营思维应在规划建设前期介入,以判别项目发展的可行性可能性,并从运营角度思考相关功能布局和设施配套。

4.5.2　专业团队统筹规建运维

借鉴 BOT、EPC 等投建营一体化理念,美丽乡村建设需要能包揽乡村规划(设计)、建设、运营、维护系列工作的团队,对外能有效推广村庄赢得市场口碑,对内能衔接起政府和商户的诉求,并且能够实现方案的延续统一。

4.5.3　加强运维的监督考核

政府在美丽乡村建成后,仍需加强相关监督考核,保证运营规范和高质量,提供技术培训指导等工作,具体包括:及时总结宣传乡村运营案例和典范,建立科学有效的动态评价考核机制,培育、引进专业机构和运营团队,搭建乡村运营经验沟通交流分享平台。

从美丽乡村建设到美丽乡村维护、运营,让乡村可以实现自给自足,让

乡村从被动振兴到主动振兴，才是真正意义上实现了乡村振兴的“最后一千米”。

5　结语

从2017年10月18日“乡村振兴战略”的首次提出，到2021年4月29日《乡村振兴促进法》的应声落地，强化了乡村振兴的法治保障，也反映出国家对于发展乡村的决心，乡村振兴的热度将会持续。同样，浙江的美丽乡村建设一直引领着中国的乡村建设，在乡村振兴战略下，必然会持续推动。而作为国家城乡融合示范地的嘉兴，拥有独特的平原地貌、较好的经济基础和建设水平，笔者希望，面对热点，能够理性思考过往的得与失、困与惑，沉着应对未知的挑战。因专业技术局限，本文部分内容还需要作进一步研究。谨以此文，希望能为今后浙江、嘉兴美丽乡村规划建设提供一些有效的建议。

红船旁的美丽乡村，有独特的魅力和使命，要让平原水乡变得不平凡，要让美丽成为发展的驱动，要让发展助推全域美丽，未来，任重道远！

参考文献

[1] 罗海珑. 乡村振兴战略下的浙江美丽乡村规划建设策略研究[D]. 杭州：浙江大学，2016.
[2] 申明锐. 从乡村建设到乡村运营——政府项目市场托管的成效与困境[J]. 城市规划，2020，44(7)：16-22.
[3] 张川，吴海琴. 美丽乡村视角下的大都市近郊乡村规划新趋势——以南京市江宁区“五朵金花”为例[C]//中国城市规划学会. 城市时代 协同规划——2013中国城市规划年会论文集. 北京：中国城市规划学会，2013.
[4] 陈楚文，金敏丽，金荷仙，等. 基于区域联动发展的美丽乡村精品线构建——以义乌市“多彩华溪”建设实践为例[J]. 中国园林，2021，37(2)：12-19.

四、小城镇规划方法和技术探索

基于时空异质性视角探讨小城镇聚落空间演变*

曾祥敏
(重庆大学建筑城规学院)

【摘要】 现代城市发展过程中，小城镇所代表的是产业突出、基础设施完备的经济、政治、文化、生活服务等中小规模城市发展地区。本文以姜山镇为例研究小城镇空间演变特征，运用遥感影像提取研究2006年、2012年、2015年、2019年四期聚落空间分布数据，从时空异质性视角，利用GIS空间分析法、景观分析方法研究村镇聚落空间在规模、分布和形状三方面的空间演变特征。研究结果表明：①姜山镇2006—2019年聚落用地的整体演变程度较剧烈。②聚落用地总体呈现聚集分布的特征，聚集分布特征轻微上升。③从规模分级上看，聚落用地数量以小规模为主。④从空间形态上看，聚落斑块的整体复杂性指标呈上升趋势。经济发展水平通过增加小城镇居民收入激发居民对住房的需求，引发城镇建设用地规模、利用程度的变化。政策制度激发居民内在劳动创造潜力。本文在时间和空间的层面上探索小城镇聚落空间演变特征，为将来小城镇空间规划布局更新改造提供一定理论支持。

【关键词】 小城镇　村镇聚落空间演变　时空异质性　乡村振兴　新型城镇化

1　引言

随着国家推动城镇化发展，小城镇不仅成为新农村和城镇化建设的重

---

* 本文为国家自然科学基金项目(51778077，51978091)、“十三五”国家重点研发计划项目(2018YFD1100304)和中央高校基本科研业务费专项项目(2020CDCGJZ046)成果。

要结合点,也是城镇化建设的重要平台和新农村建设的重要依托[1]。小城镇通常拥有城市缺乏的自然、旅游资源,抓住不同类型小城镇的特点,就近取材、发展一系列特色产业,打造新的地方特色经济发展点,可充分促进地方综合实力发展。中国华东地区小城镇数量大、分布广泛,综合实力名列前茅。改革开放以来,中国进入了计划经济向市场经济转轨时期,从 20 世纪 80 年代的市场经济,到 1992 年的社会主义市场经济,再到新世纪的全球化市场,市场力量呈现从区域尺度、镇域尺度到村域尺度的不断跃迁[2]。伴随着每次市场尺度、空间尺度的跃迁,小城镇聚落空间都会或多或少发生空间分布、结构、规模上的变化。自 20 世纪 80 年代以来,我国众多学者对小城镇进行过相关探索,如综述类研究(冯建[3],费孝通[4])多集中于小城镇建设发展管理过程,提出问题,但缺乏有效的解决方案;或探讨小城镇未来发展战略,如张刚等认为西南山地小城镇应结合自身优势发展现代休闲农业[5];或根据不同的主导产业为其分类,探索各类小城镇未来发展情况(金逸民[6],卢布、黄嬴等[7]),多从定性的角度分析问题,但缺乏理性的数据支撑,探讨小城镇空间演变的文献极少。

时间维和空间维是城镇系统的 2 个基本属性,同时也是城镇空间集聚形成的条件极其动态性的具体表征。聚落空间演变体现了居民与周围自然、经济、社会和文化环境互相作用的过程[8]。国内对聚落空间演变的研究主要集中在宏观、中观尺度上,对于小城镇的聚落空间演变研究有待加强。在微观尺度上研究聚落空间演变对于合理规划城镇未来土地利用、促进小城镇规划管理创新、推动城乡均衡发展至关重要。但基于某一时点所观察到的空间现状仅仅是当时一种状态,当需要通过较为连续的时间段总结出城镇发展特征时,则可通过连续时间段的遥感影像及社科类数据集,从时间空间维度上总结规律。

本文以宁波市鄞州区姜山镇为例,从时空异质性视角,运用 GIS 空间分析方法探讨小城镇空间演变特征,以期为今后研究小城镇空间发展提供可借鉴之处,推动小城镇规划管理策略更新发展,助力城乡可持续发展。

2 研究区概况及研究方法

2.1 研究区概况

姜山镇位于宁波市鄞州新城区南部,东连云龙镇、横溪镇,南接宁波市奉化区,西倚奉化江,北靠首南街道,交通区位条件优越,距离宁波市区8km,距离鄞州新城区 4km(图 1),包含 56 个行政村、8 个社区居委会,截至2018 年常住人口为 20.98 万人。姜山镇综合条件优越,素有"鄞南重镇"之称,是全国发展改革试点小城镇,其优势条件主要集中在交通区位、工业基础、田园风光和传统文化等方面[9]。作为传统工业强镇,姜山镇拥有鄞州工业园和茅山工业园两大工业集聚区;同时,姜山镇拥有悠久的历史文化底蕴、丰富的文化资产,如走马塘历史文化名村。

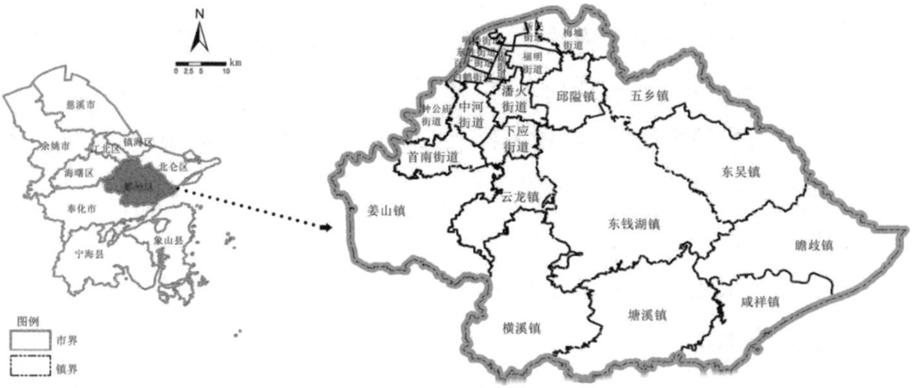

图 1 研究区位置图

2.2 数据来源与研究方法

2.2.1 数据来源

本文研究过程中所用资料主要可分为两种类型:一类为空间数据,另一类为社会经济统计数据(表 1)。

表 1　数据与资料搜集情况

数据类型	数据名称	数据来源
空间数据	鄞州区姜山镇 30m×30m 影像图 (2006 年、2012 年、2015 年、2019 年)	地理空间数据云下载 (http://www.gscloud.cn)
空间数据	鄞州区矢量高程数据(1:2000)	地理空间数据云下载 (http://www.gscloud.cn)
统计数据	鄞州区统计年鉴(2005—2017 年)	鄞州区统计局
统计数据	鄞州区村庄布局规划	鄞州区自然与资源局
统计数据	鄞州区城乡总体规划	鄞州区自然与资源局
统计数据	宁波市鄞州区地方志(1978—2008 年)	中国知网下载

下载 Landsat TM 遥感影像分辨率为 30m×30m,为获得较准确的土地利用数据集,遥感影像经大气校正、几何校正和裁剪拼接等预处理后,运用 ENVI 5.3 监督分类和目视解译相互校正,将土地分为四类(建设用地、林地、耕地、水体)。分类 Kappa 系数达到 0.85,满足后续研究需求。

本文只依据城乡建设用地面积来表征城镇聚落规模,因为城乡建设用地面积是经济社会发展的物质载体,也是城乡发展水平的外在表征。通过评价城乡建设用地面积,可以较为客观地表征自然聚落的规模特征,科学揭示城乡聚落规模体系的演化过程[10]。

2.2.2　研究方法

本文综合采用平均最邻近指数、核密度测算、景观指数分析等方法衡量姜山镇总体发展情况。

平均最邻近指数:用于判定聚落空间用地整体分布模式,通过测量每个聚落斑块质心与其最近邻斑块质心位置之间的距离,计算所有这些最近邻距离的平均值,并将其与假设随机分布中的平均距离进行比较从而判断聚落是否为聚集分布,具体公式如下[11]:

$$D_{min}=\frac{1}{n}\sum_{i=1}^{n}d_{min}\quad E(d_{min})=\frac{1}{2}\sqrt{\frac{S}{n}}+\left(0.0541+\frac{0.041}{\sqrt{n}}\right)\frac{p}{n}\quad R=\frac{D_{min}}{E(d_{min})}$$

核密度测算方法:聚落分布核密度估值越高则表明聚落的分布密度越大。公式如下:

$$f_n = \frac{1}{nh}\sum_{i=1}^{n} K\left(\frac{x - x_i}{h}\right)$$

其中：f_n 为聚落核密度估值；n 为乡村聚落的数目；K 为核函数；$x-x_i$ 为估计的乡村聚落点 x 到样本居民点 x_i 的间距；h 为搜索半径。

3 结果分析

3.1 聚落空间总体演变特征

聚落空间规模变化包括总体用地规模变化与斑块自身规模变化。总体用地规模变化以 2006 年、2012 年、2015 年、2019 年为主要时间节点进行分析研究，得到姜山镇 2006—2019 年总体用地规模情况（图 2，表 2）。

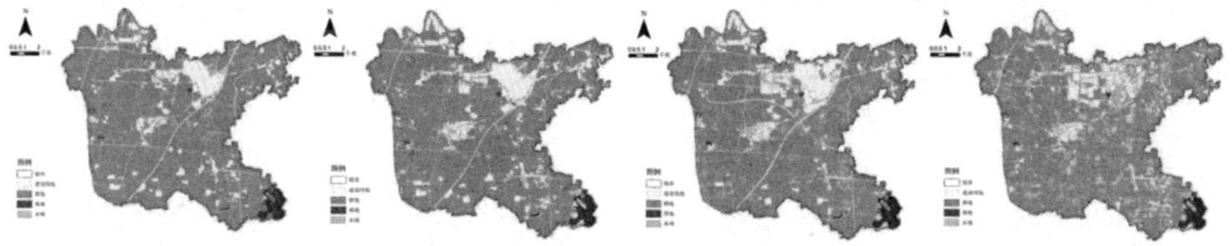

图 2　姜山镇 2006—2019 年总体用地规模变化

表 2　2006—2019 年总体用地规模变化

具体指标	建设用地（km^2）	耕地面积（km^2）	水域面积（km^2）	林地面积（km^2）
2006	57.81	271.78	6.61	13.39
2012	68.75	260.89	6.61	13.38
2015	75.64	254.11	6.61	13.23
2019	93.14	235.69	6.61	14.36
增加值	35.33	−36.09	0	0.97
增幅	61.11%	−13.28%	0	7.24%

2006—2019 年姜山镇聚落用地的整体演变程度较剧烈。2006 年、2012 年、2015 年、2019 年姜山镇村镇聚落用地分别为 57.81、68.75、75.64、93.14km^2，共增加 35.33km^2，增幅为 61.11%。其中，2015—2019 年增长幅

度最大，为 18. 79%；城镇建设用地面积占比从 16. 54%增加至 26. 63%，可看出姜山镇聚落空间扩张明显；耕地面积则减少 13. 28%，水域和林地面积变化不大，可推测减少的耕地面积主要转化为建设用地。

从小城镇聚落用地的空间位置来看，主要集中于姜山镇北侧靠近主要交通道路且地势平坦的区域。扩展方式主要包括三类：其一，在原有的斑块基础上向四周蔓延发展；其二，延带状的地物（如交通干线等）向两侧发展；其三，没有特定指向的分散扩展模式，与原本的聚落斑块在空间上无明显连接。

3. 2 聚落空间规模特征分析

聚落空间用地规模扩展显著，空间扩展形式多样。为进一步探索聚落空间规模，将 2006 年、2012 年、2015 年、2019 年四个时间段的聚落用地规模按照 $<0.01hm^2$、$0.01\sim0.05hm^2$、$0.05\sim0.1hm^2$、$0.1\sim0.5hm^2$、$>0.5hm^2$ 划分为五种类型，其类型分布见图 3 和表 3。

图 3　2006—2019 年聚落面积分类特征

表 3　2006—2019 年村镇聚落面积分类表

类型		<0. 01hm²	0. 01~0. 05hm²	0. 05~0. 1hm²	0. 1~0. 5hm²	>0. 5hm²
2006	数量	3493	1379	321	304	153
	占比	61. 82%	24. 41%	5. 68%	5. 38%	2. 71%
2012	数量	4058	1780	360	334	171
	占比	60. 54%	26. 56%	5. 37%	4. 98%	2. 55%
2015	数量	9938	3262	697	596	164
	占比	67. 80%	22. 25%	4. 76%	4. 07%	1. 12%
2019	数量	9510	3424	742	902	366
	占比	63. 64%	22. 91%	4. 97%	6. 04%	2. 45%

其中,从面积分类比例来看,小城镇聚落用地数量以小规模为主,但整体占比增加。2006 年聚落用地规模在 0.5hm² 以下的聚落斑块占比 86.23% 左右;至 2019 年聚落用地规模在 0.5hm² 以下的聚落斑块占比 86.55% 左右,仅有轻微变化。从分布情况来看,村镇聚落用地不同规模大量集聚分布,主要分布在东北城区周边,用地规模较大的区域呈散点式分布。从演变趋势来看,小规模村镇聚落轻微增加,大规模村镇聚落轻微减少。用地规模在 0.05hm² 以下的村镇聚落斑块在四个时间段的数量占比分别为 86.23%、87.10%、90.05%、86.55%,整体占比增加 0.32%;用地规模在 0.05hm² 以上的村镇聚落斑块整体呈下降趋势,占比由 13.77%减少至 13.46%,说明整体上小规模村镇聚落正不断分散。

由 2006 年、2012 年、2015 年、2019 年的聚落斑块规模指标可知:第一,2006—2012 年斑块数量整体增加,2012—2015 年斑块数量急剧增加,2015—2019 年斑块数量又下降,分别为 5 650 个、6 703 个、14 657 个、14 944 个,说明 2012—2015 年经历过聚落空间大量分化成面积更小斑块、不断分散的过程。第二,2006—2019 年平均斑块面积整体都有所下降,说明这几年新增的聚落斑块较小且小于现状的平均值。第三,聚落斑块的大小方差系数整体上升,2006—2015 年有所上升,2015—2019 年又有所下降,说明聚落大小的差异性在增加,小的村镇聚落斑块在不断聚集合并逐渐变大(表 4)。

表 4　村镇聚落斑块整体规模演变特征指标

年份	公式/概念	2006	2012	2015	2019
CA 裸区(hm²)	斑块面积总和	7 307.70	7 686.94	7 912.28	7 630.01
MPS 平均斑块大小(hm²)	平均斑块大小	1.29	1.15	0.54	0.51
NumP 斑块数(个)	斑块数量	5 650	6 703	14 657	14 944
MedPS 斑块中位数(hm²)	中间斑块大小,即第 50 个百分点	0.005 6	0.006 4	0.004 3	0.005 6
PSCoV 斑块大小方差系数	PSCoV=PSSD/MPS	53.87	73.31	110.74	71.15
PSSD 斑块尺寸标准偏差(hm²)	区域的标准偏差	69.49	84.31	59.80	36.29

通常,小城镇建设用地面积显示出小城镇的发展规模。城镇建设过程中,人口聚集、产业发展,必然会导致建成区扩张。姜山镇近几十年来持续

扩张,新兴建成区主要为居住区和工业区,同时增添相关公共设施,保障居民正常生活需求和日益增长的更高层次需求。作为工业重镇,姜山镇近年来充分抓住机遇发展新型工业,保障优势产业。除建设用地增加之外,姜山镇耕地面积减少 13.28%,水域面积保持不变,林地面积增加 7.24%。建设用地的增加几乎等于耕地减少值,故用地结构变化不大。

姜山镇拥有良好的区位优势的人口主要从事非农业生产劳动,属于大城市边缘区,受核心区城市化辐射的影响较大,通常会随着中心区的带动发展而成为下一个核心区。这样的大城市边缘区是核心城区工作性流动人口的主要扩散地带;当距离核心城区较远时,吸收核心区扩散人口较少,土地利用以农业为主,人口多从事第一、二产业[12]。大城市边缘区受核心区基础设施、经济社会、发展水平等因素的影响,与城市核心区的关系密切,受大都市的拉力与自身发展诉求的推力的双重影响,其发展过程和发展方向更加复杂多元[13]。作为城市边缘区的城镇,姜山镇承担一部分城市功能,如高新技术园区、科研基地等。在此发展过程中,需配套足够的基础设施,如交通运输、供水供电设施等,则部分耕地以集中征地的方式从耕地变为城镇建设用地。

3.3 聚落空间分布特征分析

聚落空间保持聚集分布特征,密度空间分布发生局部变化。对姜山镇村镇聚落用地做平均最邻近距离计算及核密度计算,得到表 5、表 6 和图 4。

从中可以看出:第一,姜山镇聚落用地总体呈现聚集分布的特征,聚集分布特征轻微上升。2006—2019 年姜山镇最邻近指数(R 值)呈现轻微下降,从 2006 年的 0.62 下降至 2019 年的 0.48,检测的平均最近邻距离由 35.42 下降至 29.58。这表明姜山镇村镇聚落聚集分布的特征愈加明显。第二,姜山镇全域村镇聚落斑块密度增加,呈现“聚集分布”的整体空间差异和“北密南疏”的整体发展趋势,聚落空间核密度增加。由表 5 可见,在单位面积范围内的村镇聚落斑块的最高数量上升,平均数量有所上升。这说明在 2006—2019 年的演变过程中,村镇聚落的点布局逐渐分散,同时单位面积内的村镇聚落点个数增加。2006 年核密度最高值为 498.52 个/km^2,2019 年核密度最高值为 1045.34 个/km^2,表明在部分地区单位面积内聚落斑块数量明显增加。平均值从 35.86 个/km² 增加至 95.03 个/km²，说明整个过程增幅较大。空间分布在原有基础上出现了多核破碎的趋势。第三，整体来看，姜山镇村镇聚落核密度呈现的"北密南疏"空间差异与城镇化和地形地貌具有明显的联系。高密度集聚区具有靠近临近城区、主要交通道路的特点。

表 5　2006—2019 年平均最邻近指数测度

年份	期望平均邻近距离	检测的平均最近邻距离	R 值	分布类型
2006	73.98	35.42	0.62	聚集分布
2012	68.46	36.49	0.53	聚集分布
2015	46.50	24.65	0.53	聚集分布
2019	47.35	29.58	0.48	聚集分布

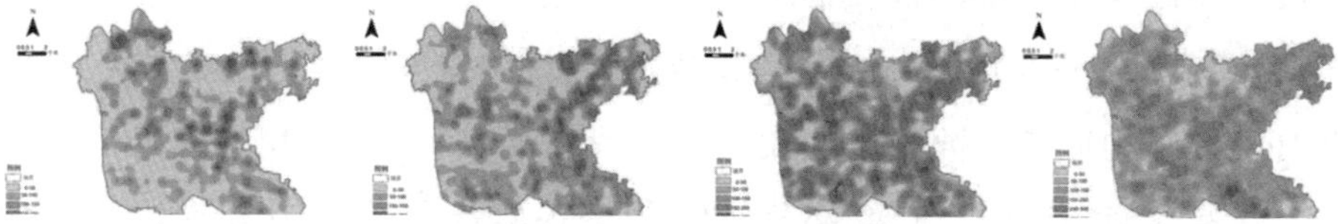

图 4　2006-2019 年核密度测算

表 6　2006—2019 年平均最邻近指数测度

年份	最大值	平均值	分布类型
2006	498.52 个/km²	35.86 个/km²	聚集分布
2012	282.58 个/km²	42.87 个/km²	聚集分布
2015	686.73 个/km²	93.68 个/km²	聚集分布
2019	1045.34 个/km²	95.03 个/km²	聚集分布

3.4　聚落空间形状特征分析

在景观格局指数中，通常选用 AWMSI、MSI、MPAR、AWMPFD 等指标用于描述与分析聚落空间形态演变的特征。为测算相关指标，基于 Patch Analyst 5.0 的 Fragstats 景观指数分析模块分别对 2006 年、2012 年、2015 年、2019 年的聚落空间用地进行分析，分别求得以复杂度评价为基础的整体形态特征和以 AWMSI 为基础的形态分异特征。通过对 2006—2019 年聚落空间形状特征分析得到表 7。

表 7　2006—2019 年聚落空间形状特征

复杂度指标	名称	2006	2012	2015	2019
AWMSI	面积加权的平均形状指数	24.47	29.96	45.09	31.09
MSI	平均形状指数	1.55	1.51	1.54	1.58
MPAR	平均周长比	870 938 419.29	823 635 919.25	972 237 855.76	856 887 461.47
AWMPFD	面积加权平均斑块分形维数	1	1	1	1

从聚落形态特征的数据分析可以看出：2006—2019 年村镇聚落斑块的平均形状指数有所上升，这表明聚落空间斑块的整体复杂性是上升的；2006—2015 年斑块面积加权的平均形状指数不断上升，说明斑块变得更不规则、更复杂；而 2015—2019 年该指数下降，说明这段时间复杂度下降，且面积加权的平均形状指数的增加大于平均形状指数，说明面积较大的一小部分斑块复杂性在降低，而大部分小面积斑块复杂性在上升。平均周长比 2006—2012 年下降、2015 年达到最高，说明 2015 年斑块破碎度达到近年最大。

3.5　聚落空间演变的社会经济影响因素分析

小城镇土地利用存在自我更新的特性，土地用途转变受到土地利用系统内部和外部驱动力的共同作用，识别不同地区村镇空间演变的驱动力对未来发展规划的编制甚为重要。本文现借助已有的研究成果，从经济、政策制度、社会四方面浅析城镇空间演变特征。

3.5.1　经济驱动力

当工业化发展到一定程度，城镇化就会到来。城镇是农村居民点进一步发展演化的结果，城镇化的发展有利于各类资源的集中和土地利用效率提高[14]。城镇化过程实质是人口及第二三产业在城镇聚集所带来的地域空间结构和空间形态变化。城市化和工业对人口的集聚作用客观上造成了城镇建设空间的增加，可在遥感影像上清晰得出城镇扩张的剧烈程度。同时，城镇化将需要更多的工业、居住、公共设施等用地，这些土地主要来自城市周边的农村集体土地，在农村集体土地转变为城镇国有土地的过程中，土地权属、土地用途、使用方式、利用效率、空间形态都发生了根本变化，形成新的城乡土地利用格局[15]。经济发展水平是城镇建设用地变化最主要的驱动力之一，它通过增加城镇居民收入激发居民对住房的需求，引发城镇建设利用程度、用地规模的变化。姜山镇作为鄞南重镇，抓住十余年的发展机遇，顺势而为，从工业化到城镇化，不断调整农业结构，开始了从农业向工业的蜕变。

3.5.2　政策制度驱动力

姜山镇具体政策包括20世纪80年代的农村土地承包经营制度、1990年国有土地使用权转让制度[16]、耕地保护制度、土地产权制度、城乡建设用地增减挂钩机制等，其中农村承包经营制度和国有土地使用权转让制度对姜山镇的经济发展作用较大，而保护耕地始终是土地利用的根本原则之一[17]。

长期以来，我国农村及小城镇面临着集体土地产权主体不清晰、产权不完整的问题。一方面，随着城镇化的逐步推进，农村人口通过升学、就业等方式转变为城镇人口，农村出现宅基地或集体土地闲置浪费情况；另一方面，城镇新增人口随着年龄增长或对生活空间需求的增加，已有的宅基地难以满足，就会占用耕地。宅基地缺乏完善的流转渠道，集体土地存在闲置的情况。完善的产权制度，应该明晰各行为主体获取与其付出相同利益的权利，从而成为激励行为主体的内在动力[18]。土地制度改革可激发居民的生产热情，所谓"有恒产者有恒心"，居民通过自己劳动可获得温饱甚至更高的利益收获。

3.5.3　社会驱动力

社会驱动力包括土地优化配置、家庭生产生活方式变化、交通条件变化等方面的动力作用。当城镇建设所需土地数量增多，则需大量建设用地发展产业，即征用大量耕地或其他生产用地，这一过程可吸引农村人口流向城市，随即带来更多人力、物力资源向城市集聚。交通条件为居民求学、就业、生活带来更多机遇，加剧人口流动程度。社会进步则带来农业生产生活方式不断更新,农村聚落的耕作半径不断扩大,聚落的腹地也不断扩大。从农村生产生活方式上看,农民向往更完备的基础设施和良好的生活环境。聚落空间会向着基本生活设施与城市靠拢的农村社区化方向发展。社会的整体趋势也影响着小城镇聚落空间的变化,计划生育政策导致农村家庭规模小型化,三口、四口之家的家庭结构逐渐稳固。根据居住需求层次理论,针对已有房者,他们追求更高层次的需求,居住的文化、教育等设施的完备情况将成为关注点,进而带动聚落空间的发展。

4 结语

姜山镇聚落空间用地的整体演变程度较剧烈。从空间位置来看,主要集中于姜山镇北侧靠近主要交通道路且地势平坦的区域;从分布情况来看,姜山镇总体呈现聚集分布的特征,聚集分布特征轻微上升,斑块密度增加,呈现"北密南疏"的整体发展趋势;从规模分级上看,聚落用地数量以小规模为主;从空间形态上看,聚落斑块的整体复杂性指标呈上升趋势。

经济发展水平通过增加小城镇居民收入激发居民对住房的需求,引发城镇建设用地规模、利用程度的变化。完善的政策制度,可以激发居民内在劳动创造潜力。社会进步带来新的生产生活方式,激发居民在住房、上学、医疗、就业等方面更高层次的需求。

参考文献

[1] 陈华.新型城镇化要求下的小城镇建设治理[J].天水行政学院学报,2014,15(5):51-54.

[2] 黄良伟,李广斌,王勇."时空修复"理论视角下苏南乡村空间分异机制[J].城市发展研究,2015,22(3):108-112+118.

[3] 冯健.1980年代以来我国小城镇研究的新进展[J].城市规划汇刊,2001(3):28-33.

[4] 费孝通.论中国小城镇的发展[J].经济研究参考,1996(Z1):40-43.

[5] 张刚,杨韫榕.西南山地小城镇空间发展策略研究——以六盘水水城县北部五乡镇为例[J].安徽建筑,2020,27(5):39-40.

[6] 金逸民,乔忠.关于小城镇产业发展问题的思考[J].中国人口·资源与环境,2004

(1):64-68.

[7] 卢布,黄赢,李建国,等. 54321养老产业模式研究——兼论农区养老主题小城镇建设[J]. 中国软科学,2014(1):87-95.

[8] 李德一,张安定,张树文. 山东半岛北部海岸带城乡聚落扩展变化特征与驱动力分析[J]. 自然资报,2008,23(4):612-618.

[9] 沈远. 来自中心镇的报告:一个崛起中的副中心城镇——鄞州区姜山镇改革发展纪实[J]. 宁波通讯,2007(11):48-49.

[10] 李智,张小林,李红波,等. 江苏典型县域城乡聚落规模体系的演化路径及驱动机制[J]. 地理学报,2018,73(12):2392-2408.

[11] 海贝贝,李小建,许家伟. 巩义市农村居民点空间格局演变及其影响因素[J]. 地理研究,2013,32(12):2257-2269.

[12] 顾朝林,陈田,丁金宏,等. 中国大城市边缘区特性研究[J]. 地理学报,1993(4):317-328.

[13] 沈静,魏成. 大都市边缘区空间结构演变中的多元利益主体格局——以广州市大石街为例[J]. 规划师,2009,25(3):65-69.

[14] Deng F F. Public land leasing and the changing roles of local government in urban China[J]. The Annals of Regional Science,2005,39(5):353-373.

[15] Yeh A,Wu F. The new land development process and urban development in Chinese cities[J]. International Journal of Urban and Regional Research,1996,20(2):330-353.

[16] 宁波市鄞州区地方志编纂委员会. 宁波市鄞州区志(1978—2008)[M]. 杭州:浙江古籍出版社,2016.

[17] 张娟锋,任超群,刘洪玉,等. 基于四维驱动力的农村居民点整理模式分析——以北京市通州区为例[J]. 地理研究,2012,31(10):1815-1824.

[18] 周婧,杨庆媛,信桂新,等. 贫困山区农户兼业行为及其居民点用地形态——基于重庆市云阳县568户农户调查[J]. 地理研究,2010,29(10):1767-1779.

空间句法(sDNA)在小城镇城市设计中的应用
——以南京谷里新市镇为例*

陈鹏宇　洪亮平　乔　杰　姬　刚
(华中科技大学建筑与城市规划学院)

【摘要】 提升小城镇城市设计品质,塑造小城镇风貌特色,是推动我国新型城镇化高质量发展的重要途径。与大尺度的城市不同,小城镇的规模与步行尺度相适宜,生产与生活空间紧密相关,路网形态演变与空间发展密切结合。构建适应小城镇空间特征的空间分析方法是推动我国城市设计技术更新的重要内容。sDNA 作为改良版的空间句法,具有针对性强、兼容稳定、操作简便的特点。文章运用 sDNA 的线段分析在空间形态量化分类、模型分析、问题生成方面与小城镇城市设计的契合性,通过江苏省南京市江宁区谷里新市镇城市设计的实证研究,探索了空间句法在小城镇设计中的应用实效。在回顾国内外研究进展的基础上探讨了空间句法在城市设计中的局限性,通过建构基于 sDNA 的小城镇城市设计技术方法,对空间句法的未来应用方向进行了有益讨论。

【关键词】 小城镇　空间句法　sDNA　城市设计　规划技术方法　南京谷里新市镇

1　引言

在我国,小城镇是介于城乡之间规模较小的建制镇与集镇,也被广泛地

* 本文原载《小城镇建设》2022 年第 3 期。本文为国家自然科学基金项目(52008179)。

理解为一种新型社区[1]。小城镇作为城乡网络空间的重要节点[2]，其发展不仅可以改善自身基础设施和消费环境，扩大城镇内需，还可以吸引农村人口进城并为乡村发展带去技术与资本，为乡镇企业提供平台和依托[3]。在“构建以国内大循环为主体、国内国际双循环相互促进的新发展格局”和“乡村振兴战略”的时代背景之下，小城镇的发展意义仍在不断丰富着[4,5]。近年来，对于小城镇城市设计的研究逐渐转向人居环境改善、特色营造、三生空间融合等方面，这些因素间的内在逻辑，还有待进一步探索(图 1)。总之，小城镇的经济、社会、文化发展离不开作为载体的空间，如何运用城市设计提升小城镇人居空间品质、塑造风貌特色、实现“三生”融合，需要一套有效的技术方法支持。

空间句法将空间与社会的内在联系进行统筹，对空间组合的联系和功能结构进行分析[6]，其研究的对象非空间体本身，而是若干空间体的组合方式和关联性[7]。基于该理论在城市设计中的运用，国内已有较多研究，徐璐

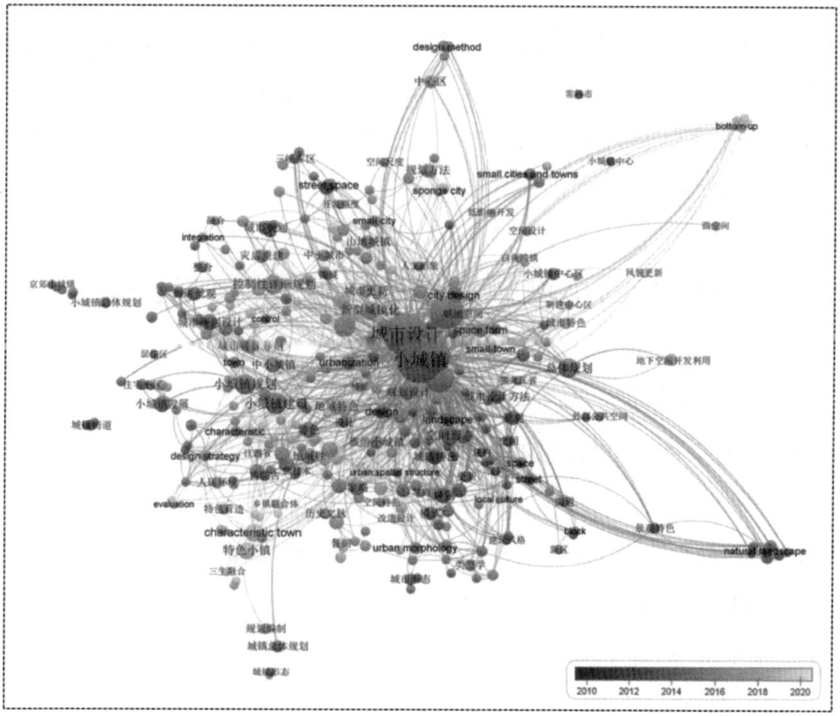

图 1　基于 VOSviewer 的小城镇城市设计研究演进脉络分析

等在片区城市设计中对南京河西地区进行了空间句法分析，揭示了河西地区的空间特征[8]；伍敏、杨一帆等以北京、苏州的大尺度城市设计项目为例，对空间句法的使用方式与存在问题进行了剖析[9-10]；黄铎等通过研究回顾和案例分析，探讨了空间句法在城市设计中的具体方法构建[11]。同时国外学者也对城市设计中空间句法的应用进行了研究[12]。在小城镇尺度上，已有的空间句法研究集中在城镇网络结构和道路交通体系两方面[13-15]，缺少在小城镇城市设计方面的探索。此外，在空间句法的技术研究方面，国内外学者对于如何将 ArcGIS 的空间分析工具与空间句法相结合展开了一系列探索[16-18]，随着实践中的改进和创新，国外研究结构开发出了如 sDNA、UNA 等高级空间分析工具。

相比于大城市，小城镇规模较小，空间结构相对简单，且其空间形态受地域环境影响较大[19]。因此小城镇的规模与步行尺度相适宜，生产与生活在空间上紧密相关[20]，路网形态演变与空间发展密切结合。空间句法的本质是通过“小空间”表达“大空间”，即通过“潜力”揭示“趋势”。sDNA 的模型分析可以将小城镇路网形态和空间结构更加直观地表达出来，进而揭示城镇发展的问题和趋势，因此 sDNA 与小城镇城市设计十分契合。本文尝试建构基于 sDNA 的小城镇城市设计技术方法，并通过实证研究探索空间句法在小城镇城市设计中的应用实效。

2 基于 sDNA 的小城镇城市设计技术方法建构

2.1 sDNA 优势分析

sDNA 的全称是空间网络分析(spatial Design Network Analysis)，不同于传统句法软件 Depthmap 进行的轴线分析(Axial Analysis)，sDNA 通过加权对偶拓扑进行线段分析(Segment Analysis)，与城镇尺度下的空间研究更为契合，是改良版的空间句法[21,22]。sDNA 计算路网相应指标的数值形成数据模型，其基于 ArcGIS 平台采用工具箱的形式，具有数据处理难度小、可视化效果好、与其他分析工具结合性高等诸多优点，更加有利于辅助规划设计和研究[23]。本文以 sDNA 两个重要的指标——接近度和中间度作为主要计算结果进行分析。

接近度解释为在一定的搜索半径之内某条路段到其余路段的能力,即发挥直接联系作用,揭示可达性或中心性。计算公式为:

$$\mathrm{NQPD}(x) = \sum_{y \in Rx} \frac{W(y)P(y)}{d(x,y)} \tag{1}$$

其中:R 为搜索半径;x、y 为两条线段;$d(x,y)$ 为 x 和 y 的最短路径长度;$W(y)$ 为 y 的加权权重;$p(y)$ 为 R 范围内 y 的比例,在离散空间分析中,它总是等于 0 或 1,在连续空间中,$0 \leqslant P(y) \leqslant 1$。

中间度解释为在一定的搜索半径内的某条路段交通流通过的潜力,即发挥中介联系作用,揭示穿越性或串联性。

计算公式为:

$$\mathrm{TPBt}(x) = \sum_{y \in N} \sum_{z \in Ry} OD(y,z,x) \frac{W(z)P(z)}{total\ weight(y)} \tag{2}$$

其中:$OD(y,z,x)$ 即在搜索半径 R 内,通过线段 x 的线段 y 与 z 之间的最短路径;$W(z)$ 为 z 的加权权重;$P(z)$ 为 R 范围内 z 的比例;$total\ weight(y)$ 即半径内从 y 出发的所有路径的总权重。

2.2 核密度估计法

核密度估计法解释为样本要素在一定搜索半径内的密度,即以每个样本点为搜索中心,计算搜索半径内样本点的单位面积密度,以揭示地理事物的空间分布密度特征[24]。每一个数值点的中心到搜索半径范围内会生成一个平滑曲面,其中中心位置曲面的表面积最大,数值最高,而在边缘处表面积最小,数值为 0。通过核密度分析可以将一定半径内的点辐射能力数据化和图示化。

计算公式为:

$$\mathrm{fn}(x) = \frac{1}{nh}\sum_{i=1}^{n} k\left(\frac{d_i}{h}\right) \tag{3}$$

其中:$k\left(\frac{d_i}{h}\right)$ 为核函数;h 为带宽;n 为样本量;d 表示估计点 x 与样本观测点之间的距离。

sDNA 的计算结果导入核密度工具中,可以将 sDNA 分布在路网空间的数据在搜索半径内进行拓展,得到覆盖整个研究区域的数据模型,极大地提高了sDNA模型的数据分析能力和可视化水平。同时,核密度估计法分析得到的栅格数据可以通过Matlab进一步分析,建立相应的多元回归模型辅助分析。

2.3 小城镇城市设计内容体系与技术方法建构

2.3.1 小城镇城市设计内容体系

小城镇生产、生态、生活空间系统相互融合,如何实现小城镇生产要素资源合理集聚与配置、保护城绿交融的自然生态格局及塑造宜人尺度的城镇生活环境,是小城镇城市设计的重点[25,26]。笔者认为,小城镇由于自身的特点,对应产业发展、生态格局、城镇空间三方面的城市设计需求,其城市设计内容体系应围绕城镇生产、生活、生态三个系统展开(图2)。

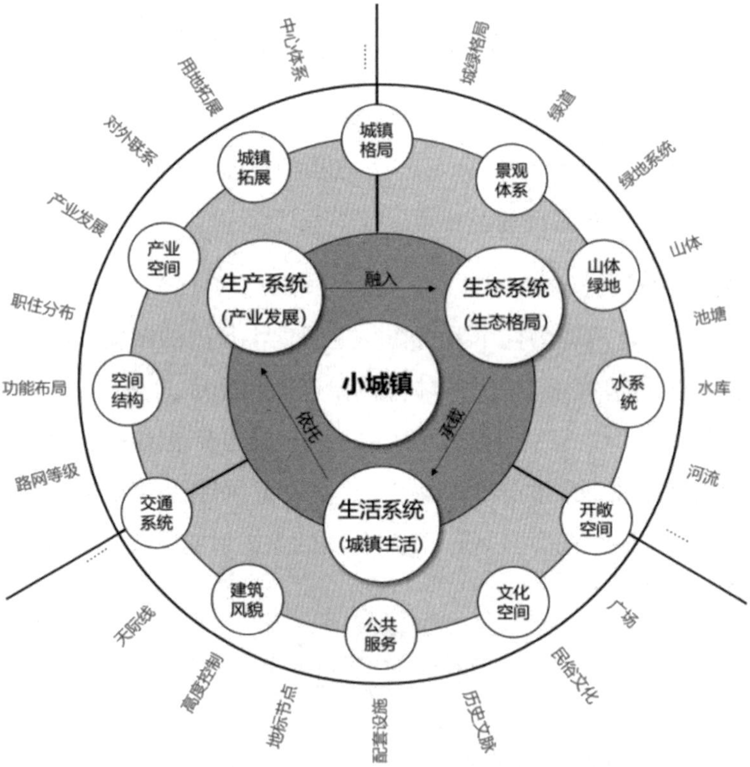

图2 小城镇城市设计内容体系

资料来源:基于文献[19]和小城镇城市设计内容体系改绘

2.3.2 技术方法构建

通过 sDNA 及辅助工具提供的空间结构、交通网络、公共服务数据模型打通“分析—策略—方案—评价”技术流程,满足产业发展、生态格局、城镇空间三方面的城市设计需求,是小城镇城市设计技术方法建构的关键。根据研究对象将技术框架分为现状用地分析和规划方案分析两部分(图 3)。

现状用地分析即通过现状模型构建与分析进行策略构思的过程。接近度模型显示某一空间体在空间网络的中心性,其核密度中心所在位置和拓展方向反映了空间和交通网络的发展趋势;中间度模型显示某一空间体在空间网络中的交通流穿越潜力,揭示了主要交通流线。根据现状调研数据对模型进行校核和分析,得到小城镇城市设计的需求,进而提出生产、生态、生活空间系统的优化策略。

规划方案分析是通过规划模型的分析评价对规划策略进行循环校核,是一个动态反馈的过程。利用接近度、中间度、多元回归模型展开空间结构、交通网络和公共服务布局的分析,发现空间发展趋势,评价策略实施潜力。

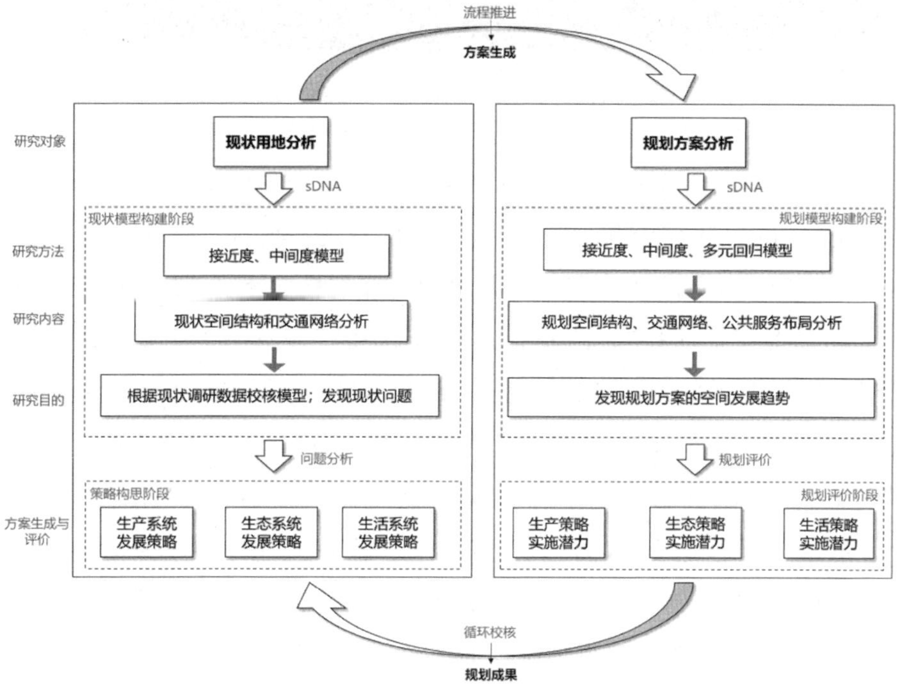

图 3　基于 sDNA 的小城镇城市设计技术框架

3 实证研究

3.1 研究区域选取

谷里新市镇位于南京市江宁区,属于南京市市域城乡体系中的“29个新市镇”之一,本文研究范围为谷里镇区范围(图4)。

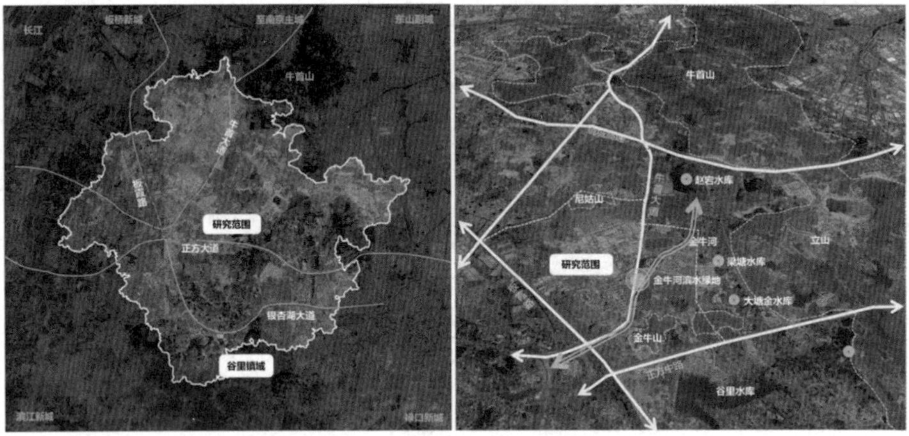

图4 谷里镇区范围及山水空间格局示意图

选取该案例的原因有三:其一,新市镇是大城市涉农街道的集中建设地区,功能定位为服务和带动广大乡村地区的发展,同时自身采取特色化、差异化的城镇化发展路径,与小城镇发展的环境与模式无异,具有小城镇空间形态的典型特征。其二,南京市的城镇发展一直具有“强城弱乡”的问题[27],优化新市镇发展策略、提高新市镇规划水平对促进南京市城乡融合发展具有重要意义[28];同时大城市边缘新市镇的发展近年来广受关注,其规划设计方法应用对其他类似地区具有借鉴意义。其三,谷里新市镇特色鲜明:产业发展依托老镇区和工业区,新镇区“开而不发”;区位优势明显,南邻金牛山,北望牛首山,金牛河自北向南流过镇区,但老镇区偏安一隅,生态环境“绿而不美”;镇区规模较小,但“小而不精”,空间结构具有典型的单中心—边缘的小城镇特征。因此,如何从物质空间设计的角度上,利用空间句法以解决谷里产业发展、生态格局、生活空间等方面的问题，打造小而美的“精致城镇”，是本次研究设计需要关注的重点。

3.2　基于 sDNA 的现状用地分析

3.2.1　sDNA 数据模型构建及校核

首先绘制谷里新市镇现状路网(图 5)，以步行 5 分钟、10 分钟、15 分钟对应距离 300m、500m、800m 作为局部尺度搜索半径，以 N 作为全局尺度搜索半径，使用 sDNA 工具和核密度估计法生成 sDNA 数据模型(图 6)。通过现场踏勘对计算结果进行校核。①交通网络方面：局部尺度数据显示牛首大道、庆缘路、庆缘东街、金谷街、莲花街、新民街交通可达性和穿越性较

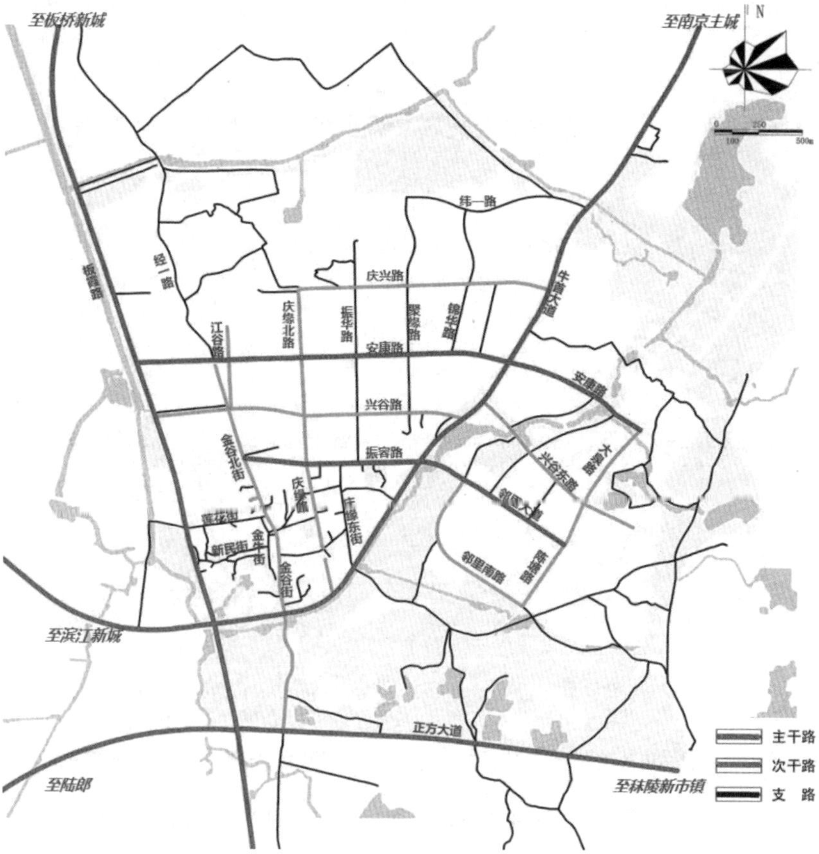

图 5　谷里新市镇现状路网分析图

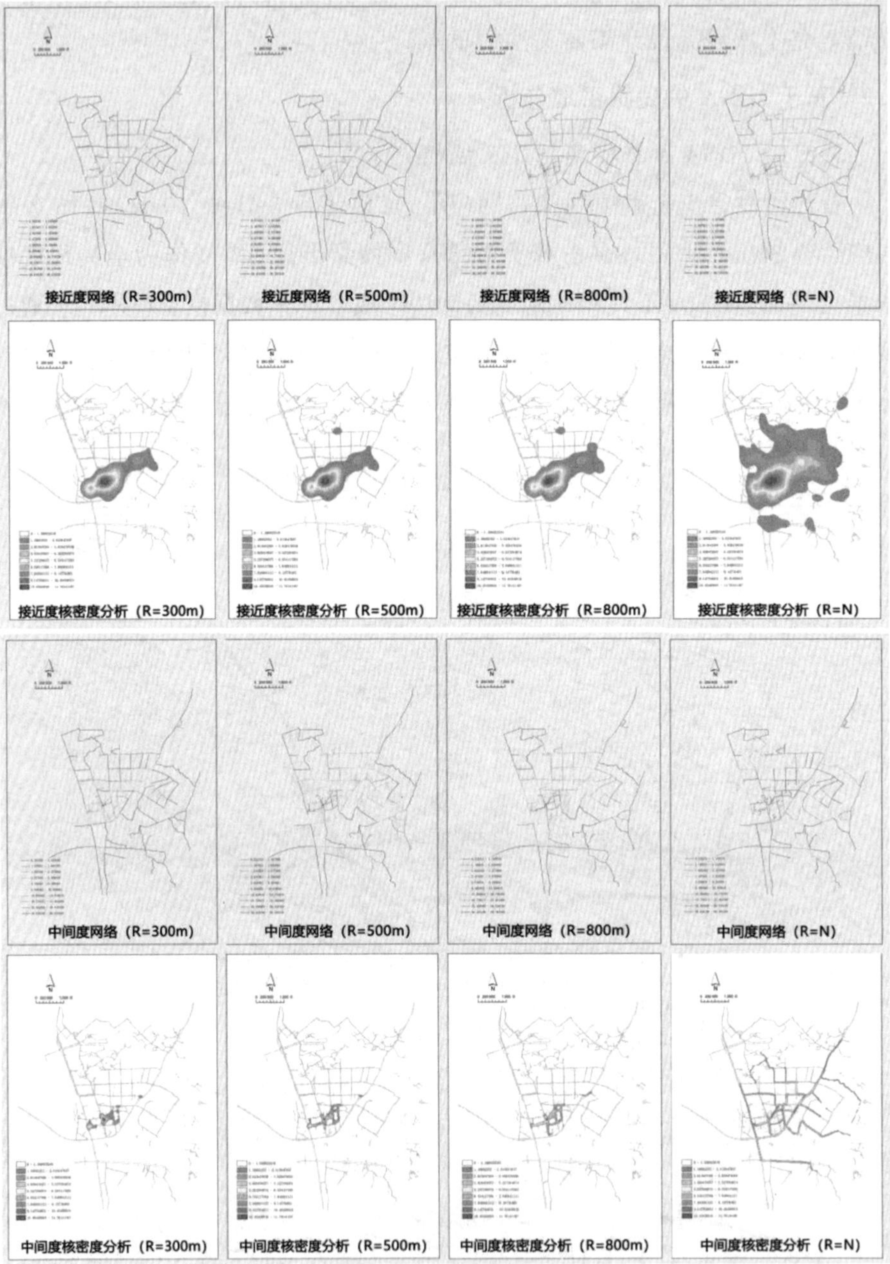

图 6　谷里新市镇现状接近度和中间度分析图

高。全局尺度上，接近度显示安康路、兴谷路、振荣路三条东西向道路可达性升高，中间度网络则揭示了镇区主要的交通干道——牛首大道、板霞路、正方大道车流量潜力最大。实地调研对主要道路5分钟、10分钟、15分钟人、车流进行记录，显示牛首大道、板霞路、振容路车流量较大，牛首大道、庆缘路、金谷街、新民街人流聚集程度高即中心性较好，与sDNA数据模型基本相符。②空间结构方面：局部尺度数据显示老镇区和金牛湖区形成连续可达网络，且老镇区交通潜力较大，在其他区域分布零碎，工业区被辐射程度低；全局尺度上揭示了谷里现状以老镇区为核心的圈层扩散发展模式，主要向镇区中部金牛河沿岸扩散，这与现状老镇区作为谷里新市镇的公共服务中心、商业中心相符。

3.2.2　现状问题总结与策略构思

以sDNA数据模型为支撑，从谷里镇区的空间结构和交通网络两方面对现状问题进行总结：谷里整体空间结构为典型的老镇单中心发展模式，发展方向沿牛首大道向镇区中、东部拓展；东、南、北部自然山体与人居空间未能形成连续的中心网络，呈现出城镇空间与周边生态系统割裂的格局；镇区西侧的工业区交通中心性较差，而沿金牛河两岸区域具有更好的发展潜力。交通网络方面，牛首大道的接近度与中间度均显示较高水平，即牛首大道作为镇区主要南北向道路，同时承载了生活性和交通性两种道路功能，除此之外，牛首大道还承担了更大区域内的穿越性交通流，加剧了人、车流的相互干扰。全局尺度上串联性交通集中在老镇区道路、板霞路、牛首大道，东西向交通联系不足，全区未能形成支撑生产生活的交通骨架；局部尺度上镇区东、北部路网可达性较差，交通穿越性潜力低，吸引力不足。基于上述分析，针对生产、生态、生活三个系统提出相应的规划策略。

① 生产系统方面：提出从区域层面交通网络优化的规划方案，建议进一步加强板霞路的对外交通职能，疏散牛首大道的过境交通；综合老镇区用地紧张，拓展潜力较小的问题，规划在镇区中部进一步优化路网结构和功能布局，依托牛首大道和两侧现状公共服务设施形成新的城镇综合服务带，提升中部片区的中心性，新办公设施沿路布局；加强谷里镇区东西向道路连接，提升西部工业区和东、北部居住区的交通可达性，促进城镇交通骨架生长；在老镇区西侧设置商务办公区，对接板霞路和正方大道的穿越性交通并减

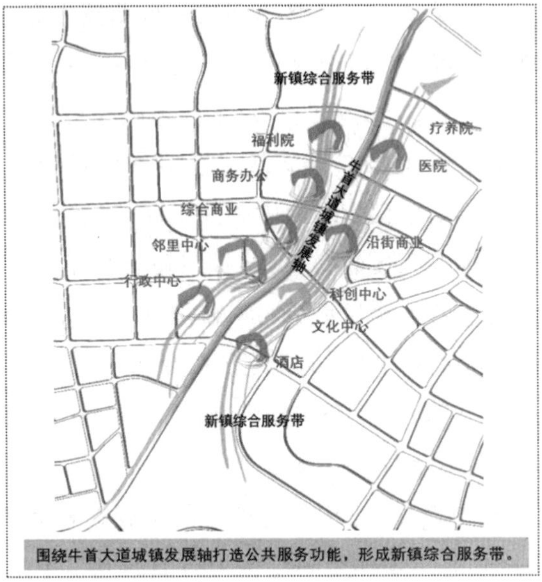

图7　谷里新市镇城镇综合服务带设计构思示意图

资料来源:《南京市江宁区谷里新市镇城市设计》项目组

少职工通勤距离(图7)。

② 生态系统方面:提升金牛河沿岸区域交通可达性,调整城市功能以提升滨水活力,促进滨水界面与城镇空间的相互渗透;加强与周围山体的交通连接,充分利用现状河流、沟渠、池塘形成多级绿地广场,扩大蓝绿网络服务半径,促进城绿交融;加强镇区东部沿金牛河段的中心性,依托其区位和自然禀赋形成生态集核,提升镇区生态服务能力;打通与牛首山、对门山、金牛山、尼姑山等周围山体之间的观山视廊,实现“引山入城”(图8)。

③ 生活系统方面:配套设施布局选址与交通网络可达性相耦合,根据居民步行时间打造5分钟、10分钟生活圈,形成多中心的公共服务体系,减少对谷里老镇的依赖性;秉持生态、包容、共享的小镇生活理念,核心打造镇区中部的活力开放空间,植入多种城市功能,设计不同的主题公园,丰富居民文化生活;增加慢行交通路线,完善城镇生活交通网络的毛细血管,丰富沿线主题性,通过慢行环路串联各节点,提升城镇活力(图9)。

根据规划策略最终形成“三心、两轴、一脉、多点”的规划结构(图10)。

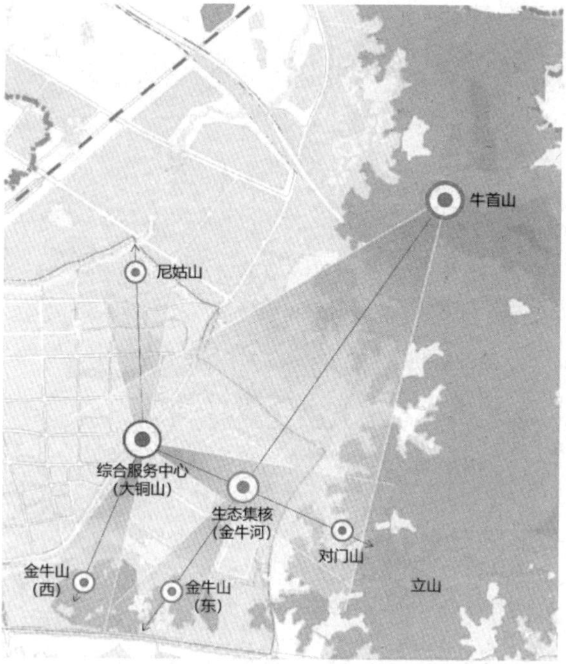

图 8　谷里新市镇规划观山视廊规划图

资料来源:《南京市江宁区谷里新市镇城市设计》项目组

图 9　谷里新市镇镇区中部活力空间营造策略示意图

资料来源:《南京市江宁区谷里新市镇城市设计》项目组

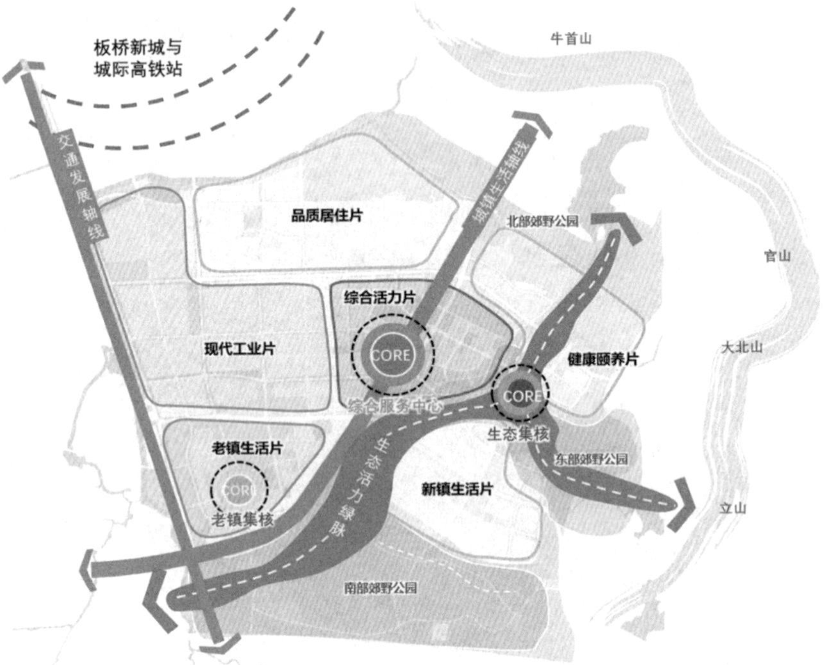

图 10　谷里新市镇规划结构图

资料来源:《南京市江宁区谷里新市镇城市设计》项目组

3.3　基于 sDNA 的规划方案分析

3.3.1　sDNA 数据模型与回归模型构建

规划策略及用地方案生成后,通过空间句法进行检验,分析其能否解决现状问题并实现规划策略。首先绘制规划路网道路连接线,以 300m、500m、800m 和 N 为搜索半径,计算分析路网局部特征和全局特征(图 11)。然后将现状和规划的公共服务设施、办公点、居住小区、绿地广场、商业密度等五个指标在 ArcGIS 中进行核密度和点密度分析,选取距山体距离、距主要河湖距离两个指标进行欧式距离分析。使用 Matlab 分析软件构建现状和规划两个多元线性模型,量化分析 sDNA 数据模型与公共服务指标之间的关系,两个模型的相关性分析作为规划评价的依据。将这七个指标分解为自然环境、设施配套、职住分布三类作为回归模型的解释变量,选取路网接近度(搜索半径为 n 时)为响应变量(表 1)。

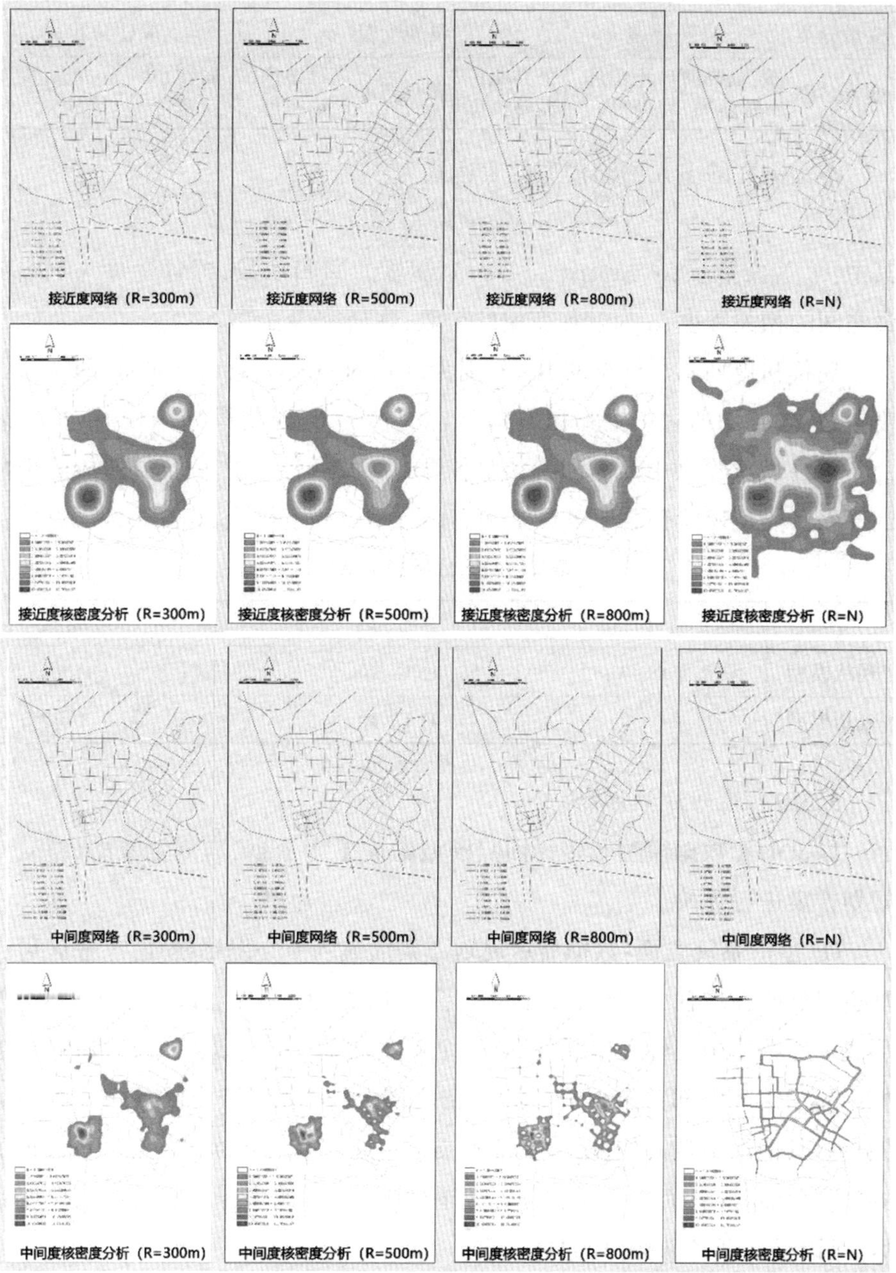

图 11　谷里新市镇规划接近度和中间度分析图

表 1　解释变量分类与名称

变量分类	自然环境		设施配套			职住分布	
变量名称	距主要河湖距离	距山体距离	公共服务设施密度	商业密度	绿地广场密度	居住小区密度	办公点密度

本文研究的多元回归模型的表达式为：

$$Y=\alpha_0+\alpha_1 x_1+\alpha_2 x_2+\alpha_3 x_3+\ldots+\alpha_n x_n$$

其中：α_0 为常数项；$\alpha_1,\alpha_2,\alpha_3,\ldots,\alpha_n$ 为变量的回归系数，即各变量与响应变量之间的相关程度；n 为解释变量的个数，本研究中 $n=7$。

现状和规划两个模型的 R^2 分别为 0.43 和 0.59，均高于 0.4，即拟合优度较好，同时均通过 t 检验和 F 检验且 P 值为 0，说明模型均较为可靠（表 2）。但在现状模型中商店和公共服务设施的共线性 VIF 大于 5，造成此现象的原因可能是现状公共服务设施和商店分布点高度耦合，相互形成干扰。

表 2　回归分析模型结果

	拟合优度	F 检验	P	常数
现状模型	0.43	11536.20	0.00	1.25
规划模型	0.59	14127.40	0.00	0.17

3.3.2　规划方案评价

以 sDNA 数据模型和多元回归模型的成果为依据，与规划策略校核，对规划方案进行评价。

① 生产系统方面：数据显示规划方案形成双中心发展模式，工业区可达性也得到明显增强，全局尺度下的空间结构更为均衡；老镇与镇区东、中部形成了连续的中心性和串联性网络，全镇联通的交通干道系统形成；接近度模型显示镇区中部并未形成一级核密度圈层，即规划综合服务中心的中心性相对其他两个核心较低，方案上需要进一步优化；全局尺度下牛首大道的穿越度仍然较高，而板霞路和正方大道较低，这可能由于计算范围仅限于镇区，难以呈现两条邻界路的真实情况。

② 生态系统方面：局部尺度数据显示东部集核的中心性显著增强，金牛河的服务半径加大，有利于居民更方便地使用其生态功能；全局尺度下周边山体的可达性上升，沿牛首大道和金牛河形成连续网络，镇区融入周边自然

呈现一体化发展模式,城绿相融策略有望实现;中心性和可达性较高区域基本将城镇地标节点与主要廊道覆盖,尤其是镇区东侧大泉路、安康路、邻里大道这三条重要的观山望水视廊均具有较好的人、车流潜力,城镇标志系统可达性较好(图12)。

③ 生活系统方面:道路网可达性及穿越性与公共服务设施、主要河湖、商业、居住小区、办公点分布耦合度较现状显著提升,尤其是规划公共服务设施和主要河湖,城镇空间形成多级公共服务体系(表3);老镇区交通流得到疏散,规划交通主干道如振容路、庆兴路等中心性和穿越性增强,交通串联能力提升;局部尺度下镇区北侧出现了可达性和串联性网络凹地,可能由于其功能主要为居住,较大的封闭居住小区路网密度不足,方案需进一步优化。

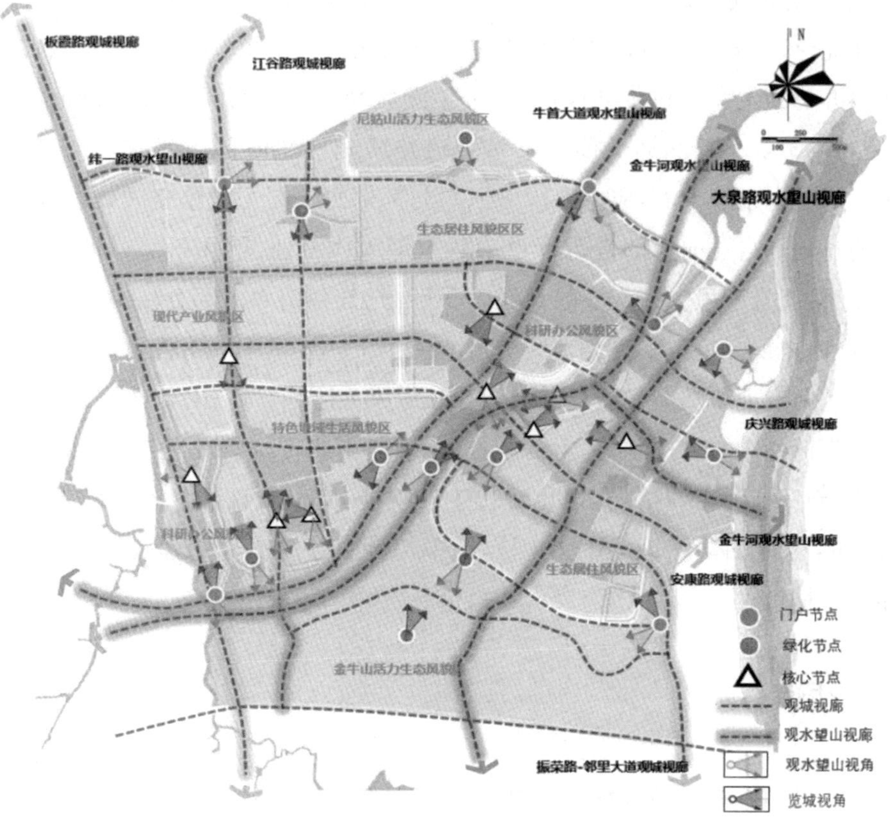

图12　谷里新市镇地标节点与山水视廊引导图

资料来源:《南京市江宁区谷里新市镇城市设计》项目组

表 3　相关性分析表

	距主要河湖距离	距山体距离	公共服务设施密度	商业密度	绿地广场密度	居住小区密度	办公点密度
现状模型相关系数	42.92**	12.23**	0.12**	0.25**	0.76**	1.35**	0.46**
规划模型相关系数	75.91**	0.76**	13.25**	1.11**	1.12**	1.12**	0.55**

注：** 表示在 0.01 水平上显著相关。

3.3.3　规划完善建议

规划评价与完善阶段是一个动态反馈的过程，针对规划评价，提出本轮修改建议。①生产系统方面：宜将谷里邻里中心设置于牛首大道东侧而非西侧，一方面可以减少人流穿越并利用道路东侧良好的交通可达性实现便民功能，另一方面也可以依托金牛湖优化镇区中心形象；牛首大道西侧宜设置以办公为主商务和科创板块，在金牛湖区域架设人行天桥或建设地下通道，在不干扰车行交通的前提下增强道路两侧地块的可达性，提升交通安全。②生态系统方面：应进一步增强东北部郊野公园与城镇空间的联通，可以通过规划自北向南的慢行绿道串联东部山体林地，增强东部片区的南北向联系；提升邻里大道南段的交通串联性，充分利用好南部金牛山的生态资源，同时也加强正方大道与镇区交通的衔接。③生活系统方面：调整北部居住小区邻近地块功能，进一步优化路网，形成可达性优良、配套设施齐全的 5 分钟生活圈中心，方便居民生活；保护老镇老街的传统肌理，延续金牛街、金谷街、新民街的街巷格局，强化文化生活功能，宜使镇区形成不同功能协调发展的三中心体系，即老镇文化核、镇中综合服务核、东部生态核，打造精致生活小城镇。

4　结语

小城镇是农村地区社会经济发展的引擎，发展小城镇是推动我国城镇化高质量发展的重要途径，提升小城镇城市设计品质有助于集约高效地利用土地，因地制宜地提升城镇生态文化特色。本文通过基于 sDNA 的小城镇城市设计技术方法的建构和实证研究，介绍了空间句法的在小城镇设计中的应用实效，研究发现：①小城镇的空间尺度和特征决定了其生产、生态、生活三个空间系统相互融合，其路网形态演变与空间发展的关系密切，空间句法则擅长对路网形态进行分析，与小城镇城市设计的需求相契合；②sDNA作为改良版的空间句法，结合ArcGIS的数据可视化技术和Matlab的相关性分析技术拓展了空间句法的设计应用能力，从交通网络、空间结构、公共服务布局三方面提供了数据支撑，加强了方案编制的科学性和客观性，提高了工作效率；③本文以谷里新市镇为例，基于sDNA打通了“分析—策略—方案—评价”技术流程，满足了产业发展、生态格局、城镇空间三方面的城市设计需求，提出了方案完善的建议，具有一定借鉴意义。

笔者认为，空间句法作为一种量化分析工具，重在理性思维而缺少感性情怀。小城镇作为“城尾乡头”，其城市设计的内涵及目标包括多个层次，如文化、社会、制度、组织等。空间句法不仅难以理解小城镇的文化、社会、制度等背景，甚至对现状空间要素如自然山水、历史建筑的认识也不足。因此在实际工作中需要重点关注在相应设计阶段空间句法的功能针对性，利用其空间解析能力对症下药，将其作为辅助工具而非全盘接纳。此外，本文中空间句法的应用集中于小城镇城市设计编制阶段，而小城镇的城市设计想要发挥实效，其难点更多在于如何实施。未来研究或将空间句法的应用延伸至小城镇城市设计实施管理环节，如城市设计导则的制定中，加强城市设计的落地管控。最后，小城镇城市设计适用的新工具不止于空间句法，希望通过本文的讨论，能为更多新方法应用提供技术框架建构的借鉴，以期形成和完善我国本土化的小城镇城市设计技术逻辑。

参考文献

[1] 费孝通. 论中国小城镇的发展[J]. 中国农村经济，1996(3)：3-5.

[2] 耿虹，罗毅. 以小城镇建设为基点促进新农村建设发展——以武汉市汉南区新农村建设规划为例[J]. 城市规划，2006(12)：33-39.

[3] 赵燕菁. 制度变迁·小城镇发展·中国城市化[J]. 城市规划，2001(8)：47-57.

[4] 陈博文，彭震伟. 供给侧改革下小城镇特色化发展的内涵与路径再探——基于长三

角地区第一批中国特色小镇的实证[J]. 城市规划学刊,2018(1):73-82.

[5] 吴闫. 我国小城镇概念的争鸣与界定[J]. 小城镇建设,2014(6):50-55.

[6] HILLIER B. Space is the machine[J]. cambridge uk:cambridge university press,1996.

[7] 杨滔. 说文解字:空间句法[J]. 北京规划建设,2008(1):75-81.

[8] 徐璐,徐建刚. 空间句法在城市设计中的应用——以南京市河西地区空间结构分析为例[J]. 现代城市研究,2011,26(4):42-46.

[9] 伍敏,杨一帆,肖礼军. 空间句法在大尺度城市设计中的运用[J]. 城市规划学刊,2014(2):94-104.

[10] 杨一帆,邓东,肖礼军,等. 大尺度城市设计定量方法与技术初探——以“苏州市总体城市设计”为例[J]. 城市规划,2010,34(5):88-91.

[11] 黄铎,古恒宇,姜洪庆. 基于空间句法的城市设计方法与流程融合机制构建[J]. 规划师,2018,34(3):59-65.

[12] KARIMI K. A configurational approach to analytical urban design: ‘Space syntax’ methodology[J]. Urban Design International,2012,17(4):297-318.

[13] 丁梓轩,韩宝睿,濮海建,等. 基于空间句法的小城镇路网结构与功能分析[J]. 森林工程,2021,37(3):111-118.

[14] 丁莉莎. 基于几何拓扑的小城镇路网结构研究[D]. 南京:南京林业大学,2019.

[15] 宋俊良. 基于空间句法的长白山脉小城镇空间形态研究[D]. 长春:吉林建筑大学,2019.

[16] CHEN F,ZHANG W. Grasshopper Reach Analysis Toolkit: Interactive Parametric Syntactic Analysis[J]. 2017.

[17] YU Y,NES A V. Measuring urban maturation processes in Dutch and Chinese new towns: Combining street network configuration with building density and degree of land use diversification through GIS[J]. Journal of Space Syntax,2013.

[18] PEPONIS J,BAFNA S,ZHANG Z. The connectivity of streets: reach and directional distance[J]. Environment and Planning B-Planning & Design,2008,35(5):881-901.

[19] 高俊阳,洪亮平,刘合林,等. 小城市总体城市设计技术体系与策略[J]. 规划师,2019,35(2):20-25.

[20] 朱牧文,陈晨. 产业、村社与空间互动视角下“晋江模式”小城镇建成环境形成机制及规划启示——以陈埭镇为例[J]. 小城镇建设,2020,38(8):35-42.

[21] 宋小冬,陶颖,潘洁雯,等. 城市街道网络分析方法比较研究:以 Space Syntax、sDNA

和 UNA 为例[J]. 城市规划学刊,2020(2):19-24.

[22] 肖扬,ALAIN Chiaradia,宋小冬. 空间句法在城市规划中应用的局限性及改善和扩展途径[J]. 城市规划学刊,2014(5):32-38.

[23] 古恒宇,孟鑫,沈体雁,等. 基于 sDNA 模型的路网形态对广州市住宅价格的影响研究[J]. 现代城市研究,2018(6):2-8.

[24] 程钦良,张亚凡,宋彦玲. 兰西城市群空间结构演变及优化研究[J]. 地域研究与开发,2020,39(2):52-57.

[25] 陈超,徐宁,张姚钰,等. 新型城镇化背景下小城镇城市设计实践反思——以南京市江宁区土桥新市镇城市设计为例[J]. 规划师,2016,32(1):105-111.

[26] 王承华,杜娟. 小城镇空间特色塑造探讨——以南京谷里新市镇城市设计为例[J]. 小城镇建设,2015(5):64-69.

[27] 朱东风,吴月静,李志明. 新市镇城市设计创新与实效研究——以南京市高淳区为例[J]. 现代城市研究,2015(11):76-84.

[28] 殷清眉,栾峰,范凯丽. 大都市地区小城镇的发展策略——以日本镰仓为例[J]. 国际城市规划,2021:1-23.

国土空间规划新技术辅助试划城镇开发边界*

——以山东省丘陵地区某镇为例

孙　强[1,2]　孙一惠[1]　杨　海[1]　张宣峰[1]　于善初[1]

(1 山东建筑大学设计集团有限公司规划研究中心

2 济南开天建筑规划设计有限公司)

【摘要】 国土空间总体规划是管控本级各类空间用途与开展各项建设活动的基础与核心,而科学确定城镇建设用地规模、合理划定城镇开发边界是保障其未来持续、健康、高质量发展的关键。通过采用地理模拟与优化系统(GeoSOS)、水动力模型(Mike Zero)以及多种统计与空间分析技术(PADIS-INT、SPSS Statistics、YAAHP、RS、GIS),实现了以山东省丘陵地区某镇为研究对象,合理确定其规划期末人口规模、建设用地规模、基于历年空间演变规律的镇区形态、暴雨洪涝风险模拟和城镇建设用地适宜性评价等内容,传导市县国土空间总体规划刚性管控要求并进行叠加分析,从多维度充分考虑城镇集中建设区、城镇弹性发展区和特别用途区等最终试划城镇开发边界,以期为规划决策提供智力支持,为处于初级探索阶段的乡镇级国土空间总体规划提供新的视角和素材。

【关键词】 地理模拟与优化系统　水动力模型　丘陵地区　城镇开发边界

1　引言

乡镇级国土空间总体规划作为《中共中央 国务院关于建立国土空间规

* 本文为山东省住房城乡建设科技计划项目(2021-R3-4)成果。

划体系并监督实施的若干意见》中“五级三类”国土空间规划体系之一，是末尾传导空间管控的基本编制单元，指导乡镇域各类空间功能划分与各项建设活动开展，作为生态优先、全域管控和人居环境高质量发展的重要的“一张蓝图”[1]。然而，目前正处于乡镇级国土空间总体规划初级探索阶段，相关研究尚少，其中划定城镇开发边界，是保证未来一定时期内城镇持续、健康、高质量发展的基础与核心，又多以传导市县国土空间总体规划（以下简称“上位规划”）为主。虽然乡镇级发展动力有限，建设用地规模或城镇开发边界与市县级相比调整幅度较小，但对于丘陵地区具备发展优势和潜力的乡镇进行城镇开发边界研究仍具有一定意义，主要表现在：一是丘陵地区与山地地区相比，地形起伏适中，基础设施建设基本等同于平原地区、发展基础良好，而与平原地区相比，城镇景观风貌受地形影响富于变化，且往往河网纵横、山环水抱，具备发展农旅产业优势；二是丘陵地区城镇倘若选址于过境河流中下游或镇域地势较低处，存在一定暴雨洪涝风险，危及公共安全。

严俨等对丘陵地区中小城市划定开发边界时，如何处理好保护与开发、协调与统筹、管控与引导以及动态化实施管理等相关问题开展研究[2]，但主要仍为传导上位规划，未能从本级视角提出反馈思路或技术路线。席超等通过使用元胞自动机和 Markov 模型耦合运算，最终预测了城镇发展方向和开发边界[3]，是目前国内为数较少采用新技术方法试划城镇开发边界的文献，对从本级历年城镇空间演变规律出发试划城镇开发边界具有一定借鉴意义，但只是应用此单一方法且并未涉及丘陵地区暴雨洪涝风险问题。

文章以此为切入点，结合山东省丘陵地区某镇国土空间总体规划采用地理模拟与优化系统（GeoSOS）、水动力模型（Mike Zero）等新技术辅助试划城镇开发边界，以期为其他具备发展优势和潜力的乡镇提供参考①。

2 研究技术路线

以传导上位规划刚性管控要求（生态保护红线、永久基本农田保护红

① 本文内容为阶段性研究成果。

线)为基础,结合该镇实际情况,探索应用多种技术方法辅助试划城镇开发边界,制定研究技术路线(图1)。

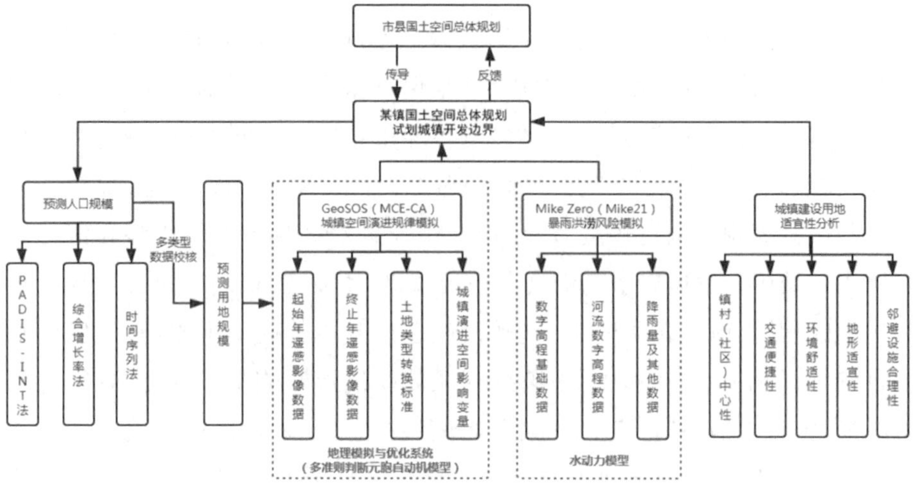

图1　研究技术路线图

3　研究区概况

山东省丘陵地区某镇,镇域总人口4a①万人、用地规模72bkm²,镇区总人口0.73a万人。三面环山,东部与东南部高,西部与西北部低,地形从东南往西北呈三级阶梯递减。过境河流从镇区南部穿过,流域面积90km²,年均流量2m³/s,雨季存在洪涝风险。上位规划定位为一般镇,具有一定经济和产业基础,近年来工业企业发展建设需求迫切。

结合本文目的和技术路线,按照预测镇域人口规模、预测镇区建设用地规模②、基于地理模拟与优化系统(GeoSOS)的城镇空间演进规律模拟、基于水动力模型(Mike Zero)的暴雨洪涝风险模拟和城镇建设用地适宜性评价顺序展开。

---

① 本文中"a"为人口有关数据加密码。

② 镇区包含独立集中连片工业园区。

4 预测镇域人口规模

4.1 PADIS-INT 法

人口预测 PADIS-INT 是联合国人口司指导下,由中国人口与发展研究中心和神州数码公司共同研发的一款国际人口预测模型。其功能强大,可进行多情景预测,预测区间长,并引入迭代算法、非线性预测模型、多区域动态平衡预测手段,成为协助政府制定社会和经济发展规划及人口政策的重要工具[4][5]。

通过在 PADIS-INT 中输入人口预测参数:该镇起始人口、死亡水平、死亡模式、生育水平、生育模式、出生性别比、迁移水平和迁移模式,设置高、中、低三种方案并运行计算,从而得到 2025 年和 2035 年预测镇域人口规模(表 1,图 2)[4][6]。

表 1　2025 年和 2035 年预测镇域人口规模统计表

年份	人口预测高方案(人)	人口预测中方案(人)	人口预测低方案(人)
2025 年	40278a	39851a	39614a
2035 年	41821a	39261a	38099a

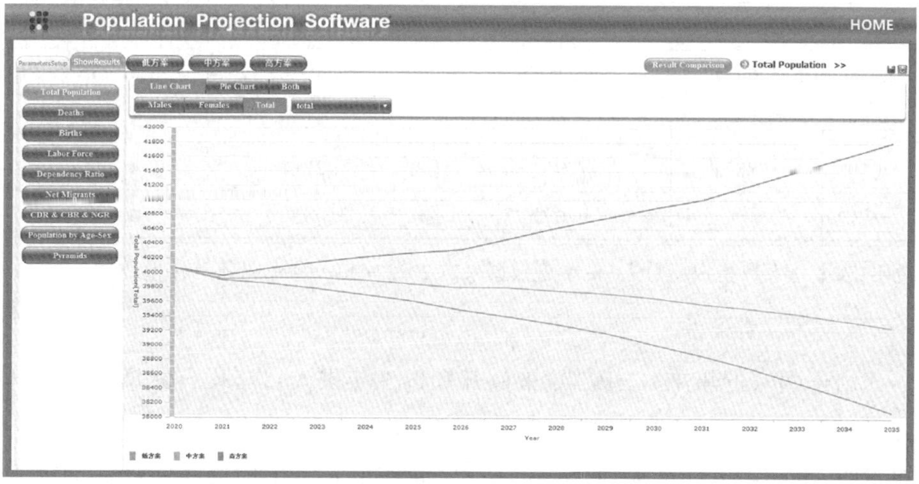

图 2　人口预测高、中、低方案曲线图

4.2 综合增长率法

综合增长率法是以预测基准年上溯多年的历史平均增长率为基础，预测规划目标年城市人口的方法。其公式为：

$$P_t=P_0(1+r)^n$$

其中：P_t 为预测目标年末人口规模；P_0 为预测基准年人口规模；r 为人口综合年均增长率；n 为预测期限（t_n-t_0）。

该方法主要适用于人口增长率相对稳定的城镇。根据某镇有关部门提供历年统计数据和其作为一般镇，年人口变化幅度较小、受外部条件影响较弱判断，适用该人口预测方法。

2012—2019 年，该镇人口年均综合增长率为 6.54‰，其中人口年均自然增长率为 9.62‰，人口年均机械增长率为-3.08‰（表 2）。

表 2　2012—2019 年人口变化情况统计表

年份	总人口（人）	人口自然增长率	人口机械增长率	人口综合增长率
2012	38034a	3.76‰	-6.42‰	-2.66‰
2013	38170a	6.55‰	-1.47‰	5.08‰
2014	38608a	15.77‰	-4.84‰	10.93‰
2015	38854a	8.62‰	-4.20‰	4.43‰
2016	39050a	10.76‰	-2.18‰	8.58‰
2017	39603a	16.97‰	-0.86‰	16.11‰
2018	39730a	6.60‰	-1.51‰	5.08‰
2019	39887a	7.95‰	-3.21‰	4.74‰
平均值	-	9.62‰	-3.08‰	6.54‰

说明：表上总人口指户籍总人口；本表数据来自 2012—2019 年某县统计年鉴。

4.2.1 高方案

由于国家近年来“二孩”政策放开和近 5 年来人口年均自然增长率达到 10.18‰，未来人口出生率会有所上升，随着医疗水平改善，人口死亡率会有所下降，参照前 8 年的人口综合增长率、近 5 年人口年均自然增长率和国家鼓励生育政策宏观趋势，取近期（至 2025 年）人口自然增长率维持 10.18‰水平；远期人口预测具有较多的影响因素，但鉴于目前人口出生率不高、人口结构呈老龄化趋势，山东作为中国人口大省，未来鼓励生育政策纵深推进，该镇人口自然增长率仍会有所上升，取远期（至2035年）人口自然增长率为11.18‰。而人口机械增长率历年均为负值，近5年来人口年均机械增长率达到−2.39‰，该镇迁出人口大于迁入人口，但随着乡村振兴和新型城镇化，产业集约规模化发展，人口机械增长率近期（至2025年）达到迁入人口与迁出人口相平衡，远期（至2035年）新增迁移人口约400a人。

由此形成近期人口预测的高方案：r近高＝10.18‰+0‰＝10.18‰；远期人口预测的高方案：r远高＝11.18‰+10‰＝21.18‰。

4.2.2　中方案

按照近5年来人口年均自然增长率（10.18‰）和人口年均机械增长率（−2.39‰），形成人口预测的近期中方案：r近中＝10.18‰+（−2.39‰）‰＝7.79‰；按照近5年来人口年均自然增长率（10.18‰）和人口机械增长率远期达到迁入人口与迁出人口相平衡，形成人口预测的远期中方案：r远中＝10.18‰+0‰＝10.18‰。

4.2.3　低方案

按照8年的人口年均综合增长率形成人口预测的近远期低方案：r低＝6.54‰。

综上，根据综合增长率法得到2025年和2035年预测镇域人口规模（表3）。

表3　2025年和2035年预测镇域人口规模统计表

年份	人口预测高方案（人）	人口预测中方案（人）	人口预测低方案（人）
2025年	42 386a	41 788a	41 478a
2035年	55 779a	46 904a	44 272a

说明：上表预测基准年人口规模为39 887a人。

4.3　时间序列法

时间序列法是对一个城镇的历史人口数据的发展变化进行趋势分析，直接预测规划期城镇规模的方法。一般采用经过统计检验的线性相关模型，其公式为：

$$P_t = a + bY_t$$

其中：P_t 为预测目标年末城镇人口规模；Y_t 为预测目标年份；a、b 为参数。

通过使用 SPSS Statistics，将各年份人口规模作为因变量，年份作为自变量进行线性回归分析，查看结果：模型汇总表 R2 值为 0.981，模型拟合效果好；Anova 表 Sig 值为 0.000，模型线性特征显著；系数表 Sig 值为 0.000，线性关系显著（表 4—表 6）。

综上通过统计检验，得到该镇人口预测模型公式为：$P_t = -535\ 713 + 285Y_t$。Y_t 取 2025，得到近期 2025 年人口规模为 41 412a 人；Y_t 取 2035，得到远期 2035 年人口规模为 44 262a 人。

表 4　模型汇总表

模型	R	R 方	调整 R 方	标准估计的误差
1	0.990a	0.981	0.977	106.012

a. 预测变量：（常量）年份。

表 5　系数[a] 表

模型	非标准化系数		标准系数			B 的 95.0% 置信区间	
	B	标准误差	试用版	t	Sig.	下限	上限
1（常量） 年份	−535 713.429 285.143	32 969.554 16.358	0.990	−16.249 17.431	0.000 0.000	−616 387.021 245.116	−455 039.836 325.169

a. 因变量：户籍总人口。

表 6　Anova[a]（残差）表

模型	平方和	df	均方	F	Sig.
1 回归	3 414 870.857	1	3 414 870.857	303.854	0.000[b]
残差	67 431.143	6	11 238.524		
总计	3 482 302.000	7			

a. 因变量：户籍总人口。

b. 预测变量：（常量）年份。

4.4 小结

通过上述三种方法取均值,并对规划期内该镇社会经济发展潜力总体把握,考虑未来发展存在的不确定性,明确该镇近远期人口高、中、低规模(表7)。

表7 预测镇域人口高、中、低方案汇总表

年份	人口预测高方案	人口预测中方案	人口预测低方案
2025年	4.14a万人	4.10a万人	4.08a万人
2035年	4.73a万人	4.35a万人	4.22a万人

未来还需结合某县分配该镇用水总量,进一步校核预测人口规模,以便最终确定该镇近远期人口规模。

5 预测镇区建设用地规模

5.1 预测城镇化率

影响该镇城镇化水平的主要因素:镇区周边从事非农产业为主的村庄纳入镇区范围;镇域产业园区(工业园区)集中规模化建设,吸引农村剩余劳动力转移为就业人口。

参考《山东省某县城市总体规划(2011—2030年)》和《某县某镇总体规划(2014—2030年)》中明确该县2030年城镇化水平为60%,该镇2030年城镇化水平为66.67%,并通过统计分析历年城镇化率情况(表8),作为一般镇其城镇化率处于稳定状态,但随着国家新型城镇化和乡村振兴宏观发展趋势,以及该镇未来产业园区集中规模化建设,再兼顾现状2019年常住人口城镇化率已达到23.49%,确定近期(至2025年)城镇化率为30%。参考《城市规划原理》(第4版)中"诺瑟姆曲线",当城镇化率超过30%时,进入快速提升阶段,在不长时期内,城镇人口占总人口比例达到60%或以上,确定远期(至2035年)镇域人口高、中方案对应城镇化率为50%、镇域人口低方案对应城镇化率为40%。

表 8　某镇历年城镇化率统计表

年份	户籍人口城镇化率	常住人口城镇化率
2012 年	7.99%	–
2013 年	7.88%	–
2014 年	7.80%	23.49%
2015 年	18.25%	23.53%
2016 年	18.24%	23.38%
2017 年	18.06%	21.65%
2018 年	17.86%	21.14%
2019 年	18.14%	23.49%
平均值	18.11%	22.64%

注：表中户籍人口城镇化率中 2015 年起总人口中非农业人口改为总人口中城镇人口；户籍人口城镇化率数据来自 2012—2019 年某县统计年鉴；常住人口城镇化率数据来自 2014—2019 年《中国县域经济统计年鉴》。

5.2　预测镇区人口

结合上述 2025 年和 2035 年镇域人口规模和城镇化率，得出近远期镇区人口高、中、低方案（表 9，表 10）。

表 9　2025 年镇区人口高、中、低方案

项目	高方案	中方案	低方案
镇域人口规模	4.14a 万人	4.10a 万人	4.08a 万人
城镇化率	30%	30%	30%
镇区人口规模	1.24a 万人	1.23a 万人	1.22a 万人

表 10　2035 年镇区人口高、中、低方案

项目	高方案	中方案	低方案
镇域人口规模	4.73a 万人	4.35a 万人	4.22a 万人
城镇化率	50%	50%	40%
镇区人口规模	2.37a 万人	2.18a 万人	1.69a 万人

5.3 预测镇区建设用地

根据2019年国土调查数据中建制镇建设用地矢量数据面积总和为113.94b① 万 m^2(含镇直属农村宅基地),该年城镇人口为7234a人,得出现状人均建设用地面积为158m^2/人,大于《山东省建设用地控制标准》(2019年)中现状人均建设用地140m^2/人,规划调整幅度减至140m^2/人。规划期末新增镇区人口规模高、中、低方案分别为:1.65a万人、1.46a万人和0.97a万人。依据《山东省建设用地控制标准》(2019年)中镇人均新增建设用地标准不超过120m^2,取120m^2/人,得到规划期末对应镇区人口规模高、中、低方案的新增建设用地分别为:197.60b万m^2、174.80b万m^2和116.00b万m^2,再分别得到规划期末总建设用地为:3.12bkm^2、2.89bkm^2和2.30bkm^2,校核规划期末人均建设用地面积分别为:131m^2/人、132m^2/人和137m^2/人,均小于140m^2/人,符合上述控制标准要求。

6 基于地理模拟与优化系统(GeoSOS)的城镇空间演进规律模拟

本文所采用地理模拟与优化系统(GeoSOS)中的多准则判断元胞自动机(MCE-CA),通过输入起始年遥感影像数据、终止年遥感影像数据、土地类型转换标准、城镇演进空间影响变量和规划期末建设用地总量,实现机器学习城镇历年土地类型转换和演进规律,从而模拟规划期末城镇建设用地形态。需要说明的是,前述起始年与终止年遥感影像数据可使用多年份国土调查数据替代,且其分析精度更高。

6.1 研究数据

选取某镇2009年和2018年国土调查数据,在ArcGIS中对其重分类为:耕地、园地、林地、草地、交通设施用地、铁路和高速公路用地、水域及水利设施用地、其他土地、风景名胜及特殊用地、采矿用地、建制镇(含镇直属农村宅基地)和村庄共计12类,并转换为栅格数据。

---

① 本文中“b”为用地有关数据加密码。

选取 2019 年国土调查数据，在 ArcGIS 中提取建制镇、村庄、公路用地中省县道、河流坑塘水面和乔木灌木林地共计 5 类矢量数据。

6.2 数据预处理

参考既有文献并结合研究目的，明确国土调查数据中 12 类栅格数据土地类型转换标准（表 11）。

表 11 土地类型转换标准

序号	土地类型	转换标准
1	耕地	可转换为城镇用地
2	园地	可转换为城镇用地
3	林地	不可转换为城镇用地
4	草地	可转换为城镇用地
5	交通设施用地	不可转换为城镇用地
6	铁路和高速公路用地	不可转换为城镇用地
7	水域及水利设施用地	不可转换为城镇用地
8	其他土地	可转换为城镇用地
9	风景名胜及特殊用地	不可转换为城镇用地
10	采矿用地	不可转换为城镇用地
11	建制镇（含镇直属农村宅基地）	城镇用地
12	村庄	不可转换为城镇用地

在 ArcGIS 中依次对 2019 年国土调查数据 5 类矢量数据进行“欧氏距离”和“归一化”处理，并转化为 *.ascii 格式，以便在地理模拟与优化系统（GeoSOS）中量化分析。

6.3 量化分析及结果

采用多准则判断元胞自动机（MCE-CA）模拟该镇规划期末 2035 年不同人口规模背景下镇区空间形态。输入前述各项参数，并设置各空间影响变量权重值，系统进行随机一致性检验，要求 λ 小于 0.1，计算前述 5.3 章节所得镇区建设用地规模高、中、低方案，最终得到量化分析结果（图 3—图 7）。

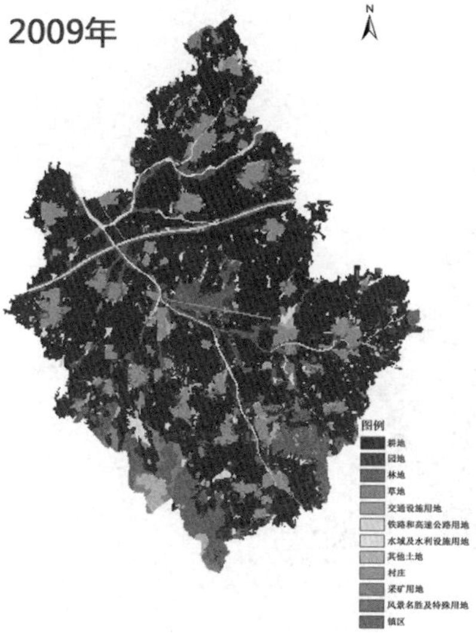

图3　2009年镇区空间形态图

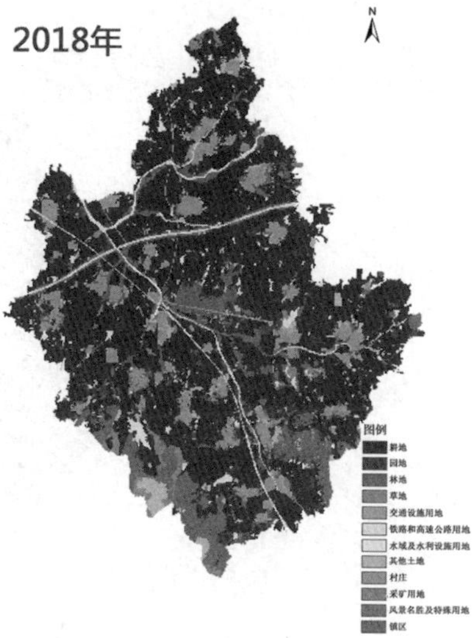

图4　2018年镇区空间形态图

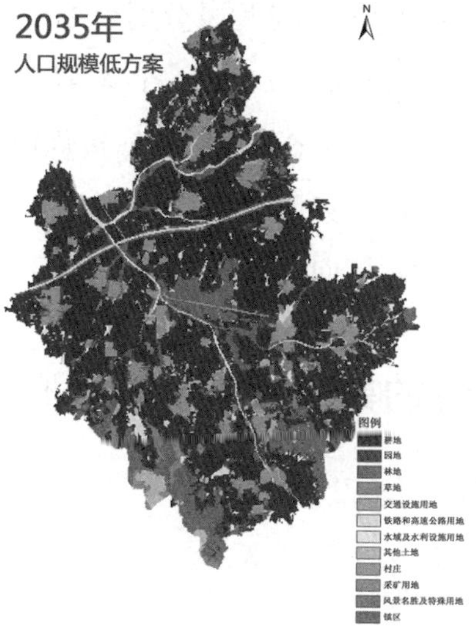

图5　基于预测人口规模低方案规划期末镇区空间形态图

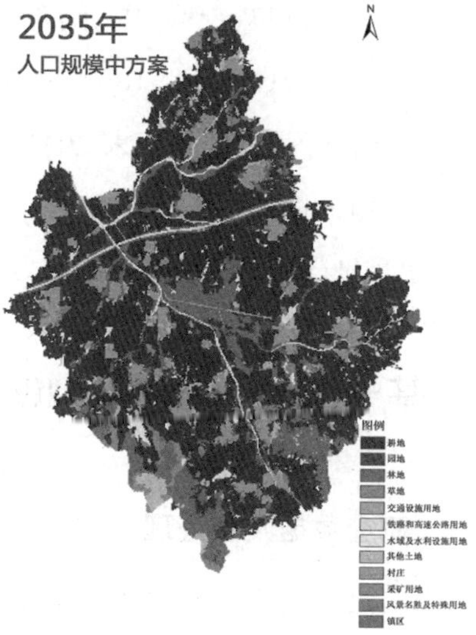

图6　基于预测人口规模中方案规划期末镇区空间形态图

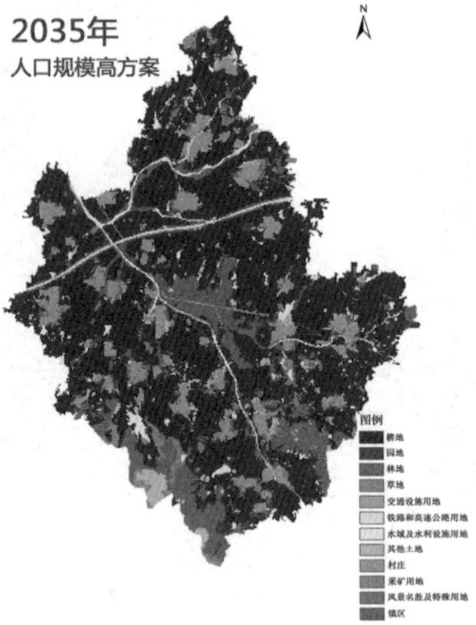

图 7　基于预测人口规模高方案规划期末镇区空间形态图

将预测人口规模高、中、低方案换算为城镇建设用地增量分别为 2122 个像素单元（1.91bkm^2）、1867 个像素单元（1.68bkm^2）、1211 个像素单元（1.09bkm^2），分析规划期末 2035 年对应上述 3 个方案城镇空间演进规律均表现为：镇区向北、南、东侧演进，且向北侧演进趋势明显；镇区正南方向现状两块零散工业用地消失，东南方向现状工业片区向东侧演进趋势明显。

7　基于水动力模型（Mike Zero）的暴雨洪涝风险模拟

7.1　研究数据及预处理

7.1.1　数字高程数据（DEM 数据）及预处理

基础数据源于“地理空间数据云”，精度为 30m，坐标系为 WGS1984。将其导入 ArcGIS 并裁剪为该镇域范围；在 ArcGIS 中提取 2019 年国土调查数据中河流数据，并根据调研所知常水位标高和堤顶标高新建字段属性，构建河流数字高程数据，与前述数字高程基础数据进行“镶嵌”处理，“融合”为最终数字高程栅格数据。

7.1.2 暴雨强度数据及预处理

根据该镇区位，查阅当地暴雨强度公式，采用以此公式为基础的典型降雨过程研究方法——芝加哥雨型法，按照雨水管渠设计重现期为 2 年，暴雨历时为 24 小时的每分钟降雨量。其公式[7]如下：

$$q=[167\times A\times(1+c\times LgP)]/(t+b)^{n}$$

其中：q 为暴雨强度(mm/min)；A 为雨力参数；c 为雨力变动参数(无量纲)；P 为重现期(a)；t 为暴雨历时(min)；b 为降雨历时修正参数；n 为暴雨衰减指数。

在 Excel 中将每分钟降雨量(mm/min)转换为一竖列每天降雨量(mm/day)数据。

7.2 量化分析及结果

将上节预处理后的数据导入水动力模型(Mike Zero)中，识别高程数据并设置镇域边界，生成高程文件；添加逐分钟每天降雨量数据并生成降雨量文件；使用二维水动力模型(Mike21)输入上述两数据文件并设置干湿水深、蒸发量(排水管道下泄量)、地面平均糙率等参数，运行计算后得到该镇积水深度 0.5m 起算暴雨洪涝风险分析图(图 8)。

查看分析结果，镇域呈典型丘陵地形、汇水线清晰显著，地势最低处(图 9)存在暴雨季洪涝风险，倘若此河段泄洪受阻，极易造成河流两岸较大面积淹没，但现状基本无城乡建设用地，县道向西对外交通中断，且淹没水深约 1.5m，此区域不适宜划在城镇开发边界内。镇区整体处于洪涝安全区域，但其西侧地势最低处存在一定面积洪涝风险，淹没水深为 0.5~1.0m，建议逐步引导调出镇区范围，不适宜划在城镇开发边界内；镇区南侧，主要为两河交汇处，存在一定面积洪涝风险，现状镇区范围内淹没水深为 0.1~0.5m、范围外淹没水深为 0.5~1.0m，现状镇区范围内可采取切实有效防灾措施后划在城镇开发边界内，否则应后退淹没区域试划城镇开发边界，其范围外不适宜划在城镇开发边界内；镇区整体呈现两条纵向汇水线，淹没水深为 0.1~0.5m，可结合景观河流建设提升人居环境品质；镇区东侧以外紧邻区域存在一条南北汇水线，淹没水深为 0.1~0.5m，倘若划在城镇开发边界内，不应进行房屋和市政道路建设。

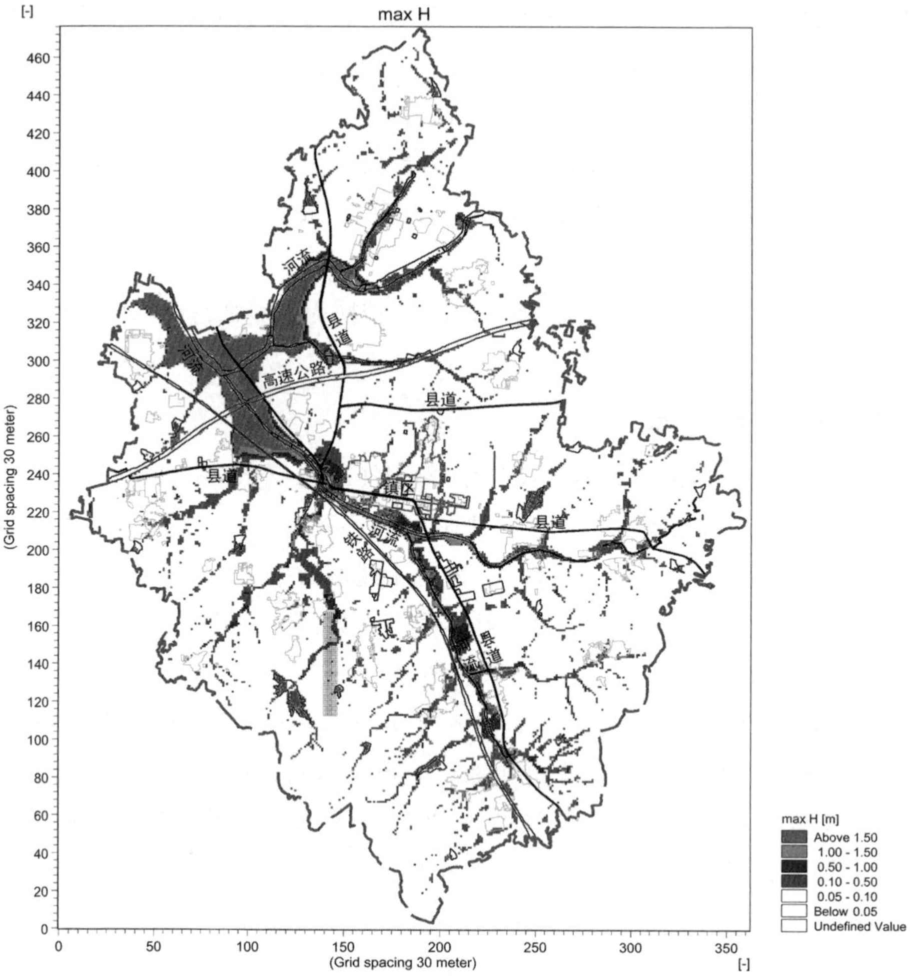

图 8　某镇域暴雨洪涝风险分析图

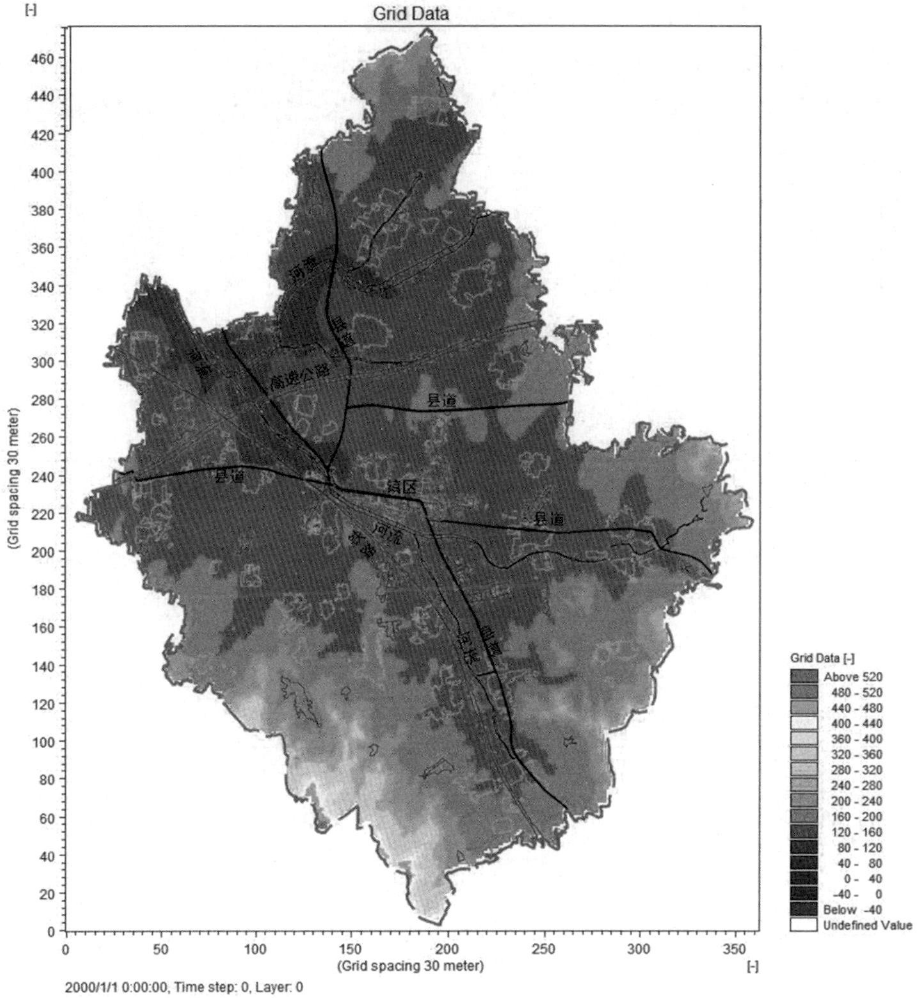

图 9　某镇域现状高程分析图

8　城镇建设用地适宜性评价

8.1　评价指标体系的构建

参考既有研究文献并结合该镇实际情况、考虑数据可获取性,确定 5 类评价指标和 12 项子指标(图 10)。应用 YAAHP 层次分析法并经过一致性检验,确定各评价指标权重(表 12)[8]。

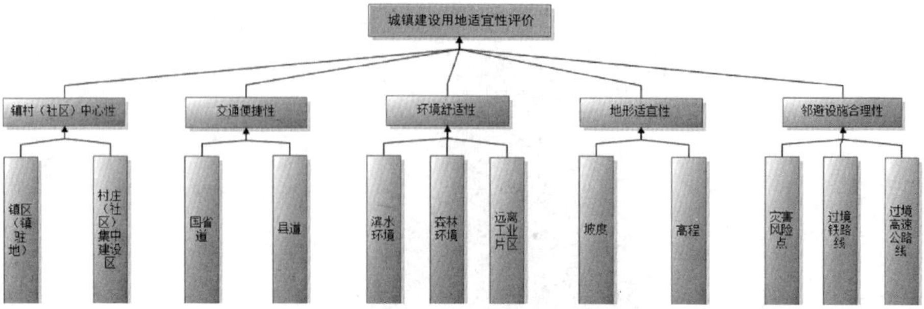

图 10　城镇建设用地适宜性评价指标体系图

表 12　城镇建设用地适宜性评价指标权重表

序号	指标		权重值	
1	镇村(社区)中心性	镇区(镇驻地)	0.2326	0.3489
2		村庄(社区)集中建设区	0.1163	
3	交通便捷性	国省道	0.0885	0.1328
4		县道	0.0443	
5	环境舒适性	滨水环境	0.0652	0.2607
6		森林环境	0.0652	
7		远离工业片区	0.1303	
8	地形适宜性	坡度	0.0537	0.0806
9		高程	0.0269	
10	邻避设施合理性	灾害风险点	0.1062	0.1770
11		过境铁路线	0.0354	
12		过境高速公路线	0.0354	

8.2　量化分析及结果

除坡度和数字高程数据源于“地理空间数据云”以外，其余均为 2019 年国土调查数据。采用 ArcGIS 对各指标要素进行矢量提取，并进行“欧氏距离”“重分类”处理，得到各单个指标用地适宜性分析结果，再对所有单个指标要素进行“加权总和”，得到最终镇用地适宜性分析（图 11）。

查看分析结果，形成以现状镇区为核心沿东西向中心大街和镇区南北两侧县道逐渐向外由适宜建设用地扩展到不适宜建设用地。特别是位于镇区正南方向丘陵地带独立工业片区，属于不适宜建设用地，可逐步引导其与东侧独立工业片区集中发展建设。镇区西北侧具有新增为适宜建设用地的潜力，镇区偏东侧与过境河流之间具有新增为适宜建设用地的潜力。

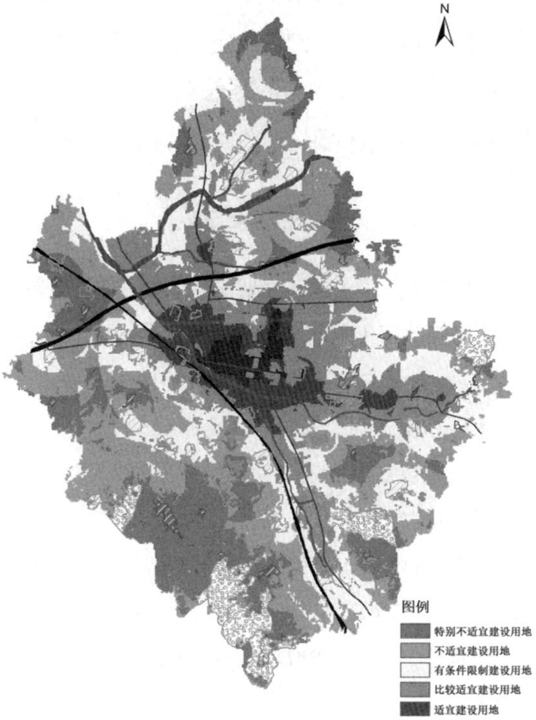

图 11　某镇域建设用地适宜性评价分析图

9　结语

通过采用地理模拟与优化系统（GeoSOS）、水动力模型（Mike Zero）以及多种统计与空间分析技术（PADIS－INT、SPSS Statistics、YAAHP、RS、GIS），实现了以山东省丘陵地区某镇为研究对象，合理确定其规划期末人口规模、建设用地规模、基于历年空间演变规律的镇区形态、暴雨洪涝风险模拟和城镇建设用地适宜性评价等内容,传导上位规划刚性管控要求(生态保护红线、永久基本农田保护红线)并进行叠加分析,从多维度充分考虑城镇集中建设区、城镇弹性发展区和特别用途区等最终试划该城镇开发边界①,提高规划决策的科学性。

国土空间规划体系的构建尚处于初级探索阶段,特别是乡镇一级,作为基本单元既需要传导市县国土空间总体规划刚性管控要求,又要从符合本镇实际出发,放眼未来,明确发展方向和定位,对于最终科学确定建设用地规模和合理试划城镇开发边界具有重要意义。特别对于丘陵地区,河网纵横,存在暴雨洪涝风险,客观条件限制较多,亟须探索新技术辅助规划决策。

参考文献

[1] 庄凯月,杨培峰,谭少华,等. 国土空间规划体系重构语境下乡镇级国土空间规划编制探索——以重庆市兴隆镇国土空间规划为例[J]. 小城镇建设,2021,39(2):38-47.

[2] 严俨,赵宏钰,金艺豪. 国土空间视角下的丘陵地区中小城市开发边界划定相关问题研究[J]. 西部人居环境学刊,2020,35(6):58-65.

[3] 席超,刘星宇. 国土空间规划中乡镇开发边界划定方法研究——以简阳市禾丰镇为例[J]. 资源与人居环境,2019(5):6-12.

[4] 台州市发改委课题组. 台州市人口预测与发展趋势研究——基于 PADIS-INT 的分析[J]. 台州学院学报,2017(4).

[5] 于昊淼,郑筠,修金月. 基于 PADIS-INT 的湖南省人口预测研究[J]. 现代商业,2014(13):84-86.

[6] 翟振武,李龙,陈佳鞠,等. 人口预测在 PADIS-INT 软件中的应用——MORTPAK、Spectrum 和 PADIS-INT 比较分析[J]. 人口研究,2017(41):84-97.

[7] 戴有学,王振华,戴临栋,等. 芝加哥雨型法在短历时暴雨雨型设计中的应用[J]. 干旱气象,2017,35(6):1061-1069.

[8] 牛强. 城乡规划 GIS 技术应用指南——GIS 方法与经典分析[M]. 北京:中国建筑工业出版社,2017.

① 本研究旨在阐述国土空间规划新技术辅助试划乡镇级开发边界的逻辑,对于研究对象某镇开发边界具体形态其实并不那么重要,因处于规划编制阶段未能予以展示。

基于镇域尺度的北镇乡村性空间格局变化及影响因素研究

宁鑫茹
（沈阳建筑大学建筑与规划学院）

【摘要】 以镇域单元为研究对象，为促进乡村旅游目的地的发展，构建乡村性评价指标体系，通过空间关联分析法来对乡村性时空演变规律及空间关联性进行研究，经研究得出：2005—2015 年，北镇市镇域乡村性水平大幅下降，乡村性水平的差异呈现逐渐增大的趋势；乡村性空间格局全局自相关性不断增强，由 2005 年的整体乡村性强的局面逐渐发展到 2015 年的点状聚集的格局；乡村性空间各等级类型范围逐渐趋于均衡，形成以“冷点区”和“热点区”为核心环绕布局的总体格局；影响因素上，将乡村性空间格局演变的因素划分为产业结构、旅游开发、交通通达、社会环境四类，对其演变规律进行分析并提出针对性的研究策略。
【关键词】 乡村性　空间格局　影响因素　镇域尺度　北镇市

1　引言

党的十九大报告中提出了乡村振兴的发展战略，以期促进乡村旅游与农村建设的融合，实现乡村全面快速发展。辽宁省“十三五”规划等政策文件提出全面推进城乡建设转型，全面推进农村发展，大力发展生态旅游。乡村是与城市相对立的概念，是中国最广大群众赖以生活的地域单元。乡村性是描绘乡村空间与地域类型的重要概念，是乡村经过历史传承下来的人与建筑以及自然环境的协和体。随着城镇化进程的加快，2011 年中国人口城市化率首次超过 50%,进入了以城市社会主导的新时代,近些年来,乡村数量持续减少。城市居民生活观念转变,促使乡村旅游日益成为城市居民追逐和向往的休闲方式。但在城乡一体化快速发展的同时,乡村发展也面临着新挑战,开发建设的无组织、无序性,乡村旅游商业气息浓厚,破坏了乡村居民赖以生存的生态环境,传统聚落空间、文化观念、生活方式等也都在发生改变,突显乡村旅游发展的乡村性正在逐渐丧失。

世界经济合作与发展组织(OECD)把乡村性定义为所有未受大城市影响的社会和经济活动。目前国内外都采用乡村性指数(rurality index)来描述乡村发展程度。20 世纪 70 年代,Cloke 等率先使用人口、就业结构、住户满意度、交通格局、距城市远近等指标来构建乡村性评价指标;在 Cloke 研究基础上,Woods 提出了一些问题和更为具体的建议,以期完善其构建乡村性指数及所选取指标关联程度。我国学者刘彦随、张小林、龙花楼等指出,在城乡一体化地区考察乡村性质强弱,更具操作性和可比性,也更符合我国农村发展实际;龙花楼和刘彦随等从乡村对社会功能视角出发,构建乡村性指标用来评价东部沿海地区不同发展类型县域的乡村性强弱[1]。近些年来国内学者更为重视有关乡村性的研究,研究范围从东部沿海地区扩大到全国;研究尺度基本上以县域单元为主,对镇域单元也有涉及;研究方法主要有主成分分析法、线性加权法等,同时也广泛应用 ArcGIS 和 GS+等软件;研究内容着重于乡村性评价指标构建,对乡村性空间格局演变规律、空间关联程度也有深入研究。

本文基于乡村振兴的发展背景,对乡村性空间格局演变进行研究,构建乡村性评价指标体系和乡村性指数测算公式,旨在从乡村旅游视角认识和评价我国典型生态农业示范地——北镇市域的乡村发展水平,探索乡村发展空间格局演变模式及其影响因素。

2 研究方法和数据来源

2.1 乡村性评价方法

2.1.1 乡村性指数

乡村性是与城市性相对应的概念,任何一个区域都可以看作是城市性与乡村性的统一。乡村性指数评价方法适合我国广大城乡地区,不受行政地域的限制。乡村性指数的高低应以城市为参照单位,用统一的城市标准来衡量乡村性的高低,可以简明直观地反映城乡经济社会发展的差异,并提出针对性地促进城乡协调发展的措施。基于乡村旅游的发展,构建乡村性指数 RI 衡量公式如下:

$$RI^{st} = \sum_{i=1}^{n} W_i X_{si}$$

$$UI^{st} = \sum_{i=1}^{n} W_i Y_{si}$$

$$RI^{st} = \frac{RI^{Ist}}{RI^{Ist} + UI^{st}} = \frac{\sum_{i=1}^{n} W_i X_{si}}{\sum_{i=1}^{n} W_i X_{si} + \sum_{i=1}^{n} W_i Y_{si}}$$

式中:RI^{st} 表示 t 年份 s 区域乡村性指数;RI^{Ist} 表示 t 年份 s 区域乡村性特征评价值;UI^{st} 表示 t 年份 s 区域的城市性特征评价值;X_{si} 为 s 区域第 i 个乡村性特征评价指标;Y_{sj} 为 s 区域第 j 个城市性特征评价指标;W_i 表示反映乡村性特征比值的权重;W_j 表示反映城市性特征比值的权重[2]。

2.1.2 权重确定方法

本文权重确定采用客观赋权法,设变异系数法确定的指标权向量为 W1,熵权法确定的指标权向量为 W2,通过几何平均值法对 W1 和 W2 进行处理,得到客观赋权法确定的权重向量,并将其归一化处理以得到客观综合权重向量 W。

2.1.3 空间自相关分析法

本文引入 Moran's I 指数和 Getis-Ord Gi * 指数来衡量乡村性全局和局部的空间关联特征,前者用于测度整个研究区的空间关联结构特征,后者用于识别不同空间位置的高值簇与低值簇,即“热点区”与“冷点区”的空间布局。

空间全局自相关分析是研究对象的观测值是否在整个区域范围内具有自相关性,可由此衡量整体区域之间的空间关联与差异程度。本文采用 GIS 软件空间分析模块中的 Moran's I 指数来描述研究乡村旅游的乡村性空间关联性,计算公式如下:

$$I = \frac{\sum_{i=1}^{n}\sum_{j=1}^{n}(X_i - \overline{X})(X_j - \overline{X})}{S^2 = \sum_{i=1}^{n}(X_j - \overline{X})^2/n}$$

式中：X_i 和 X_j 为 i 区域和 j 区域的观测值；W_{ij} 权重矩阵表示 i 区域与 j 区域之间的领域关系，相邻为 1，不相邻为 0。

空间局部自相关分析是分析特定的局部区域观测值是否具有自相关性，本文使用 GIS 软件空间分析模块中 Getis-Ord Gi * 指数来检验局部地区是否存在统计显著的高值和低值[3]，其计算公式如下：

$$G_i* = \frac{\sum_{i=1}^{n} w_{ij}x_j}{\sum_{i=1}^{n} x_j}$$

$$Z(G*) = \frac{G* - E(G*)}{\sqrt{Var(G*)}}$$

式中：x_i 和 x_j 为 i 区域和 j 区域的观测值；W_{ij} 权重矩阵表示 i 区域与 j 区域的领域关系，相邻为 1，不相邻为 0；$E(G*)$、$Var(G*)$ 分别为 $G*$ 的数学期望和变异数。如果 $Z(G*)$ 为正值且显著，则空间集聚效果显著，表明位置 i 周围的乡村性值相对较高（高于平均值），属于高值空间集聚区，即乡村性的“热点区”；如果 $Z(G*)$ 为负值且显著，则表明该位置周围的乡村性值相对较低（低于平均值），属于低值空间集聚区，即乡村性的“冷点区”[4]。

2.2 数据来源

本文从镇域尺度入手揭示 2005—2015 年十年间北镇市乡村性空间格局演变特征及影响因素，考虑到研究时段跨度较长，以 2015 年行政区划为准，不包括近几年的乡改镇，研究范围共包括 20 个镇（乡）单元。研究数据主要来自《北镇市统计年鉴》《北镇市土地利用现状变更表》。

3 乡村旅游乡村性评价指标体系测算

针对目前采用乡村性评价对不同尺度地域单元展开研究，评价指标的选取并未达成一致见解,例如张荣天选择人口聚落、经济社会及基础设施 3 个层面的指标构建指标体系;周艳兵则从城镇化水平、就业结构与产值结构、社会消费与保障水平等方面选取 11 项指标构建指标体系[5],综合考虑乡村性评价指标复杂多样的特点,按照科学性、独立性和可操作性的指标选取原则,突出评价指标的乡村性及综合性。本文基于乡村旅游的发展目标选取 15 项指标构建北镇市乡村性评价指标体系,包含人口发展、经济水平、社会环境发展、基础设施等 4 个方面(表 1),通过指标计算可得各个乡镇单元乡村性评价结果(表 2)。

表 1　乡村性评价指标体系

准则层	指标层	计算方法	权重	指标说明
人口发展	第一产业从业比重	第一产业从业人数/总从业人数	0.324	正指标
	乡村旅游从业人数比重	乡村旅游从业人数/乡村从业人数	0.351	逆指标
	乡村人口占总人口比重	县域乡村人口/县域总人口	0.325	正指标
经济水平	农民人均纯收入(元/人)	农民纯收入/县域乡村人口	0.223	逆指标
	乡村人均旅游收入(元/人)	乡村旅游收入/县域乡村人口	0.234	逆指标
	人均固定资产投资总额(元/人)	固定资产总额/县域总人口	0.166	逆指标
	第一产业产值比重	第一产业产值/县域生产总值	0.377	正指标
社会环境发展	乡村旅游从业人员受教育水平	中职及以上从业人口/乡村旅游从业人数	0.383	逆指标
	乡村文化休闲场所数量(个)	\	0.161	逆指标
	乡村信息化水平	互联网上网用户数/县域总户数	0.238	逆指标
	森林覆盖率	\	0.218	正指标
基础设施	乡村人均用电量(KW·h/人)	乡村用电量/县域乡村人口	0.279	逆指标
	人均乡村道路里程(km/人)	乡村道路总里程/县域乡村人口	0.293	逆指标
	每万人拥有的卫生技术人员数(人/万人)	卫生技术人员数/乡村总人口	0.205	逆指标
	移动电话普及率	移动电话总户数/县域总户数	0.223	逆指标

表 2　北镇市乡村性评价结果

地区	2005 年	2010 年	2015 年	地区	2005 年	2010 年	2015 年
富屯街道	0.828	0.640	0.348	柳家镇	0.936	0.885	0.658
广宁街道	0.870	0.702	0.309	高山子镇	0.936	0.877	0.608
观音阁街道	0.916	0.824	0.610	中安镇	0.920	0.873	0.651
大屯乡	0.902	0.804	0.457	正安镇	0.905	0.812	0.580
赵屯镇	0.944	0.860	0.593	大市镇	0.913	0.847	0.596
青堆子镇	0.904	0.815	0.497	罗堡镇	0.933	0.884	0.661
廖屯镇	0.866	0.773	0.441	鲍家乡	0.958	0.851	0.723
沟帮子镇	0.874	0.791	0.444	常兴店镇	0.909	0.871	0.626
吴家镇	0.970	0.899	0.694	闾阳镇	0.934	0.865	0.634
新立农场	0.945	0.898	0.663				

将计算得到的 2005 年、2010 年、2015 年的北镇市镇域乡村性指数绘制成折线图(图 1),由图可见,2005—2015 年,北镇市 19 个乡镇单元的乡村性指数总体呈现不断下降的趋势,且各乡镇单元之间的乡村性差异也在增大。

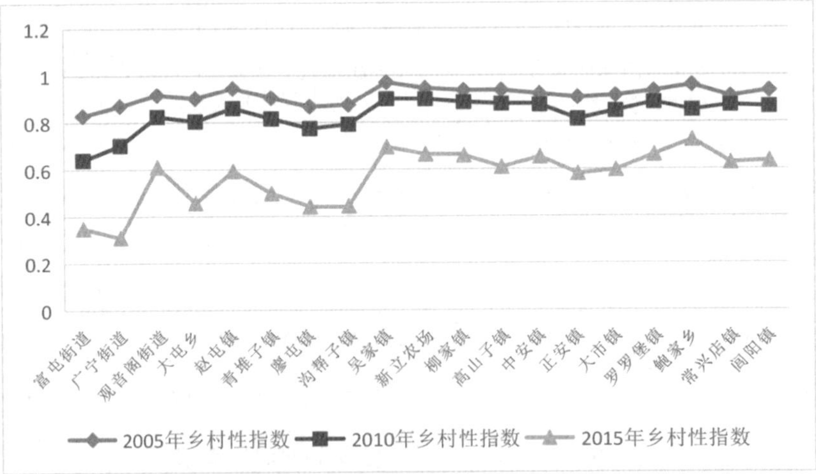

图 1　北镇市镇域乡村性指数

通过对北镇市域各乡镇乡村性指数进行综合评价分析(表3),得出2005、2010、2015年乡村性指数平均值分别为0.914、0.830、0.568,乡村性指数呈现逐步下降趋势,北镇市乡村性指数均值2005—2010年下降9.19%,2010—2015年下降31.57%,2005—2015年下降37.86%。2005年低于全市平均值的乡镇单元有9个、高于全市平均值的乡镇单元有11个,最低值为富屯街道0.828,最高值为吴家镇0.970,二者相差0.142;2010年低于全市平均值的乡镇单元有8个、高于全市平均值的乡镇单元有12个,最低值为富屯街道0.640,最高值是吴家镇0.899,二者相差0.259;2015年低于全市平均值的乡镇单元有6个、高于全市平均值的乡镇单元有14个,最低值为广宁街道区的0.309,最高值为鲍家乡0.723,二者相差0.414,反映出北镇市乡村性指数的绝对差异正在逐渐增大。通过计算得出2005年、2010年、2015年乡村性指数的变异系数分别为0.153、0.187、0.259,表明北镇市乡村性水平的相对差异正在逐步增大,但增幅不显著。

表3　北镇市乡村性指数评价结果分析

指标	平均值	最低值	最高值	最高值与最低值之差	变异系数
2005年	0.914	0.828	0.970	0.142	0.163
2010年	0.830	0.640	0.899	0.259	0.189
2015年	0.568	0.309	0.723	0.414	0.259

根据乡村性等级的分类分析可知,2005—2015年十年间北镇市域乡村经历了快速发展,乡村性弱的单元在逐渐增多,乡村性强的单元逐渐减少,各乡镇单元在各个等级的分布逐渐趋于均衡。从各等级类型的分布范围看,2005年乡村发展水平较低,呈现出整体乡村性强的格局;2010年乡村性较弱的单元分布范围较小,乡村性较强的单元初步开始向市区中心集聚,乡村性强的单元在空间分布范围上有所缩小;2015年集聚效果更为明显,乡村性弱的范围进一步向市区集聚,市区周边经济基础较好,交通优势显著,乡村性强的单元范围有大幅缩减,主要集中在东西两侧农业发展较好的地区。总的来看,随着时间的推移,各等级单元在空间分布上逐渐趋于均衡,趋同效应较为明显,同时在空间分布上逐渐呈现点状集聚。

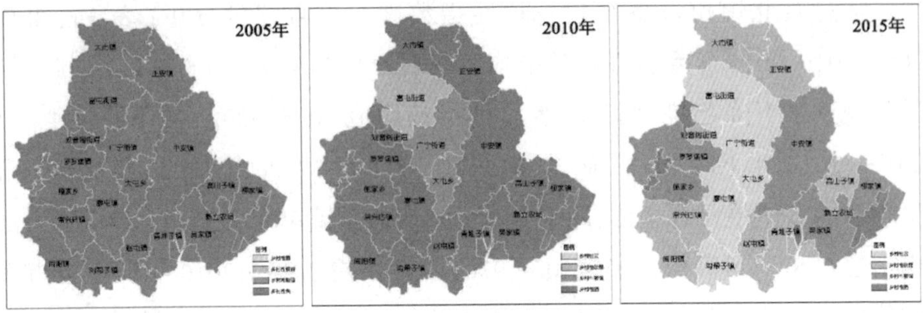

图 2　北镇市乡村性等级分类

4　旅游目的地乡村性空间关联格局演变

4.1　乡村性空间全局关联格局

运用 ArcGIS10 的空间分析模块，根据 Moran's I 指数的计算公式，对北镇市 2005 年、2010 年、2015 年 3 个年份各乡镇单元乡村性水平的全局指数进行测算（表 4）。2005 年、2010 年、2015 年 Moran's I 指数均大于 0，表明在邻近地区存在着正相关空间关系，且随着时间的增加 Moran's I 指数逐渐增大，从 2005 年的 0.123 543 上升到 2010 年的 0.267 580，再逐渐上升到 2015 年的 0.387 144，这表明北镇市乡村性水平呈现持续集聚的演变趋势。Z 值从 2005 年的 1.990 593 上升到 2010 年的 4.122 556，再到 2015 年的 5.851 101，说明乡村性指数存在着空间上的聚类格局，并且随着时间的推移越来越明显。尽管 2005 年 Moran's I 指数为正，但是 Z 值较低，P 值为 0.046 526，表明该聚类模式与随机模式之间的差异并不显著；到 2010 年，北镇市乡村性 Moran's I 指数为 0.267 580，Z 值上升到 4.122 556，P 值下降至 0.000 037，与 2005 年相比，其检验结果略有显著，说明 2010 年北镇市乡村性的聚类格局较为明显；2015 年北镇市乡村性 Moran's I 指数为 0.387 144，Z 值进一步增大至 5.851 101，P 值下降至 0.000 000，表明 2015 年北镇市乡村性空间分布特征呈现出明显的聚类格局。

表 4　北镇市乡村性 Moran's I 指数

指标	2005 年	2010 年	2015 年
Moran's I 观测值	0. 145 672	0. 287 654	0. 368 541
Moran's I 期望值	0. 010 000	0. 010 000	0. 010 000
Z 值	1. 806 513	4. 135 601	5. 941 206
P 值	0. 036 512	0. 000 026	0. 000 000

4. 2　乡村性空间局部关联格局

为进一步揭示北镇市各乡镇乡村性空间分异特征和空间演变规律，探索乡村性的自相关性，通过运用 ArcGIS10 软件空间分析模块中 Getis-Ord Gi＊指数来对北镇市乡村性的“冷热点区域”测算。通过计算北镇市 2005 年、2010 年和 2015 年 3 个年份各镇（乡）的 Getis-Ord Gi＊指数，采用 Jenks 自然最佳断裂点分级方法，将 G＊指数从高到低依次分为热点区、次热区、次冷区、冷点区四种类型[6]，形成北镇市乡村性局部关联格局图（图 3），可以看出：

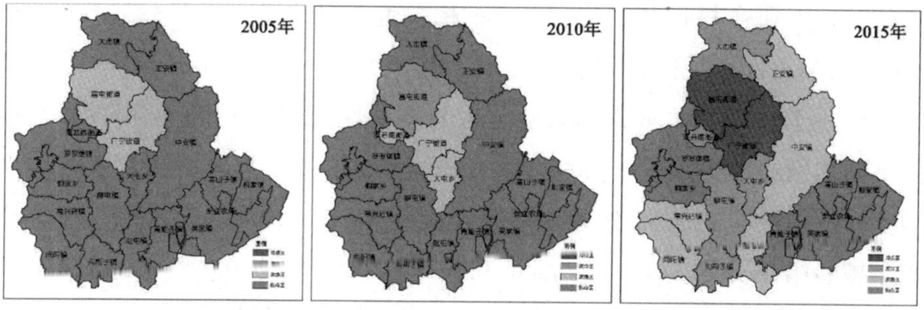

图 3　北镇市乡村性“冷热点区域”演变

（1）2005—2015 年，北镇市乡村性“冷点区”的空间分布范围不断集聚，并呈单极化格局，“冷点区”主要位于经济基础和交通区位较好的市区周边，形成乡村性低值集聚区。

（2）2005 年“热点区”分布较广泛，2005—2015 年北镇市乡村性“热点区”空间分布格局呈逐渐集聚的态势，并且分布范围逐渐缩小，主要集中在东西部交通较为不便的地区。

(3) 总体而言"次热区"与"次冷区"相邻,"热点区"与"次热区"相邻,形成"次冷区"包围"冷点区"、"热点区"点状聚集、"次冷区"与"次热区"相邻的格局。

5 旅游目的地乡村性空间格局演变因素分析

乡村性是实现乡村旅游可持续发展的关键要素,而近些年北镇市镇域乡村性不断下降,各乡镇内部差异不断缩小,制约了乡村旅游的进一步发展。鉴于此,本文对北镇市乡村性空间格局演变的影响因素进行分析,以期有针对性地为旅游目的地乡村性的保护提供对策。本文主要从产业结构调整因素、旅游开发因素、交通因素、社会环境因素四个方面入手,对乡村性空间格局演变以及影响镇域的差异因素进行研究。

5.1 乡村旅游产业发展降低乡村性水平

以各乡镇乡村人均旅游收入、乡村旅游从业人员比重与乡村性指数进行相关性的分析。如表5、表6和表7所示,2005年、2010年、2015年乡村人均旅游收入和乡村性指数的Pearson相关性系数分别为−0.586、−0.651、−0.706,显著性水平检验结果分别为0.010(小于0.05)、0.003(小于0.01)、0.001(小于0.01),乡村人均旅游收入与乡村性指数呈显著负相关,并且存在不断加剧的趋势。另外,2005年、2010年、2015年乡村旅游从业人员比重与乡村性指数的Pearson相关性系数分别为−0.5%、−0.602、−0.607,显著性水平检验结果分别为0.025(小于0.05)、0.008(小于0.01)、0.002(小于0.01),乡村旅游从业人员比重与乡村性指数呈显著负相关,并且负相关性存在不断加剧的趋势。2005—2015年间,北镇市各乡镇乡村人均旅游收入和乡村旅游从业人员比重均呈现逐年增长的趋势,以北镇市区为核心的周边乡镇的增长幅度尤为显著。

因此,引起北镇市区周边乡村性指数呈现不断下降的趋势,并且呈现出集聚分布态势,形成以北镇市区为核心的冷点区,充分表明乡村旅游产业的发展直接推动城镇化进程进而降低乡村性水平。

表 5　2005 年相关性分析

		乡村性指数
乡村人均旅游收入	Pearson 相关性	-.704*
	显著性(双侧)	.001
	N	18
乡村旅游从业人员比重	Pearson 相关性	-.749*
	显著性(双侧)	.000
	N	18

表 6　2010 年相关性分析

		乡村性指数
乡村人均旅游收入	Pearson 相关性	-.651**
	显著性(双侧)	.003
	N	18
乡村旅游从业人员比重	Pearson 相关性	-.602**
	显著性(双侧)	.008
	N	18

表 7　2015 年相关性分析

		乡村性指数
乡村人均旅游收入	Pearson 相关性	-.706**
	显著性(双侧)	.001
	N	18
乡村旅游从业人员比重	Pearson 相关性	-.607**
	显著性(双侧)	.002
	N	18

5.2　旅游开发忽视乡村原始居民的主体性

乡村旅游的开发大多是以政府为主导、通过招商引资的形式开展的,这就容易造成在乡村的建设过程中,乡村居民的主体性无法得到很好的体现、乡村居民的智慧和作用无法得到很好的发挥等一系列问题。乡村原始居民是乡村文化传承的主体，是把乡村性的所有要素串联在一起并且进行完美交融的乡村灵魂。除此之外，由于乡村原始居民不仅分享不到乡村旅游的经济效应，反而要被动承担因发展乡村旅游而产生的环境污染等负效应，使得他们不会重视所拥有的乡村资源的价值，更不可能主动去保护作为乡村旅游吸引物的乡村性，因而对在乡村旅游开发过程中存在的乡村性过度破坏、乡村性严重退化和变异等问题很难起到正面作用。北镇市作为乡村旅游开发比较早的地区，同样存在类似问题，部分乡镇旅游开发没有使乡村的传统历史和资源得到很好的保护和利用，也没有充分发挥乡村原始居民的主体作用，导致乡村变成了没有灵魂、过度包装的建筑群，乡村性逐渐退化和变异。因此，旅游开发因素是北镇市乡村性呈现不断下降的趋势以及乡村性冷点区不断集聚的重要因素之一。

5.3 乡村交通的通达性降低乡村性水平

以各乡镇人均乡村道路里程与乡村性指数进行相关性分析。如表 8、表 9 和表 10 所示，2005 年、2010 年、2015 年人均乡村道路里程与乡村性指数的 Pearson 相关性系数分别为−0.471、−0.571、−0.669，显著性水平检验结果分别为 0.049（小于 0.05）、0.013（小于 0.05）、0.011（小于 0.05），人均乡村道路里程与乡村性指数呈显著负相关，并且负相关性存在不断加剧的趋势。2005—2015 年间，北镇市各乡镇人均乡村道路里程均表现出逐年递增的趋势，而且北镇市区为核心的周边乡镇的增长幅度尤为显著，引起北镇市乡村性指数呈现不断下降的趋势，并且呈现集聚分布态势，形成了以北镇市为核心的冷点区。这充分表明道路交通通达性的增强直接推动商贸经济活动的开展，进而降低乡村性的水平，验证了交通因素的改善对乡村性水平的波动具有重要的影响作用。

表 8　2005 年相关性分析

		乡村性指数
人均乡村道路里程	Pearson 相关性	−.471*
	显著性（双侧）	.049
	N	18

表 9　2010 年相关性分析

		乡村性指数
人均乡村道路里程	Pearson 相关性	-.571**
	显著性(双侧)	.013
	N	18

表 10　2015 年相关性分析

		乡村性指数
人均乡村道路里程	Pearson 相关性	-.669**
	显著性(双侧)	.011
	N	18

5.4　现代文明程度降低乡村性水平

以各乡镇乡村信息化水平、移动电话普及率与乡村性指数进行相关性分析。如表 11、表 12 和表 13 所示，2005 年、2010 年、2015 年乡村信息化水平与乡村性指数的 Pearson 相关性系数分别为−0.467、−0.519、−0.565，显著性水平检验结果分别为 0.049(小于 0.05)、0.015(小于 0.05)、0.018(小于 0.05)，乡村信息化水平与乡村性指数呈显著负相关，并且负相关性存在不断加剧的趋势；2005 年、2010 年、2015 年移动电话普及率与乡村性指数的 Pearson 相关性系数分别为−0.559、−0.685、−0.703，显著性水平检验结果分别为 0.016(小于 0.05)、0.001(小于 0.01)、0.002(小于 0.01)，移动电话普及率与乡村性指数呈显著负相关，并且负相关性存在不断加剧的趋势。2005—2015 年间，北镇市各乡镇乡村信息化水平和移动电话普及率均呈现出逐年上升的趋势，而且以北镇市区为核心的周边县域的上升幅度尤为明显，引致北镇市乡村性指数呈现不断下降的趋势，并且呈现集聚分布态势，形成了以北镇市为核心的冷点区。表明现代文明的发展程度会增强地区的商业意识和市场经济观念，促进资本、技术、人才优势的进一步聚集，进而降低乡村性的水平。

表 11　2005 年相关性分析

		乡村性指数
乡村信息化水平	Pearson 相关性	-.467*
	显著性(双侧)	.049
	N	18
移动电话普及率	Pearson 相关性	-.559*
	显著性(双侧)	.016
	N	18

表 12　2010 年相关性分析

		乡村性指数
乡村信息化水平	Pearson 相关性	-.519**
	显著性(双侧)	.018
	N	18
移动电话普及率	Pearson 相关性	-.685**
	显著性(双侧)	.001
	N	18

表 13　2015 年相关性分析

		乡村性指数
乡村信息化水平	Pearson 相关性	-.565**
	显著性(双侧)	.001
	N	18
移动电话普及率	Pearson 相关性	-.703*
	显著性(双侧)	.002
	N	18

6　结语

近些年来，镇域尺度上北镇市乡村性呈现出明显的地域差异，这种区域之间的差异日趋拉大,表明北镇市要实现区域协调发展的任务艰巨。建议在产业、旅游、交通社会等方面采取有利于东部和西部地区发展的政策措施,扶持城市性强的乡镇发展,发挥增长极的辐射和带动作用,加大城乡统筹发展的力度,整体上提高市域的城市性水平,实现北镇市城乡之间的协调发展。值得注意的是,本文研究存在一定的局限性,首先,空间尺度选择"镇域"作为研究单元,忽略了其与更小的空间尺度(如村域尺度)之间的相互作用关系;其次,在构建衡量乡村性指数 RI 的指标体系方面存在不够全面的局限因素,这些不足将是今后研究需要进一步努力的方向。

参考文献

[1] 李红波,张小林. 乡村性研究综述与展望[J]. 人文地理,2015,30(1):16-20+142.
[2] 张小林. 乡村概念辨析[J]. 地理学报,1998,53(4):365-371.
[3] 唐承丽,贺艳华,周国华,等. 基于生活质量导向的乡村聚落空间优化研究[J]. 地理学报,2014,69(10):1459-1472.
[4] 龙花楼,刘彦随,邹健. 中国东部沿海地区乡村发展类型及其乡村性评价[J]. 地理学报,2009,76(4):426-434.
[5] 张荣天,张小林,李传武. 基于县域尺度的江苏省乡村性空间格局演变及其机理研究[J]. 人文地理,2013,28(2):91-97.
[6] 周艳兵,郝星耀,刘玉,等. 河南省县域乡村发展类型及乡村性空间分异研究[J]. 农业现代化研究,2014,35(4):447-452.

后　　记

《中华人民共和国国民经济和社会发展第十四个五年规划和2035年远景目标纲要》明确提出“要加速构建以国内大循环为主体、国内国际双循环相互促进的新发展格局”，标志着双循环战略正式上升到国家战略层面。本次年会选择“双循环战略下的小城镇发展与规划”为主题，探讨在双循环国家发展战略的引领下，如何使小城镇有效适应并融入新时期的发展环境，具有强烈的现实意义。本次会议邀请多位小城镇规划、建设和管理领域的高水平专家和学者，共同探讨新发展时期小城镇如何破解发展瓶颈、实现转型升级、迈向共同富裕。会议采用线下参会与线上直播并行的模式，线上线下参会人数合计近万人。本书所收录的21篇论文是国内小城镇领域专家在本次年会征文投稿的78篇论文中遴选出来的具有较高学术水平的优秀论文，其中3篇已在《小城镇建设》杂志上刊发并授权收入本书。

本书的出版得到同济大学建筑与城市规划学院、《小城镇建设》编辑部、同济大学出版社的大力支持，谨此表示诚挚致谢。特别感谢《小城镇建设》编辑部张爱华主任、曲亚霖编辑和中国城市规划学会小城镇规划学委会秘书处陆嘉女士、谢依臻女士等为本书出版所做的辛劳工作。

本书所收论文将被同时收录至中国知网（CNKI）会议论文库（已在《小城镇建设》刊发的3篇论文收录于学术期刊库）。

读者针对本论文集有任何建议，均可直接发送邮件至中国城市规划学会小城镇规划学委会（2023年3月起更名为小城镇规划分会）邮箱 town@planning. org. cn。

关于小城镇发展、规划、建设与研究的实践和学术前沿，读者可以扫描关注中国城市规划学会小城镇规划分会公众号。